雪泥鸿爪

中国古代文化漫谈

赵超/著

山西出版传媒集团
三晋出版社

关于治学(代序)

前两年,我的小书《新唐书宰相世系表集校》出版以后,呈送一册给杨泓先生。先生对我说:“今后再也没有人做这种学问了。”诚哉斯言。当前时世,走前儒考证之路恐怕是难以立身了。如今却承蒙《中国文物报》青眼,让我写写自己治学的体会,不胜惶恐。真的,不胜惶恐。一想到自己走的这条小路明知没有人会再走,却还去指给别人,就觉得有误人子弟之嫌。何况面对着“外面的世界很精彩”,却要劝人皓首穷经,“一箪食,一瓢饮,在陋巷”,大概谁也不会去听的。只是历来不善拂人美意,在这“学术界充斥空泛、虚假、浮躁之风”(据某报评论)的今天,《中国文物报》却能致力于介绍治学之道,实在令我感佩不已,不写太对不起人家。但是自己思量,念了几十年书,还是似通非通,所谓“上穷碧落下黄泉,两处茫茫都不见”,怎么敢谈治学呢?细想多年来埋首故纸旧物,爬了上百万字的格子,其中体会最深的,还是当年导师孙贯文先生再三叮嘱过的几句话,就便在这里写出来,既算是自己的一点体会,也是对先生的一点纪念。

清儒有言:"读天下书未遍,不可妄加雌黄。"孙先生常一字一顿地对我强调这句话。当然,读遍天下书这条件现在说来太高,当代信息爆炸,几人能读遍天下书呢?我们平常进的图书馆书库里,那书已几乎令人无法读遍了。而那些著名的大图书馆馆藏会吓死人。国外的图书馆不像国内,可以随便进入书库,给人的震慑就更大。记得我第一次走进大英图书馆时,看到那铺天盖地的几层楼高的书架上满满的图书,真是有一种人都要被淹没了的感觉。按清儒之诫,今天的人大多该缄口不言了,可是偏偏还要说,而且是越说越敢说,妄加雌黄的事情就越来越多。我体会,孙先生是以此告诫我写文章、提观点要慎重,没有对要研究的问题全面了解之前,不要急着发议论,下结论。老一辈学者研究一个问题,往往要多年搜集资料,了解有关研究情况,反复考察,深思熟虑后才发言,寥寥几语,就能发聋振聩,成不移之说。与强不知以为知,以其昏昏,却欲使人昭昭之徒,高下岂止千里?说来惭愧,自己迫于生计,有时也是匆忙成文,掌握材料恐怕未必全面。实在对不起先生的谆谆教诲。

人民公仆焦裕禄常说:"吃别人嚼过的馍没味道。"孙先生借用过这句话来告诉我治学的道理。可见真理是放之四海而皆准。古往今来,真心做学问的人,总会追求得到一些自己独特的见解,做出一点超越前人的成绩,对于别人的说法,也不会简单地全部沿用,而要通过自己的思索与评判。即使达不到,也不会因循守旧,人云亦云,甚至抄人家的书,用人家的话。天下文章一大抄,下笔千言,空无一物的,有没有味道,想来大家都体会得出。更何况抄袭已经是涉及学术道德的大事了呢?这句话还可以延伸到研究的选题上去。已经被人家嚼烂了的题目,除非能别出蹊径,有所创新,否则还是不要再炒为妙。

孙先生还说过:“不与别人争材料,抢热门,要会用旧材料作新文章。这就像厨师做菜,好厨师能把同样的原料做出上百种不同的菜来。不好的厨师就只能糟蹋材料。”我知道这是针对当时争新材料的风气而言,岂知而后此风越来越盛。靠把持新材料先声夺人,为争材料不择手段,借助传媒大肆炒作……层出不穷。考古文物界在这一点上尤其突出。但是往往热闹一时,过后就无人再问津了,有关研究究竟深入到什么程度?解决了多少问题?恐怕没有多少人再去注意。我自知不善争抢,孙先生的话,于我心有戚戚焉。至于对别人是否合适,不敢担保。

多年来,这几句话一直记忆犹新,甚至连孙先生当时说话的神情都历历在目。话虽简单,做起来却极难。自己也未能完全做到,只好“虽不能至,而心向往之”。后来悟到,先生就是在讲做学问只是一个“实”字,老实、真实、踏实。这就不仅是做学问,而是作人的真谛了。我总觉得这是老一辈知识分子的弥高弥坚之处。学问与人格人品是完全一致的。不像当今学界,有的人学问漂亮,人品却不那么漂亮,有的人学问不漂亮,人品更不漂亮,甚至公然谎话连篇,虚伪成性。可能是世界变了,学问已经成为谋生之工具,而非天下之公器了吧。

由此就又想到,这些话说给别人是否合适。“不是我不明白，这世界变得快。”我在中小学读书时，最流行的一句话就是马克思的“在科学上没有平坦的大道可走，只有那在崎岖小路上不畏攀登的人，有希望达到光辉的顶点。”现在很少听到人说这句话了。白云苍狗，大约如今是大道入云端了。有专车可坐的，或者买得起奔驰、宝马的，可以直驱顶点。上小路去攀登的，也许只有专好这一口的登山运动员了。没有人再作笨学问，幸甚。至于学术，幸乎？抑不幸乎？“君其问诸水滨”。

原载《中国文物报》

目　录

冠、帻、编发、扁髻与其他

中国古代一直传说“周公制礼”。礼之由来，可谓久矣。比较古代文献的记载，我们可以感觉到：中国古代社会与世界上其他古代文明的不同中，有一点特别明显，就是对“礼”的极度重视。中原汉族在很早以前就建立起来的一整套礼仪制度一直与法律相侔，是维系社会形态的重要支柱。这种礼仪制度实际上是从商周乃至更早时期的生活习俗和社会组织形式中衍生出来的。所以，它与人们的生活结合得十分紧密。例如当时倍受重视的“冠礼”以及“及笄礼”，就是从古代原始部族中普遍存在的成人礼演变而来的。但是中国古代的“冠礼”与我们从民族学资料中看到的一般原始部族成人礼还有所不同。由于它已经不完全是原始社会的遗存，而罩上了阶级社会的浓彩，所以它不仅仅是标志成人而已。通过“冠”这种特殊的头衣，这种礼仪还表现出等级的差别与民族的特色。如：是否著冠，曾经被认为是华夏民族与四方蛮夷的一个重要区别。所以冠礼被放在礼仪制度中极其重要的位置。恰如《礼记·冠义》所言：“凡人之所以为人者，礼义也。礼义之始在于正容体，齐颜色，顺辞令。冠而后服备，服备而后容体正，颜色齐，辞令顺。故曰：冠者礼之始也。”

中国历来讲究“身体发肤，受之父母，不敢损伤”，这可能是一个非常古老的传统。也就是说，华夏族人从生下来开始，就没有剪过头发（受了刑罚的除外），让它一直长着。那么，如何处理这些头发，就成了一个包含着重大文化因素的问题。我们可以看到，古代各民族在处理头发的方式上往往都有明显的民族特色。头发的式样也就成了区分各民族的一种特征。古代华夏民族生存的区域周围，还居住着许多不同的民族。我们的祖先在描述与其他民族的区别时，首先注意的就是如何处理头发。如孔子感叹："微管仲，吾其披发左衽矣。"指的就是披散头发、不加梳理的异族。《史记·越王勾践世家》云："封于会稽，以奉守禹之祀。文身断发，披草莱而邑焉。"是指南方的古越民族。《汉书·西南夷两粤朝鲜传》中记载："西南夷君长以十数，夜郎最大。其西，靡莫之属以十数，滇最大。自滇以北，君长以十数，邛都最大。此皆椎结……其外，西自桐师以东，北至叶榆，名为巂、昆明，编发。""朝鲜王满……满亡命，聚党千余人，椎结蛮夷服而东走出塞。"汉魏时期对乌丸、鲜卑等东胡民族的描述是，"父子男女，相对蹲踞，悉髡头以为轻便。"(《三国志·魏书·乌丸鲜卑东夷传》注引《魏书》)这些四方蛮夷对头发的不同处理方式，成了区分各民族文化的最佳根据。与之相对应的，就是中原汉族的"束发"。冠，应该就是与束发相配合的头衣了。

这里，我们注意到汉代对昆明国的描述，即"编发"。编发应该就是将头发梳成辫子。而后北方的一些民族，如女真，就一直以"编发"为特征，但是他们的编发，应该是吸收了乌丸、契丹等民族髡首的部分习俗，将头前部剃光，与原来昆明等地的"编发"有所不同了。

由此看来，古代中原华夏民族，或者说从汉代形成的汉族，成年男子应该是不"编发"的了。所以才有后来对鲜卑人的"索虏"之称，才有清代初年被迫梳辫子时的强烈反抗。因为汉代以来的汉族人普遍是"束发"即在头上梳成一个发髻的。汉代以前想必也是如此吧。

马家窑文化陶器纹饰

但是从出土文物中来看，我们却可以得出另一种结论：在汉代以前，华夏民族曾经也有过编发的历史。所谓"束发"也是在编发的基础上再进一步将发辫盘成发髻。想想这也很自然，一个成年人的头发，如果一直不削剪，一般应在三尺以上，甚至四五尺长。要将这样多的头发束到头顶上，而且保持一定的形状，不会松散开来，不是一件很容易的事。如果直接拢起来用头绳束紧它，在日常劳作中恐怕是很难保持住的，除了使用大量的簪、笄插上去加以固定外，只有先编成辫子后盘起才比较稳妥。但簪、笄等装饰品恐怕多是贵族老爷的专利。例如殷墟的妇好墓中出土了上百件各式簪、笄，应该是当时供妇好一人使用的。而同时期的平民墓葬中往往只有一两支簪、笄。限于条件，劳动阶层大概不会大量使用簪、笄，那么就只有编辫子比较便利了。编辫子的历史应该很早，人们在发明编绳索的前后，可能就会编辫子了。现在能够看到的最早的中国古代人编发形象，应该是在青海大通上孙家寨出土的属于马家窑文化的彩陶盆上。盆沿上描绘的舞人头上，都垂有编成的发辫。而河南安阳殷墟妇好墓中出土的玉石人雕上，则可以看到更清晰的编发式样。如有一件玉人头上梳了一条长长的辫子，又把它盘到头顶，从头顶绕到左耳后侧，再缠到右耳后侧去。同墓出土的另一件玉人则将头发向上汇总，在头顶中心束住，梳了一条垂至后颈的短辫。说明当时编发的做法是很常见的。

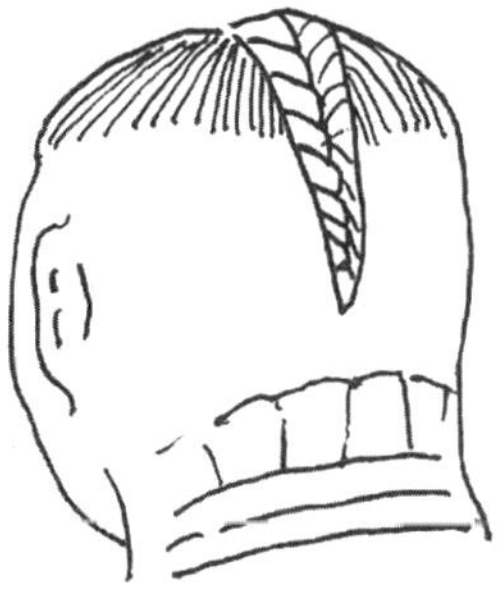

殷墟妇好墓出土玉人发式

殷墟妇好墓出土玉人发式

降至战国，表现编发的文物更多，如河北平山中山国王族墓中出土的银铜人灯、易县燕下都遗址出土的铜人、故宫博物院所藏战国白玉人像等，特别是秦始皇兵马俑陪葬坑中出土的大量陶俑，给我们留下了栩栩如生的各种编发式样。秦始皇兵马俑在艺术上的高度写实性已经被大家所公认。它应该如实地反映了当时的士兵形象。发式也是如此。关于秦俑的发式，有过不少介绍与研究文章，如刘林《秦俑的发式与头饰》、林剑鸣《秦俑发式和阴阳五行》、王玉清《秦俑的发髻》等。对秦俑的发式进行了详细的分类，并探讨了秦俑发式的内在含义。如王玉清《秦俑的发髻》中将秦俑的发式分为辫状扁髻与圆椎髻两大类，扁髻类又分为2种5式，圆椎髻则从开始曲环的方向划分为6种18式。真是如沈从文先生所言："编结之复杂到不可思议。"但是细观秦俑头上的发髻，基本上都是先编成发辫后再盘成髻的。

洛阳金村出土战国铜人发式

那么，为什么在汉代人的记载中，却不注重中原人也会编发的情况，把编发看成是中原人与四夷的一个重要区别呢？我们想，答案只能是：当时中原人的发式出现了变化，大多不再采用编发的方式了。

与商周至秦代那些繁缛的梳辫形式比较起来，不梳成辫子而结成扁髻的发式要简单方便得多，可能它使用得更广泛，特别是在汉代。就我们现在可以见到的文物实证，如陕西阳陵随葬的兵马俑、江苏徐州汉楚王陵陪葬的兵马俑等人物形象，基本上是把头发在头顶上中分，由两侧向后梳，然后反盘上来。由于大多陶俑在头顶上戴有冠巾，无法看到具体的发型，但是从它们头顶上没有高起的圆髻这一点来看，应该是梳成一个垂在脑后的扁髻的。他们没有秦始皇陵兵马俑那样繁多的发式，尤其少见头顶梳高髻的现象。这应该是秦代与汉代人们发式的根本不同。湖南长沙马王堆1号汉墓出土的穿衣男木俑、河北满城汉墓出土的玉人等西汉早期文物上的人物发式就是上述的那种扁髻，可以证明这种发式是西汉流行的式样。此外，陕西阳陵陪葬俑的发式是将头发梳到后面，再从右侧将发束反梳上来，在头顶后部盘成一个平髻。但相比起来，梳扁髻的要更多一些。湖南长沙马王堆1号汉墓出土的轪侯夫人发髻实物，陕西西安、临潼等地出土的汉代女陶俑等告诉我们，不仅男子，就是女子也普遍梳理这种扁髻。区别就是女子的扁髻要大一些，多盘两圈。它梳理简单，朴实无华。很有意思的是：严紧整齐的编发盘成的发髻与严刑酷法的秦代社会正相符合，与此相同，松散的发髻与西汉初年崇尚黄老、简朴无为的社会风气也非常一致。

秦始皇陵兵马俑发式

西汉陶俑发式

这种发式也许是来自战国时期楚国的习惯。西汉初期继承了很多楚地的风俗。著名的长沙楚墓帛画中，御龙的男子梳的是从脑后反转上去的高发髻，凤鸟下的女子梳的是下垂的扁髻，都看不出曾先梳成辫子的迹象。这些都与汉代的发髻形式颇为近似。

西汉壁画人物发式

东汉画像石人物发式

下垂的扁髻对于男子来说，可能不便于剧烈的体力活动，把它梳得高一些，末端别在头顶上，或者让扁髻贴在后脑上，就更方便一些。这也就成了东汉时期比较流行的式样。笔者在重庆巫山地区做考古发掘时，曾经仔细观察过这里东汉墓葬中出土的陶俑发式。有一些男乐俑的脑后就梳理着这样的发髻。看上去是没有结成辫子，只是将头发拢到一起，别在脑后。这样的发式在四川等地出土的东汉陶俑中常可见到。其他如山东汶山县孙家村出土的东汉画像石门吏、四川成都羊子山出土的东汉画像砖谒见图、山东嘉祥武梁祠东汉画像石等图像上的大量人物，都可以从他们头上看到类似的发髻。当然，同时也有将发髻盘在头顶上的做法，四川成都羊子山出土的东汉画像砖弋射图与收获图中，就有在头顶梳一个发髻的人物形象，特别是收获图中，既有头顶梳发髻的，也有不在头顶梳发髻的，那么就应该是头顶梳圆髻与在脑后垂扁髻两种发式同时存在了。其他像在成都出土的东汉陶俑中也有头顶梳圆髻的农民形象，河南、山东等地的东汉画像石中也有一些头顶梳圆髻的人物出现，如河南南阳出土的狩猎图等。但这时的发髻，应该不经过先梳成辫子的那一道手续了。

东汉石雕戴帻人物

东汉女陶俑发式

这时，梳扁髻的汉族与其他少数民族的发式仍可以明显地分辨开来。在徐州狮子山汉墓兵马俑中有个别骑俑的发式比较特殊。它是从头顶上中分，披散在头两旁。似乎还被剪短过。这种俑的面部扁宽，颧骨突出，具有明显的蒙古人特征，可能就是北方游牧民族士兵的写照。后来嘉峪关地区的十六国时期墓葬壁画砖上，也可以见到披发、赤足的农人形象，可能也是在当地落户的原游牧民族。

在注意到这些梳扁髻的发式的同时，我们也会看到，与先秦人物形象有所不同的是，这些汉代人物形象，特别是梳扁髻的人物形象，大多同时戴有各式各样的头衣，如冠、巾帻、頍、帩头、弁等等。如此丰富的头衣应该是造成人们不先梳辫子再挽成发髻的一个重要原因，或者可以说是互动的因素。由于有了头衣压束头发，松散的头发拢成发髻后也不再容易松脱。而人们习惯简单地梳理扁髻后，又对头衣提出了更高的要求。因此，汉代的头衣便随之产生明显的变化，并且影响以后的各个朝代。

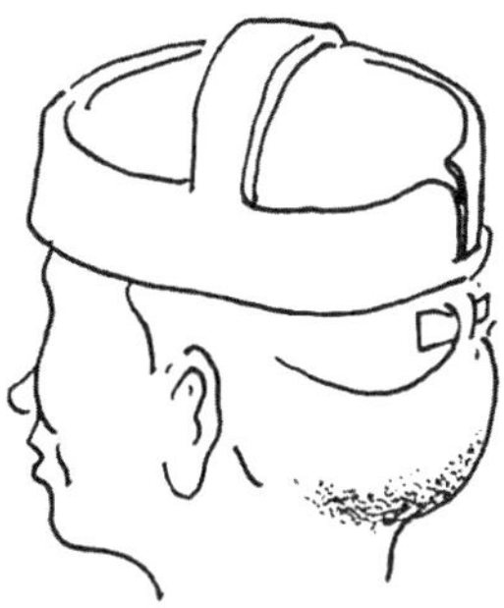

巫山出土东汉戴帻陶俑

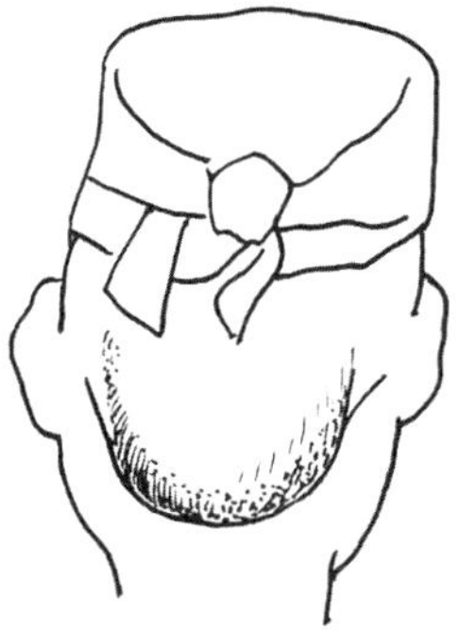

巫山出土东汉陶俑发式

西汉早期，由于开国皇帝刘邦与主要功臣都是楚人，继承了大量楚国的文化习俗，戴高冠就是其中之一。这时的冠，只是单独的装饰用品，没有遮风避土或防晒、束发等作用。但需要看到，古代并不是所有的人都能戴冠的。在宗法等级礼仪制度的约束下，似乎冠是贵族以及社会中上层的专利。古代士以上阶层的男子才在二十岁时行冠礼，以后可以戴冠。汉代刘向的《说苑》中称："君子成人必冠带以行事，弃幼少嬉戏惰慢之心，而衎衎于进德修业之志。"而一般社会下层的男子，即与君子对应的"小人"、"野人"之属，大概就没有戴冠的资格了。

《续汉志》载："古者有冠无帻。"在西汉的玉雕、空心砖与壁画中出现的戴冠者都没有帻，他们的冠正是一种"㡘持发"的用具。有冠无帻，也可能是戴冠者不帻，戴帻者无冠。西汉时人冠不加帻的做法，东汉人是认识得很清楚的，例如东汉的沂南画像石上历史故事画中人物都戴无帻的冠，而表现当时人生活的祭祀、饮宴场面中的人物则戴有帻之冠。帻是什么呢？《急就篇》颜师古注："帻者，韬发之巾，所以整乱发也。"看来它起先就是一块包头发的布帛。从冠到帻，是汉代头衣的一个重大演变。这里我们需要注意一种人们平时不大看重的头衣——頍。

《仪礼注疏》卷二："缁布冠缺项青组，缨属于缺，缁纚广终幅，长六尺。皮弁笄，爵弁笄，缁组纮纁边，同箧。"注云："缁布冠，无笄者著。頍围发际，结项中，隅为四缀，以固冠也。项中有緪，亦由固頍为之耳。今未冠笄者著卷帻，頍象之所生也。滕、薛名蔮，为頍属，犹著纚今之帻梁也。终，充也。纚一幅长六尺，足以韬发而结之矣。笄，今之簪。有笄者屈组为纮，垂为饰。无笄者缨而结其絛。纁边，组侧赤也。同箧谓此上凡六物。隋方曰箧。”由此我们看到，对于冠来说，有没有簪笄是一个大的区别。有簪笄的，可以利用簪笄将冠固定在发髻上。而没有簪笄的，如缁布冠，就只能利用頍来固定了。所以说汉代的卷帻是从頍派生出来的了。《诗经·小雅》中有一首“頍弁”，据说是“刺幽王也”，可见頍的历史十分悠久。而从诗的含义中，我们可以体会到，頍确实是用来包围头发，使冠固定住的。从这一点上来看，孙机先生将頍解释成：“固冠的带子。它的形象在秦始皇陵兵马俑坑出土的陶俑上可以看得很清楚。”是有一定道理的。而殷墟妇好墓中将一件出土玉人头上的卷筒状饰物解释成“頍”，就不大确切了。实际上，从文献记载来分析，頍应该是一个圆圈形状的发箍，套在头顶上，压住头发，左右两侧有缨系，可以在颔下打结。秦始皇陵兵马俑坑出土的陶俑上表现的带子，只能是一种简化了的頍。而殷墟妇好墓中那件出土玉人头上刻画出的一圈束压头发的圆箍，可能近乎“頍”的原形。但是它下面没有系带，不知是不是工匠省略了还是当时的“頍”尚不完全。至于前面的卷筒状饰物，则应该是另外附加的头饰，大约近似于冠了。

頍在压束头发上具有独特的功能。古代人讲求礼教，对于外貌是很重视的，头发应该梳理得整齐干净，没有乱发露出。而“首如飞蓬”那样，就是内心十分忧伤，顾不到礼教的情况了。女子是利用大量簪钗来达到使头发整齐这一目的的。而男子，就是利用頍了。巾帻，作为“整乱发”的头衣，应该是继承了頍的作用。后来魏晋至明代间陆续兴起的笼冠、幞头、网巾、勒子等种种头衣，也或多或少地在发挥着类似的作用。所以，很可能“帻”在流行后就代替了頍。

最早的帻，也是一件缠在头上的巾子，可能是用窄窄的长条，整齐地在头上缠成一圈，类似今天苗族的缠头。汉代时它被改进成一种帽子。原来无屋的帻只有一个圆圈，有屋的帻则在圆圈的上面加一个可以盖住头顶的高顶，有点像近代人戴的无檐制帽。从汉代文物图像中可以看到，这时的帻变成一条整齐的宽沿，在脑后断开，形成两个向上翘的尖端。

除帻以外，在东汉时期，还出现了一些类似今天人们戴的帽子那样的头衣，如“巾”、“帽絮”等。这些头衣的特点之一就是它们带有鲜明的等级色彩。《释名·释首饰》：“二十成人，士冠，庶人巾。”蔡邕《独断》云：“帻者，古者卑贱执事不冠者之所服。”《续汉志》云：“秦雄诸侯，乃加其武将首饰，为绛帕以表贵贱。其后，稍稍作颜题。汉兴，续其颜却檦之，施巾连题却覆之；今丧帻是其制也。名之曰帻。帻者，赜也。头首严赜也。”

帻本来是卑贱的执事人员和普通平民所使用的头衣。汉武帝到馆陶公主家中去，见到董贤，很喜欢他。但是董贤当时是仆役，戴着绿帻。汉武帝就马上赐给他衣冠。所以我们可以在汉代的陶俑、壁画与画像石中见到很多戴帻的士兵、百姓等人物形象。例如在四川成都附近汉墓中出土的陶俑，就是一些极好的实证。

唐杨思勗墓出土戴幞头的武士俑

以后，帻的应用范围越来越广。戴帻的人也不仅限于下层人民了。像王莽头秃，就用帻加上遮顶的“屋”来戴。所以就出现了很多改进了的帻式样。有的是在原有的帻上面加上两侧的护耳，这些护耳还有长耳、短耳之分。有些是在帻上面加上发冠，如文官在进贤冠下戴介帻，武官在武冠下衬平上帻等。有的把头巾与帻一起戴。人们给这些多种多样的帻也起了具体的不同名称。例如平巾帻、介帻、平顶帻、冠帻等等。在东汉时期，人们日常头戴巾帻的现象是十分普遍的。所以我们看到这一时期的各种画像、雕刻、陶俑中大多数人物都是戴着各种头衣的。帻是其中最多见的一种。由于这些头衣能严密地包裹头发，而它们的平顶又压迫得发髻不宜高高地耸在头上，所以这时垂在后脑的扁髻该是很流行的。

平民中还有用布包头的做法。其中一种包头巾的式样叫作“帩头”，也称作“络头”。汉代乐府《陌上桑》中唱道：“少年见罗敷，脱帽著帩头。”在四川省成都天回山出土过一个生动的东汉舞人陶俑，他的头上就包了一个帩头。在额头前束出了两个尖角，外形与现代陕北地区的农民用白羊肚手巾包头的样子很相似。可能当时包头时也是用一条长方形的布巾从脑后向前包拢，然后再打结。从他头顶上没有突起的发髻来看，可能他的头发还是在脑后梳一个扁髻。

汉代末年，名士们认为用幅巾包头是很风雅的举动，致使戴头巾的风气大兴。根据记载，当时的名人袁绍、孔融、郑玄等人都喜爱戴幅巾。这些幅巾主要用丝绸与葛布制作。头戴纶巾，手挥羽扇，是当时文士的普遍装束。苏东坡的著名词作《念奴娇·赤壁怀古》中描述周瑜也是："羽扇纶巾，谈笑间，强虏灰飞烟灭。"由此，可能形成了头衣的又一种变化。使用巾来包裹头发，从而代替了束发的帻。如唐代的《封氏闻见记》卷五云："幞头之下别施巾，像古冠下之帻也。"就说明了这一点。因为这时的幞头已经发展成固定形状的硬幞头，所以在里面还要用巾子来裹住头发。《封氏闻见记》卷五又称："陆长源滑稽，在邺中忽裹蝉翼罗幞交巾子。或讯之。长源曰：'若有才，虽以蜘蛛网裹一牛角有何不可；若无才，虽以卓琰子裹一簸箕亦将何用?'""巾子制顶皆方平，仗内即头上而圆锐，谓之内样。"由此可见隋唐时巾子的作用与以前的帻相同，但巾子后来也发展成为固定形状，成为顶上平整的头衣了。

可是用巾子包头，还是需要用带子（巾绳）的。这时使用巾绳大多是在额头至后脑环绕一周，将头发与包在外面的巾子束紧。这样就会将脑后的发髻向上、向前推，使得梳到头顶的发髻越来越多。而后发展到只用绳束紧发髻。在北朝、隋唐的墓葬壁画中，就可以看到这样的趋势。如洛阳出土的北朝孝子石棺石刻画、山西太原北齐娄睿墓壁画仪卫图等。

南北朝晚期形成的幞头，也是由包头巾子发展成的，而且在隋唐宋辽时期非常流行，成为主要的男子头衣。它开始是把巾绳在脑后勒紧，再反转上去束在头顶。这种勒法，自然会把发髻向前推到头顶上去，这样垂在脑后的扁髻就不适应了。束到头顶的圆髻又成为主要的男子发式。然而这时的发髻早已不用先编成辫子再束紧了。越来越远离中原汉族的编发也就完全成为少数民族的习俗，并长期成为汉族区别异族的一个特征。

原载《中国典籍与文化》2002 年第 2 期

《香谱》与古代焚香之风

"随风本胜千酿酒，散馥还如一硕人。"

梁代昭明太子萧统《香炉赋》中的这联佳句，极其生动地描绘了焚香给人们带来的莫大享受。随着我国经济的迅速发展，人民生活普遍提高，形形色色的香料通过化妆品、香水、洗涤剂等越来越多地进入平民家庭。有关香料的工业生产也成了国民经济的一个重要成分。在古代仅能被上层社会享用的香料已经成了亿万人民生活中的日用品。这时，我们来回顾一下中国古代社会中源远流长的焚香之风，可能是颇有趣味的。

提到焚香，在浩如烟海的中国古代典籍中也能找到几种记载古代有关香料知识的著作。传说为宋代洪刍所作的《香谱》，就是其中比较早的一部书。

云冈13窟石雕捧香炉菩萨

《香谱》原本未署作者姓名。它最早见于宋代左圭编辑刻印的《百川学海》丛书中。左圭题之为洪刍撰。洪刍字驹父，江西南昌人，生值北宋末年，绍圣元年中进士，靖康年间官至谏议大夫，后因事被谪配沙门岛，卒于其地。《宋史·艺文志四》载有洪刍《香谱》五卷，同时又载有沈立《香谱》一卷。据《四库全书提要》引周紫芝《太仓稊米集》"题洪驹父《香谱》后”云：“历阳沈谏议家，昔号藏书最多者。今世所传《香谱》，盖谏议公所自集也，以为尽得诸家所载香事矣。以今洪驹父所集观之，十分未得其一二也。”可见洪刍《香谱》的内容比较丰富，与现在见到的这个本子比较接近。而《四库全书提要》又据宋人晁公武《郡斋读书志》记载洪刍《香谱》中记有郑康成汉宫香、南史小宗香、真诰婴香、戚夫人迫驾香、唐员半千香等内容对校，发现此本中均不见以上内容，卷数也比《文献通考》中记载的洪刍《香谱》卷数多一卷（与《宋史·艺文志》载《香谱》五卷亦不符）。《四库全书提要》认为《直斋书录解题》中载有侯氏《萱堂香谱》二卷，不知何代人，可能就是此本。所以，这本书是否洪刍《香谱》原文，尚待它证。但是它记载的内容基本上是唐及北宋以前的情况，则出入不大。

敦煌帛画中的引路菩萨

《香谱》这本书，是比较详细、全面地介绍中国古代香料使用情况的一本专门著作。它分成“香之品”、“香之异”、“香之事”、“香之法”四部分，引用古代各种著作、笔记中的有关内容，叙述了古代香料的主要种类、有关典故和使用、制作方法等知识，对于我们了解中国古代香料史颇有裨益。

从“香”这个文字的形体上我们就可以看出，在遥远的中国上古时代，人们并没有享用香料的习惯。“香”字表现的是谷物食品的芬芳气息。《说文解字》七上“香”字下注解道：“香，芳也，从黍从甘。《春秋传》曰：‘黍稷馨香。’”正说的是先民们造字时的本意。《诗经·大雅·生民》中唱道：“卬盛于豆，于豆于登。其香始升，上帝居歆。”也是把食品的气味称为香。

春秋战国时期的文献中已经有一些当时人们使用香料的情况，那时的香料主要是植物性的香花、香草。如《左传·宣公三年》有“梦天使与己兰”的记载，称：“以兰有国香，人服媚之如是。”大概这时人们已经在身上佩带香草等香料了。所以屈原在他的《楚辞·离骚》中才大量引用木兰、申椒、菌桂、蕙茝、茎、杜衡、秋菊等香草，并写出“纫秋兰以为佩”的句子。

这时人们佩带香草，可能是把它放在缝制的香囊里，放在衣服内，悬于肘后，或挂在腰间。湖南长沙马王堆一号汉墓中出土的西汉早期丝织品中就有保存完好的袋状香囊，囊中还存有各种香草。这可能是现在能见到的最早的香料和香料用具，但使用它的历史却能上溯到三千年前。

唐代杜牧的《阿房宫赋》中曾写道：“渭流涨腻，弃脂水也；烟斜雾横，焚椒兰也。”这虽然是唐代人根据自身社会条件推想的文学描写，但秦代，甚至战国时期就已经有了焚香的习惯，这不能说是绝对不可能的。因为在西汉早期的墓葬中已经出现了用于焚香的熏炉和残存的香料。例如最近在广州发掘清理的西汉初期南越墓葬的西耳室中，就曾出土一小堆装在漆盒中的乳香，重达21.22克。这些香料肯定是用来焚烧熏香的。在同一耳室中出土了三件铜制的熏炉，就是专门焚香的用具。像这样的香炉，在南越王墓中一共出土13件，有的炉腹中还存留着香灰和炭粒，残存有烧剩下的零星香料。这一切，都充分说明了西汉初期上层社会的宫室中流行开了焚香的习俗。这种习俗自然不可能在一两天内就突然形成。所以，由此推测，秦代、甚至战国时期就可能有焚香的现象，也不能说是毫无根据的。但是，现在还没有极其明显的考古证据以资证实，所以，这一推测的确定，尚有待于今后的考古发现。

大雁塔门楣唐代线刻菩萨

河北满城汉墓出土博山炉

南越王墓中出土的乳香，是一种树脂香料，在古代中国及世界的香料史上具有很重要的地位。值得注意的是，它不产于中国境内，而是阿拉伯半岛上的特产。上古时期，古埃及人与古巴比伦人都曾把乳香作为重要商品经营。看来在秦汉时期，中国已经和西方有了海上的交往。古代中国人对这一点认识得很清楚。《香谱》卷上即记载；“《广志》云：即南海波斯国松树脂，有紫赤樱桃者，名乳香，盖熏陆之类也。”西方这些可供焚烧熏香的香料传入中国，迅速推动了中原的焚香之风。

根据近年来广州地区发掘的汉代墓葬情况来看，熏炉成了重要的陪葬器物，标志着汉代焚香风气的不断发展。在《广州汉墓》一书中介绍的一批两汉墓葬中，共出土熏炉 100 件。“西汉前、中期墓出的还不多，仅占墓数的十分之一左右。自西汉晚期到东汉期间，大约半数的墓都有熏炉随葬。”[1]这正说明了焚香之风的发展状况。类似的现象，在中原各地的汉代墓葬中也可以见到。

西安出土唐代香熏炉

这时的熏炉是陶制的，形状像有盖的深腹豆（一种有高柄足的容器，盛放食品用)，盖面上有镂空的几何形状气孔，向外散放香烟。而在中原地区的王公贵族墓葬中，则发现了更加精美的铜制熏炉——博山炉。博山炉是在熏炉基础上发展成的工艺品。它的下部仍有一个高圈足，上有细柄，托举起半圆形的炉体，炉体上面有一个铸造成山峦形状的尖形炉盖，十分美观，故后人称之为博山炉，是代表着汉代工艺美术成就的不朽佳作。七十年代在河北满城汉中山王刘胜墓中出土的错金铜博山炉，在炉具上部和炉盖上铸出高低起伏、层峦叠嶂的群山。山间用金丝镶嵌出石纹、云气和猎人、野兽等纹样，形成一幅生机盎然的狩猎图。散香的气孔巧妙地藏在山石之中，充分显示了汉代工匠的高超技艺，是一件极为难得的文物珍宝。由此也可以看出当时上层社会把焚香看得多么重要了。《汉官仪》中记载："尚书郎入直台中，给女侍史二人，皆选端正，指使从直，女侍史执香炉烧熏，以从入台中，给使护衣。"[2]《东宫故事》云："皇太子初拜，有铜博山香炉。"[3]可见焚香在汉代已成为宫廷中必不可少的日常习惯。在这种影响下，全社会如草随风，形成了焚香的社会风习。所以在两汉时期的墓葬中，熏炉、博山炉成了十分常见的随葬物品，象征着社会上越来越普遍的焚香风气。

"博山炉中百和香，郁金苏合与都梁。"

中国古代曾经使用的香花、香草，如兰、芷、蕙、杜蘅、辛夷等，大多是不能焚烧的，烧出来的烟也不香。而可供焚烧的香料，如乳香、沉香、檀香、郁金香、苏合香等，又大多不出产于中国本土。面对着社会上焚香的需求，开展与海外的交往，输入香料，就是一个重要的贸易课题。南方海路的交通固然很早就存在，但是浪涛凶险，不能保证经常而稳定的货源。开拓陆上商路，打通中西往来的途径，这恐怕也是汉武帝时"凿空"，派遣大批人员西去探险的原因之一吧。在张骞通西域，建立起中西交往的陆上通道，也就是著名的"丝绸之路"后，西域乃至中、西亚的香料便源源不断地通过它进入中国。在很大程度上香料是与中国丝绸进行交易的主要商品。

众所周知，汉代，直至唐宋，中国的货币与西域各国有着本质的不同。西域，乃至西亚、欧洲各国实行金本位，使用金银货币[4]。而中国则以铜铸币为主。这样，中西的商贸往来只能采用易货贸易的形式。西方是中国丝绸的巨大市场，而中国对西方的需求，也只是良马、宝石、香料和奇禽怪兽等奢侈品而已。由此可见，中国香料市场需求的扩大，对丝绸出口和中西贸易往来具有多么重要的意义。

证明这一点的最好材料是《全后汉文》二十五卷收入的东汉班固《与弟班超书》："窦侍中令杂彩七百匹、白素三百匹，欲与市月氏马、苏合香。"《后汉书·西域传》载："大秦国……会合渚香，煎其汁以为苏合。"远自东罗马帝国运来的香料已经成为交换丝绸的重要商品了。

上面介绍广州汉墓发掘中揭示的熏炉自西汉晚期开始增多，使用普遍化的规律，是不是也正说明了张骞开通西域后香料进口增多的现象呢？

大概也正是由于汉武帝时中西交通的开通，汉代以来的传说中就记述了汉武帝时种种西域奇香的故事。如《太平御览》卷九八一引《十洲记》云："汉武时，长安大疫，人死日以百数。帝乃试取月氏国神香烧之于城内，死未满三日者活，芳气经三月不歇。"又引《洞冥记》云："汉武帝于招仙阁烧靡离之香屑，如粟一粒，香气三月不歇。"等等。《香谱》中集录的大量香料，多来自西域等地。如："龙脑香，《酉阳杂俎》云：'出波律国。'""沉水香，《唐本草》注云：出天竺、单于二国。""苏合香……今皆从西域来。""安息香，《本草》云：'出西戎。'……《酉阳杂俎》曰：'安息香出波斯国。'""郁金香，《魏略》云：'生大秦国。'""鸡舌香，《唐本草》云：'生昆仑及交爱以南。'""乳香，《广志》云：'即南海波斯国松树脂。'""降真香，《南州记》曰：'生南海诸山，又云生大秦国。'"……自汉代以来，西域进口的各种香料一直是中国上层社会珍视的日用品。围绕着香料，曾引出了多少流传至今的趣闻佳事。

《汉官仪》中记载了一个东汉桓帝时的故事：侍中迺存年老口臭。大约桓帝受不了他的臭气吧，就赏给他一些鸡舌香，让他含着。迺存一介腐儒，不知道这是什么东西，含到嘴里时辛辣蜇口，便以为自己得罪了皇上，被敕令服毒自尽，回到家中与家人相对哭泣，准备就死。同僚们听说后，前来探问，认出是鸡舌香，一场悲剧才变成了喜剧。

一代枭雄曹操自称不喜欢焚香，而且由于当时社会经济凋敝，禁止过焚香。但晋代文人陆机的《吊魏武帝文》中记述陆机在秘阁见到魏武帝曹操的遗书，提到："馀香可分与诸夫人。"从而招致了陆机"纡广念于履组，尘清虑于馀香。结遗情之婉娈，何命促而意长"的讥讽。可见曹操最终也没有能摆脱香料的诱惑。

韩寿窃香的故事就富有传奇色彩了。《晋书·贾充传》详细记载了这一故事："韩寿……美姿貌，善容止，贾充辟为司空掾。充每燕宾僚，其女辄于青璅中窥之，见寿而悦焉，问其左右识此人不。有一婢说寿姓字，云是故主人。女大感想，发于寤寐。婢后往寿家，具说女意，并言其女光丽艳逸，端美绝伦。寿闻而心动，便令为通殷勤。婢以白女。女遂潜修音好，厚相赠结，呼寿夕入。寿劲捷过人，逾垣而至。家中莫知。惟充觉其女悦畅异于常日。时西域有贡奇香，一著人则经月不歇，帝甚贵之，惟以赐充及大司马陈骞。其女密盗以遗寿。充僚属与寿燕处，闻其芬馥，称之于充。自是充意知女与寿通……遂以女妻寿。”这段由奇香泄漏的风流韵事，便成了文学艺术上常引用的千载佳话。

到了南北朝时期，随着佛教的兴盛，焚香之风更加广泛地传播开来。寺院与焚香成了密不可分的一体，恰似南朝著名文人谢灵运《山居赋》中所描述的“法鼓即响，颂偈清发。散华霏蕤，流香习越”。

佛教的最早流行地域——南亚一带很早就有使用香料的习惯。佛教的经义中也曾多次提到香的作用，把香称作佛使，能把人们的祝祷传送给佛祖。《贤愚经》中讲述了放钵国的一个故事：“时富那奇俱与其兄，办足供养，各持香炉，共登高楼，遥向祇洹，烧香归命佛及圣僧。”就生动地反映了佛教发源地区烧香礼佛的风俗。

这种风俗随着佛教来到中国，更扩大了香料的使用范围。在南北朝时期的石窟寺雕塑中、造像上，都可以见到各种各样的香炉，说明当时寺院和敬佛人家中香火时刻不断的焚香风气。这时使用的香炉主要形状仍与汉代博山炉相近。例如山西大同云冈石窟第 13 号窟中有一位菩萨，手托香炉，它的上端作桃形，但底座比较短，在河南巩县石窟寺第 1 窟中南壁浮雕的供养人行列内，排在最前面的比丘手捧的香炉也是这样，与博山炉相似。

在佛教造像和其他图画中还可以见到另外一种小型手持香炉，时人或称为鹊尾香炉[5]。石窟造像中的妇女供养人常被刻画成手持这种香炉。它的外形像一只无盖（以后加上了盖子）的杯盏，侧面接有长长的手柄，下面有圈足或三只高脚，可能是从汉代的镳炉演变而来。巩县石窟、龙门石窟等处的浮雕供养人行列中，常可以见到这种香炉。在敦煌藏经洞中发现过大量唐代经卷和帛画。有一幅引路菩萨像便是右手持鹊尾香炉，左手执幡幢，仪态非凡。

南北朝时期，与南海及西域诸国的交往增多。来往使节，多带来香料作为贡礼。《梁书·诸夷传》记载扶南、盘盘、婆利、天竺、于陁利等国都曾贡奉香料给梁朝。又云：“大秦人采苏合，先笮其汁以为香膏，乃卖其滓与诸国贾人，是以展转来达中国，不大香也。”这时对香料的认识已经很深入了。

唐代在中国历史上是一个开放的朝代，海外各种文化因子纷纷传入中原，使唐代文化在很多方面表现出世界性的文化影响。焚香用的器物也增添了新的纹饰和形制。在陕西西安大雁塔这座唐代建筑的石门楣上，刻有一尊捧持香炉的菩萨。这座香炉形状十分奇特，下部是承盘，喇叭形的高足上托着一朵盛开的莲花，花心是圆形的香炉。这种具有佛教文化特征的造型，是以前的中原器物中从未有过的。

近年在陕西扶风法门寺塔基地宫中出土的唐代瑰宝中，有不少精美的焚香用具。例如一件鎏金卧龟莲花纹五足银熏炉，它的圆形浅腹炉体上铆结了五只独角兽头，每个兽口中含着一只兽足，支撑起熏炉。这种具有强烈西域艺术特色的造型奇特动人。兽足之间悬挂着镂空的如意花结饰件。炉盖高凸，錾刻有莲花和缠枝花蔓纹饰。盖钮制成宝珠形，恰似一朵正待绽放的菡萏花苞。盖钮四周，刻了一圈向上翘的莲瓣。瓣上凿空，用来散发香烟。其华丽精巧，举世罕见。

再例如一件鎏金鸿雁纹壶门座五环银香炉。它的上部是盆状炉身，分成五瓣，每瓣上都铆有一个兽面铺首，口中衔着提环，下面的底座呈覆盆形。腹壁上镂空成五个壶形的门洞，供通风使用。还有一件素面银香案，是真实生活中使用的香案的缩小模型。这些稀世珍宝都是唐代皇室施与佛门供养的，当然不能与一般的佛寺用品相比。但是当时佛寺焚香之风盛极一时，借此亦可了解一二。

唐代社会中，世俗焚香熏衣、净化氛围的做法更为流行。唐代名诗人温庭筠的《咏博山炉》诗中写道："博山熏香欲成云，锦段机丝妒鄂君。"既形容了香气的浓郁，又描述了熏炉的华美纹饰。近年来发现的一种唐代熏香器——香囊，更是令人惊叹不已的工艺精品。

《香谱》引《西京杂记》云："被中香炉，本出房风，其法后绝。长安巧工丁缓始更为之。机环运转四周，而炉体常平，可置之于被褥，故以为名。"这种汉代便有的被中香炉，就是现在发现的香囊。它用金银制成，通体镂空成花纹，呈球形，小巧细致，华美非凡。

现在可见到的五六件唐代金银香囊都出土于西安附近。直径一般在两寸以下。法门寺地宫中发现的一件最大，直径达12.8厘米，重547克[6]。这种香囊分上下两半，之间用铰链相连。囊内有内、外两重圆环，呈十字形交叉。环之间、环与囊体之间均由短轴相铆接，可以转动。内环中又用短轴铆接上一个半球形的香盂，供焚香用。香盂也可以在内环中转动。这就形成了一个持平装置。在圆球滚动时，内外环也随之转动，香盂的重心始终在下，保证了香盂处于平衡状态，无论囊体如何滚动，处于任何位置，香盂中的香火都不会落出来。这就是《西京杂记》中说的“炉体常平”。令人惊叹的是：这种机构完全符合近代航空、航天、航海中必不可少的陀螺仪的制作原理，表明了我国古代劳动人民在科学技术上的先进成就。

如此大量的使用香料，自然刺激了西方香料的进口贸易。丝绸之路上的香料交易活动便日益扩大。这在新疆地区出土的吐鲁番文书和敦煌地区出土的书简中得到了充分的反映。在敦煌出土的粟特文书中，曾记述了两晋时期，粟特商人在这一带进行毛毯和香料贸易的情况。《高僧传》卷十二中记载：十六国时的著名龟兹僧人佛图澄，来到中原后，仍“常遣弟子向西域市香”。吐鲁番阿斯塔那73TAM514中出土的文书《高昌内藏奏得称价钱帐》是记载高昌时代这个丝绸之路上的重要中转站对香料征收交易税的珍贵文献[7]。有关文字为：

……翟萨畔买香五百七十二斤，次五日，康夜虔买乐（药）一百肆拾四斤。

康不里昴买香二百五十斤。

射蜜畔陁买香三百六十二斤。

（上缺）买香八百斤，石蜜卅斤。

（上缺）买香一百七十二斤。

起十二月廿七日，康牛何畔陁买香陆佰伍拾□斤。

（上缺）有尼屈量香伍拾二斤。

（上缺）日，安符夜门延买香叁拾三斤。

由此可见丝绸之路上香料贸易的盛况。

仅此残卷上记载的交易，每天就有数百斤之多。要知道香料的价格不菲，数百斤的贸易量已很可观了。我们可以参考一下日本大谷探险队在吐鲁番掳去的一件文书记载。

大谷三〇九六号文书上的唐代天宝二年交河郡市估案载有当时交河（即今吐鲁番市西北交河故城）市场的香料价格[8]。如：

郁金花壹分上直钱陆拾文，次伍拾文，下肆拾文。

麝香壹分上直钱壹佰贰拾文，次壹佰壹拾文，下壹佰文。

丁香壹分上直钱叁拾伍文，次叁拾文，下贰拾伍文。

沉香壹分上直钱陆拾伍文，次陆拾文，下伍拾文。

白檀香壹分上直钱肆拾伍文，次肆拾文，下叁拾伍文。

将这些香价与开元二十八年时“西京东都，米斛直钱不满二百，绢匹亦如之”[9]的物价比较一下，就会看到香料价格的高昂。而如此昂贵的香料，却每日数百斤的进行交易。中原社会对香料的需求该有多么大啊！而高昌、龟兹、安息、大食、波斯、天竺等国家商贾从香料贸易中获取的利润，则是难以设想的巨大。丝绸之路所以能维持下去，香料交易是起着很大作用的。

长期的焚用香料风习，使中国古代对香料的认识和配用香料的技术不断提高。自然，这些知识有很大一部分来自印度与波斯。佛教文化的输入在这里起了很大促进作用。佛经中多处提及香药，如《大智度论》、《大方广佛华严经》等。《大日经疏》中说：“调和香水，以郁金、龙脑、旃檀等种种妙香。”北朝和隋代已经有了各种调和香料的香方。如杂香方、龙树菩萨和香方等。刘宋时期的文人范晔曾撰写一篇《和香方》，其序云：“麝本多忌，过分必害；沉实易和，盈斤无伤。零霍惨虐，詹糖粘湿。甘松、苏合、安息、郁金、捺多和罗之属，并被珍于外国，无取于中土。又枣膏昏懞，甲馥浅俗，非惟无助于馨烈，乃当弥增于尤疾也。”这段序虽然是借物讽人，但也反映出时人对各种香料性能的了解。

敦煌藏经洞中发现的写经《金光明最胜王经》卷七弁才天女品中列举了一张调香的配方。收入香药三十二味，为：“昌蒲、牛黄、苜蓿香、麝香、雄黄、合昏树、白及、芎䓖、苟杞根、松脂、桂皮、香附子、沉香、旃檀、零陵香、丁子、郁金、婆律膏、笔香、竹黄、细豆蔻、甘松、藿香、苇根香、吐脂、艾纳、安息香、芥子、马芹、龙花鬓、白胶、青木、背等分。”[9]敦煌卷子中还有一份《香药方》[11]记录了《熏衣香方》和《裹衣香方》、《面脂方》等调香方。如《熏衣香方》云：“沉香一斤、甲香九两、丁香九两、麝香一两、甘松香一两、熏陆香一斤、白檀香一两，右件七味捣碎□□承接为半和合相着，蜜和之。”《香谱》卷下记载了多种唐、宋时期的制香方法。如唐化度寺牙香法：“沉香一两半，白檀香五两，苏合香一两，甲香一两（煮），龙脑半两，麝香半两，右件香细剉，捣为末，用马尾筛罗，炼蜜溲和得所。用之。”又如蜀王熏御衣法：“丁香、馢香、沉香、檀香、麝香已上各一两。甲香三两，制如常法。右件香捣为末，用白沙蜜轻炼过，不得热用，合和令匀入用之。”这些香方，正是古代社会焚香之风世代不绝、愈演愈烈的铁证。

唐宋时期，除西北陆路贸易外，南海上还开展了越来越多的商船贸易。近年来在东南沿海及中亚、南亚沿海发现的古代沉船中，均曾发现大量当时贩运的香料。1973 年，福建泉州后渚港曾发现一艘宋代海船。经学者研究，估计它可达 370 吨左右，是一艘用于远洋商运的船只。在船中发现了大批的香料木，如沉香、檀香、降真香等，湿重达到 2350 公斤，还有乳香、龙涎香、槟榔等海外香料药品〔12〕。可见直至宋代，西方的香料仍是重要的贸易商品。所以宋代人说：香料虽不产于中国，但“中华遍有之”。正是中外贸易日益兴盛的结果。

“朱火然其中，青烟扬其间。顺风入君怀，四座莫不欢。香风难久居，空令蕙草残。”〔13〕几点香火，一缕芳烟，飘飘缈缈，竟联结起了东西几万里间的无数民族文化，造成了利润丰厚的往来经贸活动，这实在是中外文化史上的有趣现象。而亿万织女操机，贩夫奔波，匹匹绢帛绸缎千里外运，却换来了一缕香风，转瞬即逝。这里面又有多少人生的是是非非，让人沉思，发人深省啊！

---

〔1〕见《广州汉墓》125 页。

〔2〕以上见《香谱》引文。孙星衍集《汉官仪》作“给尚书史二人，女侍史二人，皆选端正，从直女侍执香炉烧熏从入台护衣。”纪昀等集《汉官旧仪》作：“给尚书郎伯二人，女侍史二人，皆选端正者从直。伯送至止车门还，女侍史执香炉烧熏，从入台护衣。”似以《汉官旧仪》所言为确。

〔3〕《香谱》引文。

〔4〕《汉书·西域传》：“安息国……亦以银为钱，文独为王面，幕为夫人面。王死辄更铸钱。”“大月氏国……民俗钱货，与安息同。”近代在中亚、西亚等地的考古发掘也证明了这一点。

〔5〕《香谱》云：“朱玉贤……更著黄巾裙，手执鹊尾香炉，下亲妇礼。”

〔6〕法门寺地宫出土唐代《衣物帐》上有僖宗供奉佛指舍利的：“香囊二枚重十五两三分”的记载，经与实物核对确证之。见《文物》1988 年第 10 期《扶风法门寺唐代地宫发掘简报》。

〔7〕见《吐鲁番出土文书》第三册。

〔8〕见《史学杂志》（日），第 77 卷 1、2 号，池田温：《中国古代物价初探——关于天宝二年交河郡市估案断》。

〔9〕见《资治通鉴》卷二一四。

〔10〕P3230 卷子。见《敦煌宝藏》。

〔11〕S4329 卷子，同上。

〔12〕参见《文物》1975 年第 10 期《泉州湾宋代海船发掘简报》。

〔13〕古诗咏香炉诗，见《初学记》卷二十五。

原载《中国典籍与文化》1996 年第 4 期

古代文物中见到的古代冶铸

“炉火照天地，红星乱紫烟。赧郎明月夜，歌曲动寒川。”（《秋浦歌》）

这是唐代大诗人李白热情讴歌冶铸工人的诗歌。你看，熊熊的炉火照亮了山川天地，浓烟中迸发着闪闪的火花，被炉火烤得黝黑的工人们在夜里辛劳，歌声响彻寒冷的江河上空。这是一幅多么生动感人的古代冶铸图啊！在古代文学作品中，这是一首十分罕见的描写古代冶铸工人劳动的佳作。

众所周知，在我们中华古国，自新石器文化晚期开始，就逐渐产生并形成了开采、冶炼、铸造等金属工业。商周时期，已经具有了技术先进、规模宏大的金属冶铸业。迄今发现的商周青铜器数以万计。庞大的司母戊大鼎，一件就重达875公斤，经研究分析，需用数百人配合同时浇铸而成。精细复杂的曾侯乙编钟架青铜基座，纹饰细腻，缠绕重叠、珑珑剔透，用失蜡法铸成，显示了高度的铸造技巧。锋利如新的吴越宝剑、秦代戈矛，在地下埋葬几千年不锈蚀，采用了先进的表面渗透技术。这无数令人叹为观止的奇迹，都在向我们骄傲地宣扬中国冶铸业的辉煌成就。

汉代的冶铸业有了更普遍的发展，从今天的东北、新疆到云南、两广地区，都发现有汉代的钢铁冶铸遗址。河南巩县铁生沟汉代冶铸遗址，在2000多平方米的范围内，发掘出冶铁炉18座、熔炉1座、锻炉1座，以及藏铁坑、矿石坑、配料池等。在这里出土的铁镬，含有良好的球形石墨结构，显示出汉代工匠已经掌握了在20世纪中才发明的球墨铸铁技术。这是世界冶金史上的一大奇迹。

河南温县曾发掘了一座汉代的烘范窑址。在窑中发现了五百多套叠铸范，其中大部分保存完好。范的结构严密，总浇口只有8~10毫米大小，分浇口仅1~3

毫米，可以铸造壁薄至3毫米的精密铸件。可见当时的铸造工艺是何等的精巧了。汉代还发明了“炒钢”、“灌钢”等制钢技术。1974年在山东苍山出土了一件东汉永初六年“卅湅（炼）大刀”；1978年在江苏徐州驼龙山汉墓出土了一把五十炼剑，它们都是用炒钢原料制作的。

然而古代的冶铸场面究竟是什么样子的呢？这就无法从冶铸遗址和金属器物中反映出来了。幸运的是，我们在山东滕县西户口出土的一件东汉画像石上，可以看到一幅罕见的古代冶铸锻造的作坊生产画面，其场面之壮观，刻绘之生动，足以与李白的诗歌相媲美。

这幅画像的左侧是一座冶铁炉。一个皮制的鼓风橐囊在向炉中送风，炉火正旺。中间，几个冶铸工人正在浇铸器物。右边，还有正在锻打铁器的工人。人物互相呼应有致，动态盎然，表现出热烈紧张的劳动场面。

汉代画像石中的冶铸场面

特别值得注意的，是鼓风的“橐”，这个给金属冶炼插上翅膀的重要设备，是一个椭圆形的皮囊。它用木框架作骨，外面包上皮革做成。上面用绳索或吊杆悬挂在木梁上，下面一端联结着排风管。把它像拉手风琴一样地推拉起来，就可以将新鲜空气不断地鼓入炼铁炉中，使炉内达到必要的高温。汉代还发明了水排，利用水轮推动皮囊鼓风，大大节省了人力物力。“橐”的形状与用法，历来无法确证。现在依靠这件画像石得以明了。它的功劳实在不小呢！

古代的金属冶铸业，长期以来都是官府专营。汉代设立铁官管理冶铸业，每个铁官管辖一处或几处大型作坊。每个作坊都有“吏”督管，“吏”下边有“卒”，管理工人，当时称为“徒”。这套严密的管理系统，是从战国时期沿袭下来的。在战国兵器刻铭、青铜器刻铭和玺印文字中，学者们已经总结出了三晋和楚国、齐国等国家的冶铸管理系统。

从兵器刻铭上可以看到，赵、魏、韩等国都曾设立“工师”来管理冶铸业，

“工师”下属有“冶”，具体管理一地的冶铸生产，“冶”下边是“执齐”，负责冶炼时的原料配合等，类似今天的炼铁工程师或技师。（详见《考古学报》1974年1期《试论三晋兵器的国别和年代及其相关问题》一文。）

此外，滕县黄家岭汉画像石墓中还出土了一件描写铁器制作的画像图。画面上反映了一个锻铁作坊，中央一人正在加热炉旁铁砧上执锤锻打，左边的一个人在检查打好的长刀，右边有一个人正在埋头磨砺铁刀。墙上挂满长刀。看来这个作坊是专门制作兵器的，它可能带有一定的官营性质吧？

楚国的铜器铭文中，记录了楚国负责冶炼的官员称作“冶师”，“冶师”的助手叫“佐”。楚国还大量引进技术人才，为聘请来的外国技师专门设立了“铸客”、“铸冶客”等官职。故宫博物院收藏了一方“铸钱客玺”，就是楚国专门聘请来负责铸钱的技师官印。传世的战国古玺印中还有一件楚国的“群㮚客玺”。《周礼·冬官考工记》中记载：“㮚氏为量。”㮚氏是管理金属冶铸制度的工官之一，负责制作量器，供给官方收取租税和日常商业流通中使用。“群㮚客玺”大概就是楚国聘请来铸造量器的外国技师总管的印章吧。

至于秦国，它的冶铸官员组织就更严密了，有工师、工大人、丞、工等各级主管人员。这些主管都要在器物上记下自己的名字。古人称作“物勒工名”，这也是表明各司其职，是最早的“岗位责任制”吧？

令研究者们一直感到奇怪的是，唯独没有发现燕国的冶铸官员。是燕国的冶铸业不发达吗？不，在燕下都的发掘中，曾经发现了多处冶铁、铸钱、制镜等金属冶铸工业遗址，并且发现了多种铁制的生产工具，可见燕国也有先进的冶铸工业。石志廉先生曾经结合燕国货币明刀的背文“外盧”考证故宫博物院收藏的“外司盧（炉）玺”一方印章，认为它是掌管铸币的工官名称。

近来，我们在传世的古代玺印文物中，又考释出两件反映燕国冶铸官员的玺印。一件是《尊古斋古玺集林》中收录的“易铸师玺”，一件是《燕陶馆藏印》中收录的“甫阳铸师玺”。这两件玺印中关键的“铸”字，一直没有被识读出来，所以也一直没有能确定这两件玺印是什么官印。我们借助新近出土的“中山王鼎”、“信阳长台关楚简”等战国文字材料，考证出它们的确实字义，才发现了它们反映出的燕国冶铸管理官职（详细文字考证见《远望集》“铸师考”一文。）

铸师与三晋的工师相似，是管理冶铸业的官员名称，它和一些燕兵器上反映的“工”，以及“外司炉”等具体职司组成了燕国的冶铸管理系统。

严密的管理系统，先进的冶铸技术，加上勤劳智慧的劳动人民，使得中国古代的金属冶铸长期居于世界先进地位。公元一世纪时，罗马博物学家普林尼在他的《自然史》一书中说：“没有一种铁能与中国来的钢相媲美。”我们今天回首文物之林，看看它们反映出来的中国古代冶炼铸造工业规模，不正是这个评语的最好证明吗？

原载《文物天地》1991年第6期，署名“肖易夫”

埋在地下的宇宙

——汉画像石墓和壁画墓的布局

灿烂辉煌的日月星辰，变幻莫测的天仙龙凤，热闹欢快的酒宴歌舞，森肃威严的巡行礼拜，端庄冷峻的忠烈先贤……这一幅幅映现着现实宇宙与幻想宇宙的画面，凝聚在石块上，构筑成一个个缩小的宇宙空间，静静地埋入了地下。这就是在考古学与美术史上占有重要地位、驰名中外的汉代壁画墓与画像石墓。

提起画像石墓和壁画墓，人们往往注重于它们的刻画技法、画像内容、分期断代等。却很少考虑过画像在墓中的布置安排，以及这种布局所隐含的内在意义。如果我们按照这个思路探讨下去，将会得到什么样的启迪呢？让我们来看几个典型的汉代壁画墓和画像石墓吧。

内蒙古和林格尔县新店子汉壁画墓，是一座有前、中、后室及 3 个耳室的大型多室砖墓。墓中券顶及四壁上，绘制了大量壁画。现存者达 46 组，57 幅画面。各室的顶部，绘制仙人、神兽、四象等象征天穹及仙界的图画。前、中、后室壁画着重表现墓主的一生经历、财富及文化伦理教育。有表现死者官场活动及历官地点的画面，有经史故事与祥瑞图，有表现其庄园财产及家居生活的图像。耳室中则绘制了许多种地、放牧的奴仆，以象征庄园生产生活的各方面。[1]

山东沂南汉画像石墓，是一座大型多室石墓。其前室的四方横额上，刻绘大幅的官吏拜谒图、宫室车马图等。墓门内的前室南壁，在门左右分别刻有持彗侍立的门吏和建鼓，正中有侍卫官员及兵器兰锜。它们表现了严密守卫的宫室大门。前室的北、东、西三面墙壁上，刻满了奇禽怪兽、羽人、神祇及四象等。中室的四个横额上，刻绘乐舞百戏、丰收宴乐、迎候仪仗、出行车马等，反映出汉代官吏地主的政界活动、财富占有、享乐生活等社会日常画面。中室四壁上刻有苍颉、周公、齐桓伐卫、孔子见老子等历史人物故事。后室表现庄园内寝的情景，有侍婢、家具、厕所、武库等等。[2]

河南密县打虎亭汉画像石墓，在藻井和室顶刻绘云气纹、怪兽纹等。前室四壁刻有侍奉的仆婢，南耳室墙壁上刻有园囿山林、仆役车马及官方发赡老粮的敬老图，东耳室墙上刻庖厨图。北耳室四壁刻房屋庭院、家具什物及宴饮图。[3]

浙江海宁东汉画像石墓是一座中型的画像石墓，画像集中在前室。四壁上方的横额上，刻有凤凰、飞鹿、麒麟、神仙羽人及灵瑞等。四壁刻绘鼓舞、礼祭、征战、庖厨、百戏宴乐等生活场面及荆轲刺秦王等历史故事。[4]

此外，山东苍山、河南唐河、山东肥城等汉画像石墓，河北望都、安平等汉壁画墓，其墓中画像的分布情况都与此大致相同。这种布局，把墓室的顶部及四壁上部安排为天穹及仙界，是笼罩在人们头顶上的天空象征；四壁为地上的人间世界及人文历史氛围，是人们亲历的社会象征。从置于墓室中的墓主角度看，恰如置身于阳世的宇宙空间中。这种布局方式，正是汉代壁画墓、画像石墓中普遍采用的布局规律。

为什么要这样布局呢？我们先看一看汉代人们的宇宙观念吧。“盖天说”是产生最早、影响也最大的一种宇宙结构认识。它在汉代仍然被社会上普遍认同。《晋书·天文志》中记载：“（盖天之说）其言天似盖笠，地法覆盘……日丽天而平转。”在汉代人的思想中，大地是四方的平面，天空像一顶斗笠覆盖其上，日月星辰附着在天穹中。这是一种直观的宇宙模式。汉代的“式盘”就表现出这种模式。“式盘”的天盘是圆形的，上面画出星宿分野，覆盖在地盘上，地盘为正方形，按十二辰分成四方。它是“盖天说”的产物。汉代壁画墓、画像石墓的结构也与此相近。特别是它们中经常采用的券顶结构，更是形象地表现了“天似盖笠”的天穹观念。穹庐形的券顶在东汉乃至后世的墓室建筑中被普遍采用，恐怕都是用它来表示天穹的概念。唐代的一些大型墓葬，如懿德太子墓等，还在券顶上绘制天文星图，使之成为逼真的星空，更有力地证明了将券顶当作天空处理的传统。

在汉代画像石墓中，也有不少将日、月、星辰刻石置于顶部。如陕西米脂汉画像石墓中即有前室券顶嵌太阳刻石，后室顶部嵌月亮刻石。河南唐河针织厂画像石墓二室顶部置有太阳、月亮、星宿、北斗等天象刻石。都表现了将墓顶作为天穹的意识。

没有直接刻画日月星辰的墓室中，则以云气、神祇、仙人、龙凤等来表现天空。这是因为秦汉人们的宗教观念中把天穹看作天神上帝居住的未知世界，那里有五方天帝、风伯雨师、雷公电母等，还有盘古、伏羲、女娲等开辟鸿蒙、创造人类的天神及超越人间的仙人，以及神龙、玄鸟等。用这些神幻的未知宇宙图像来表现天穹，还包含有希望灵魂升天入仙的迷信意识。

墓室四壁的图像，除了表现人们居住的天地四方外，更重要的作用是人们亲身经历并认识到的世界。官吏巡行，政务往来，庖厨宴乐，歌舞百戏，乃至表示财富的耕猎工渔、仓廪财物等，可以说是汉代社会上层成员一生中最有代表性的活动场面。这些场面表现的也是汉代社会中最为流行的人生愿望，代表了社会上最普遍的一种人生观。汉代人们常用的铜镜、砖瓦、漆器等物品的刻铭中多有“君宜高官”、“大富贵、宜子孙”、“长乐未央”、“君幸酒、君幸食”等吉祥祝词，正反映出追求富贵享乐的社会风尚。

四川地区盛行的汉画像砖墓，特别适宜证明这些画像旨在表现汉代人们理想的社会生活。四川汉画像砖用模板制作，往往在不同的墓中发现同一模制作的画像砖，说明它们成批制作出售。现见到的画像砖模式有 50 余种。死者家属可以购买若干类型的画像砖组合构筑墓室。常见的画像内容仍是神话人物、出行尊老、耕种弋射、楼宅百戏等等。这些典型场面是将汉代社会生活高度概括抽象的结果。每种画像都代表了一个特定的时空环境，具有高度的象征意义。曾任官员的，多安排出行拜谒图。未经出仕的，就大量刻绘庄园财产。迷信仙界的，便强调神奇灵瑞……

穿插于人间社会画面之间的历史人物故事，目的则在于表现充盈于阳世社会中的人文氛围。忠义节孝、伦理礼制等等社会精神产物，是维系汉代社会的重要支柱，也是汉代人们生活中不可缺少的一部分。阳间的宫室中便经常绘制历史故事的壁画。如《汉书·霍光传》载：“上乃使黄门画者画‘周公负成王朝诸侯’以赐光。”《汉书·广川惠王刘越传》载：“其殿门有成庆（荆轲）画。”在墓室中安排历史人物画，同样要表现这些精神产物是社会的重要组成部分。

这些画面，这种安排与墓室仿照生人宫室的结构合在一起，便将有限的墓室空间扩展为一幅完整的宇宙时空模式。这里有天、地、仙界、人间，有财富、官势、享乐，有伦理、历史、文化、上下四方、过去现在，为墓主构造了一个完整的与阳间的理想世界相同的冥间世界。

汉代壁画墓和画像石墓，表现了汉代葬制，乃至中国古代葬制上的一个大变革。

直至西汉早期，墓葬仍以土坑木椁墓为主，在一些大型的黄肠题凑墓（如北京大葆台1号墓）中，才开始模拟阳间宫室，分隔成前堂、后室、回廊等部分。河北满城中山靖王墓，在岩洞中建筑房屋，仿照人间宫室，构筑了一套完整的居住空间，标志着埋葬制度的改变，从此以后兴起的构筑砖（石）室墓葬之风，便逐渐实现了将生人宅第缩小移至地下的普遍愿望。

随着汉代社会经济的发展，厚葬之风愈演愈烈，已经达到“法令不能禁，礼义不能止”（《后汉书·光武纪》）的地步，仅仅再现宫室的做法也不能满足世俗的要求。进而发展到要在地下完全复原宇宙空间及社会人文环境。私有欲的膨胀，使他们已经毫无顾忌、公然扮演起创造世界的神的角色来了。汉代画像石墓中的日月、神怪、山林、耕牧、纺织、屋舍、出行、乐舞、宴饮、历史人物等图像内容就是在这种社会意识的发展变化中逐渐充实完善，形成规律的。

汉代画像石墓与壁画墓，是一个个静静地埋在地下的小小宇宙，也是汉代人们宇宙观与人生观的集中体现。

---

〔1〕《和林格尔汉墓壁画》。

〔2〕《沂南古画像石墓发掘报告》。

〔3〕《文物》1972年第10期《密县打虎亭汉代画像石墓和壁画墓》。

〔4〕《文物》1983年第5期《浙江海宁东汉画像石墓发掘简报》。

原载《文物天地》1991年第1期　署名“肖路”

借问汉宫谁得似　可怜飞燕倚新妆

千百年来，斗转星移，物换人非。一件珍贵的文物瑰宝辗转沉浮，会造成多少文坛佳事、趣闻奇话。今天珍藏在北京故宫博物院中的一方“婕妤妾娋”汉代缪篆玉印，就是这样一件充满了传奇色彩的珍宝。

清末著名讽刺小说《孽海花》书中第二回写道：“肇廷道：‘莫非是赵飞燕的玉印吗？那是龚定庵先生的收藏。《定公集》里还有四首诗记载此事。’”

婕妤妾娋印

小说里介绍的赵飞燕玉印，就是我们所要介绍的这方故宫博物院藏印。书中专门提到这方玉印，可见它在当时价值高昂，名重一时。

在众多文物里，这方玉印的来历经由算是特别清楚的了。根据记载，它出土于北宋年间，当即由宋徽宗的驸马、著名收藏家王诜收藏。到了元朝，又转到文物大家顾阿英之手。明朝末年，它被权相严嵩强行占有。而后辗转于著名收藏家项子京、锡山华氏、李日华、文鼎等人之手。李日华曾在《金石屑》一书中为这方玉印的拓本题跋，自称：“余爱慕十余载，购得藏十六砚斋。”不难想见，当他将十余年朝思暮想的心爱珍品购求到手时，该是何等高兴！

到了清朝，这方印被著名学者龚自珍（定庵）购得，根据姚衡《寒秀草堂笔记》中记载：龚自珍是用一本宋拓《夏承碑》和五百两银子才换来这方玉印。宋拓《夏承碑》同样是文物珍品，身价不下数百两白银。这样一算，这方玉印竟曾经达到千两白银的高昂价格。龚自珍身后，它又归属于何子贞、潘德舆、陈介祺等人。陈介祺藏有此印时，出售拓片，拓印一张价值十两银子，几乎是平民小户一年的开销。

一方玉印，有过如此曲折的经历，又辗转于这么多的著名文人及收藏家之手。有人为得到它狂喜不禁，有人为看到它奔波千里，作诗歌颂，题跋称赞，纷纷扬扬，成为明清时期的文坛盛事。能有这般殊荣的文物，的确是十分罕见的。

人们不禁想问，传世玉印成百上千，为什么历代文人墨客偏偏如此看重这方玉印呢？原来，自从北宋时起，人们就把它认作是汉代著名的风流皇后——赵飞燕的玉印。

赵飞燕是颇具传奇色彩的历史人物。她曾以身轻如燕、能作掌上舞而专宠后宫，被汉成帝立为皇后。成帝死后，又被哀帝尊为皇太后。哀帝死后，赵飞燕毒害成帝诸子的事件被揭发出来。她被迫自杀。因此赵飞燕成了历代文人吟咏中的常见人物。唐代就曾有多种《飞燕外传》流传于世。李白曾带醉为杨贵妃作《清平调》三首，其二为："一枝红艳露凝香，云雨巫山枉断肠。借问汉宫谁得似，可怜飞燕倚新妆。"借赵飞燕赞美杨玉环，却不料高力士进谗说："李白以赵飞燕比娘娘，贱之极矣。"致使李白不得重用，壮志难酬。此后，南宋爱国词人辛弃疾干脆就用"君莫舞，君不见玉环飞燕皆尘土"来痛骂苟且偷安的佞臣。这样一位名人的玉印，自然成为收藏家们争相染指的珍品了。

说来好笑，这却是一个张冠李戴的误会。它根本就不是赵飞燕的玉印。

清代大儒孙诒让曾经说："至王晋卿属之飞燕，近人又或疑为钩弋，咸臆定无征。"一句"臆定无征"说出了近千年来收藏家们的致命伤。实际上，我们只要认真审视一下印文就可以判定，它上面刻的是"婕妤妾娋"四个字。婕妤是汉代妃子的一种官品名称，妾是女子自称时的谦辞。关键的第四个字是娋，而不是赵。按照汉代礼俗，在臣、妾等称呼后面只能称自己的名字，而不能用姓，否则就是对上不敬。这方印中的"娋"字也是女人的名字，历代收藏家出于一厢情愿，硬把末字释成"赵"，好把它附会成赵飞燕的玉印，称之为"臆定"，恰如其分。但是直至近年，还有人把它说成是赵飞燕的玉印。可见成见之深，影响之大。

当然，不是赵飞燕的印并不有损于这方玉印的文物价值。它刻文精美，可以说是汉印中的上品。龚自珍的千金之价出得并不冤枉。

今天，在考察研究文物时，有些人还可能重复前人的错误。他们忽视出土文物本身的实际价值，却把它和一些风马牛不相及的名人逸事拉在一起，以为这样可以抬高身价。实际上往往会“捡了芝麻，丢了西瓜”。从这方“婕妤妾娋”玉印的经历中，我们不正可以看到这一点吗？

原载《文物天地》1989 年第 1 期

东汉肥致碑与方士的骗术

90年代初，河南省偃师县出土了一件十分罕见的汉代小型碑刻——肥致碑。据《文物》1992年第9期《偃师县南蔡庄乡汉肥致墓发掘简报》介绍：这座碑出土于一个已经遭到破坏的汉代砖室墓中。这座墓的规模较大，包括墓道、甬道、前室、后室以及南北两个侧室。肥致碑设立在南侧室的北部，高98厘米，宽48厘米，碑下有长方形的碑座。碑座前面刻出三个并排的圆盘，每个圆盘中刻了一个耳杯，象征祭祀的供品。碑阳上面用整齐秀丽的隶书书写了一篇具有神奇色彩的铭文。而这篇铭文与这座石碑又给人们带来了一系列的问题与疑惑。这里，我们不妨先从头到尾读一下这篇铭文，再共同探讨几个有关的问题。或许它能对了解东汉社会的方术流行状况有些启发。

碑额处刻写有："孝章皇帝，孝和皇帝。"旁边的晕纹间刻有："孝章皇帝太岁在丙子崩，孝和皇帝太岁在己丑崩。"下面的碑文为：

> 河南梁东安乐肥君之碑
>
> 汉故掖庭待诏君讳致字苌华，梁县人也。其少体自然之姿，长有殊俗之操，常隐居养老。君常舍之枣树上，三年不下，与道逍遥。行成名立，声布海内。群土钦仰，来集如云。时有赤气著钟连天，及公卿百辽（僚）以下无能消者。诏闻梁枣树上有道人，遣使者以礼聘君。君忠以卫上，翔然来臻，应时发算，除去灾变。拜掖庭待诏，赐钱千万。君让不受诏。以十一月中旬上思生葵。君却入室，须臾之顷，抱两束葵出。上问君于何所得之。对曰：从蜀郡太守取之。即驿马问郡。郡上报曰：以十一月十五日平旦，赤车

使者来发生葵两束。君神明之验，讥彻玄妙，出窃入冥，变化难识。行数万里，不移日时，浮游八极，休息仙庭。君师魏郡张吴，齐晏子，海上黄渊，赤松子，与为友生。号曰真人，世无及者。功臣五大夫雒阳东乡许幼仙事肥君，恭敬蒸蒸，解止幼舍。幼从君得度世而去。幼子男建，字孝苌，心慈性孝，常思想神灵。建宁二年太岁在己酉五月十五日丙午直建孝苌为君设便坐，朝暮举门恂恂，不敢解（懈）殆（怠）。敬进肥君餟（啜）顺，四时所有。神仙退泰，穆若潜龙。虽欲拜见，道径无从。谨立斯石，以畅虔恭，表述前列（烈），启劝童蒙。其辞曰：赫赫休哉，故神君皇，又有鸿称，升遐见纪。子孙企予，慕仰靡恃，故刊兹石，达情理，愿时仿佛，赐其嘉祉。

土仙者，大伍公。见西王母昆仑之虚，受仙道。大伍公从弟子五人：田伛、全［云?］中、宋直忌、公毕先风、许先生，皆食石脂仙而去。

众多研究者都认为这件石刻是早期的墓志。这样，就等于说东汉中期已经有了定型的墓志。从而将中国古代墓志产生的时间大大提前了。然而我们如果深入考察一下碑文，结合发掘情况分析，就可以看出这不是墓志，而是一件类似神座的祭祀用碑。

首先，我们知道，墓志应该是用来标志墓主身份的。这里立碑人是肥致弟子许幼的儿子许建，他建造这座墓应该是为埋葬他的父亲许幼。墓主是许幼，这座碑却全部是叙述肥致的生平事迹，自然就不是为标志墓主所做，也就不存在着作为墓志的根本作用。

其次，碑立于墓中南侧室。按照汉代多室墓的一般情况，墓主应该安放在后室或主室中。侧室象征着墓主在世时宅院的旁屋，用作客房、厨房、储藏室、妾侍及仆从的住室等。碑文中也明确说出：“孝苌为君设便坐。”《汉书·张禹传》“禹见之于便坐”注云：“便坐，谓非正寝，在于旁侧，可以延宾也。”很明显，许建正是把肥致的神位置放在墓中表示接待宾客的侧室中，即“设便坐”，表示他父亲对仙师的敬重，也表现他们对神仙的崇敬，希望得到仙人的保佑。这件碑与其说是墓碑，不如说是功德碑更为恰当。虽然墓中各侧室都出土了人骨，显示这是一座多人合葬墓。但在没有更多的证据说明肥致确实埋葬在这座墓中以前，我们不能轻易认定这座墓中埋有肥致以及他的多个弟子，也就不能轻易认定这座碑是早期的墓志。

如果仅仅读到这篇铭文，会觉得这位肥致的故事就像《神仙传》、《搜神记》、《后汉书·方术传》、《风俗通》乃至唐代的《西阳杂俎》、《北梦琐言》等许许多多汉唐之间记录神仙怪异的笔记小说一样，充满向壁虚构，纯属子虚乌有。但是，记载这些虚妄故事的石碑却是被当时的人虔诚地竖立在自己父亲的墓中，作为神仙师傅供养着。这就使得我们应该把这种对神仙方士的信仰作为当时社会上的一种流行习尚来看待了。

古代皇帝笃信神仙，时刻不忘祈求长生不老，所以上方士们的当永远也上不完。而且往往越是有些成就的皇帝越是求仙心切，耗资无算。战国时的诸侯们都不用提了。千古一帝秦始皇的求仙问道，就能把国家搞得民不聊生。用血汗白骨堆起来的万里长城，不就是方士们杜撰的一纸仙符“亡秦者胡也”引出来的吗？所以，我们看到太史公在《史记·汉武帝本纪》中十分清醒地揭露那些方士的骗人把戏，指责汉武帝迷信神仙、误国误民时，不能不为他的超人见识而惊叹。可惜的是，真理往往只掌握在少数人手里。那么社会上的大多数人，还是会追随着统治者的好恶去笃信神仙。这样一来，东西两汉的神仙方士故事怎么炒怎么有人听。肥致故事中的所谓神迹，总让我们觉得很是眼熟，其实不过是把历来传说的神仙故事加加工罢了。

那么，我们就来看看肥致利用的前人神仙故事。

先说“枣”。“枣”与神仙结下缘分的时间可不短了。《史记·汉武帝本纪》中，首先来骗汉武帝的方士李少君就对汉武帝言之凿凿地说：“臣尝游海上，见安期生，食臣枣，大如瓜。安期生仙者，通蓬莱中，合则见人，不合则隐。”于是，汉代有关神仙的传说中，接二连三地出现了枣的记载。

汉代十分常见的一种铜镜铭文格式就是：“某氏做镜真大好，上有仙人永不老，渴饮玉泉饥食枣。”例如在《中国古代铜镜图典》中记录的江苏扬州出土的一件神兽镜铭是：“王氏做镜真大好，上有仙人不知老，渴饮玉泉饥食枣。”

晋代人写的《拾遗记》中记载周穆王西游时说：“西王母……又进洞渊红花，嵰州甜雪，昆流素莲，阴歧黑枣……黑枣者，其树百寻，实长二尺，核细而柔，百年一熟。”

《太平广记》卷五《沈羲》：记载沈羲见到老君。“老君身形略长一丈，被发文衣，身体有光耀。须臾，数玉女持金桉玉杯，来赐羲曰：‘此是仙丹，饮者不死，夫妻各一杯，寿万岁。’乃告言。饮服毕，拜而勿谢。服药后，赐枣两枚，大如鸡子。”

《太平广记》卷十《李意期》：“饮少酒，食脯及枣栗。”根据下文中“刘玄德欲伐蜀，报关羽之死，使迎意期”的记载，可以知道李意期也是东汉末年的方士。

《太平广记》卷十二《董奉》：“奉不食他物，唯啖脯枣。”以上均出自《神仙传》。

甚至连枣核也有着神效。《后汉书·方术传·郝盂节传》：“盂节能含枣核，不食可至五年十年……曹操使领诸方士焉。”

从文献到汉代的日用实物，都表现了枣与汉代神仙方士的密切关系。这些例子是不是可以证明这样一点：在汉代人们的思想意识中枣就是神仙日常的食品，要成仙得道必须要得到仙枣。这种观念在中国古代社会中长期流传下去，直至明代吴承恩的《西游记》中还是在各路神仙的饮宴上摆满了枣，连猪八戒还要一见到寿星就追着他要枣吃。所以，这位肥致先生干脆就住到枣树上去。这可是显示自己有道术的最佳方法了。

“赤气著钟连天”，是肥致进入宫廷的根本。也是古代皇帝与方士们极为注重的望气方技。这种占卜在当时占有十分重要的地位。古籍中记载，秦始皇听方士说东南有天子气，就到南方巡游厌胜。汉武帝得知长安狱中有天子气，便下令杀死狱中的全部犯人。《史记·天官书》中记载：“凡望云气，仰而望之，三四百里。平望，在桑榆上，千馀二千里。登高而望之，下属地者三千里。云气有兽居上者，胜。自华以南，气下黑上赤。嵩高、三河之郊，气正赤。恒山之北，气下黑上青。勃、碣、海、岱之间，气皆黑。江淮之间，气皆白。”以下还详细记载了各种颜色和形状的云气所象征的吉凶祸福等望气方法。可见连司马迁这样伟大的学者对望气之说也是颇为相信的。

赤气在古代的占卜中大多是不吉利的，往往与兵乱有关。早在西汉初年的占卜书中，就有这样的记载。例如湖南长沙马王堆出土的西汉帛书《天文气象杂占》中便画了种种云气的图形，并且写道：“赤虹冬出，主□□不利人主。”“赤云如此，丽月，有兵。”“有云赤，入日月军（晕）中，尽赤，必得而地之。”

“有赤云如雉，属日，不出三月，邦有兵。”（见《马王堆汉墓帛书》）

《灵台秘苑》卷四谈到吉凶云气时，说：“赤气浸浸血光，流血之象。赤气如火影见者，臣叛不过三朔。赤气如龙蛇在山头住，又如夜光者，臣离其君，国不安，民流亡也。赤气覆日如血色，大旱，民饥千里。”

由此可见，有了赤气出现，的确是足以震动朝廷，动摇天下的了。能够消除赤气的方士，不说是再造天下，起码也是救国救民的圣贤吧。“拜掖庭待诏，赐钱千万”那只是一点小菜罢了。至于赤气是怎么出现的，又是怎么除去的，是不是肥致搞的鬼把戏，不见详细记载，不好揣测。起码望气云云是源于先秦方士的传统，该是不会错的。

再说说蜀郡。两汉时期，僻在西南的蜀郡已经开发得十分繁荣，成为天下的经济中心之一。晋代文学家左思的《蜀都赋》中说：“侈侈隆富，卓郑埒名。公擅山川，货殖私庭。藏镪巨万，鈲摫兼呈。”（见《文选》卷四）这里的卓，即蜀中大文学家司马相如的老丈人卓王孙，就是富可敌国的巨商。

蜀地的气候条件优越，水源丰富，土壤肥沃，物产闻名天下。《蜀都赋》中记述：“其园则有林檎、枇杷、橙、柿、梬、楟，榹桃函列，梅李罗生，百果甲宅，异色同荣。朱樱春熟，素柰夏成……紫梨津润，樼栗罅发，蒲陶乱溃，若榴竞裂，甘至自零，芬芳酷烈。”“其园则有蒟蒻、茱萸、瓜畴、芋区、甘蔗、辛姜、阳蓲阴敷。日往菲薇，月来扶疏，任土所丽，众献而储。”这些果菜中，很多可能是中原地区不生产或者不能在冬季得到的。因此，北方对蜀郡的物产应该是非常欢迎的。

但是，虽然有石门、邸阁（即栈道）的交通设施，北方与蜀郡的往来仍然是不十分方便的。直至唐代，大诗人李白还发出“蜀道之难，难于上青天”的感叹。这样，得到蜀地的物产，便成了方士们显示法术的一种常用手段。与肥致所为相类似的故事，就见于《后汉书·方术传·左慈传》。左慈“尝在司空曹操座。操从容顾宾客曰：‘今日高会，珍馐略备，所少松江鲈鱼耳。’放（按即左慈）于下座曰：‘此可得也。’因求铜盘贮水，以竹竿饵钓于盘中，须臾引一鲈鱼出……操又谓曰：‘既已得鱼，恨无蜀中生姜耳。’放曰：‘亦可得也。’操恐其近即就取，因曰：‘吾前遣人到蜀买锦，可过敕使者，增市二端。’语顷，即得姜还，并获操使报命”。这个故事产生于肥致之后，恐怕也是受到肥致有关传说的影响吧。当然，肥致也不见得就是这种法术的始作俑者。

方士们的表演不光是用法术去取到蜀郡的稀奇物品而已，蜀郡还是他们表现神技的重要场所。《后汉书·方术传·樊英传》中记载："尝有暴风从西方起。英谓学者曰：'成都市火甚盛。'因含水西向漱之，乃令记其日时。客后有从蜀都来，云：'是日大火，有黑云卒从东起，须臾大雨，火遂得灭。'于是天下称其术艺。"类似表演还见于《后汉书·方术传·郭宪传》："从驾南郊，宪在位，忽回向东北，含酒三巽。执法奏为不敬。诏问其故。宪对曰：'齐国失火，故以此厌之。'后齐果上火灾，与郊同日。"这里只是把着火的地点改在了东方的齐国，作法的手段却丝毫没有改变。

造成许先生等弟子死亡的原因是服用"石脂"。这应该是反映了当时方士们已经开始使用服食药物以求取长生的法术。根据《汉书》的记载，淮南王刘安就曾经广招方士，使用炼丹术。东汉时期，这种炼丹服食的方术想必已经十分普遍。"石脂"是什么药物，尚不得确解。但是在道家有关炼丹的书中，"赤石脂"却是一种常见的药物。据说是晋代以前成文的《黄帝九鼎神丹经诀》第一卷记载：制作炼神丹的六一泥时要"用矾石、戎盐、卤咸、礜石四物先烧，烧之二十日，东海左顾、牡蛎、赤石脂、滑石凡七物，分等多少自在，合捣万杵，令如粉"。制作"第四神丹名曰还丹。取矾石、礜石、代赭、戎盐、牡蛎、赤石脂、土龙矢、云母、滑石凡九物，皆烧之一日一夜，猛其火……"该书的第二卷以下可能是唐代的作品，里面记述的赤石脂用法更多，主要也是用于制作"六一泥"。晋代的有关记载不多，从《抱朴子·金丹卷》中可以找到制六一泥中要使用赤石脂的记录，应该是从《黄帝九鼎神丹经诀》中沿袭下来的。以后的道家炼丹书中，如《太清金液神气经》、《龙虎还丹诀》等，也都记录了赤石脂这种药物。

赤石脂可能是一种类似大理石的石灰质矿物。《世说新语·汰侈》中记载："王（王恺）以赤石脂泥壁。"既说明赤石脂是一种昂贵的物品，又反映了它类似石灰具有粘合力，有泥壁的性能。由此推测，它也许具有较强的碱性，过多食用当然对人体不利。

不过，也许肥致碑中说的"石脂"另有所指，或许是道家服食药物中常见的"石芝"误字，限于材料，这里做的一些推测，也是仅供大家参考而已。不过服食药物的做法，在方士中同样是一代传一代，肥致恐怕没有什么创新。

这些陈陈相因的古旧戏法，却能屡试不爽，可见在东汉时期人们的思想意识中，对求仙得道的热衷与笃信始终未曾衰减。有人说过：没有上当受骗的人，就不会有骗子。社会上的盲目迷信，给靠方术蒙骗世人的方士提供了极好的发展环境。这的确是一种本小利大的买卖。前人早已经编好了种种神仙的模式，只要照本宣科，换汤不换药，总有上至皇帝下至草民的大批信徒前来供养。运气好的可以骗得官运亨通，运气不好的也还能拉来几个徒子徒孙垫背。只有许先生之类的信徒，明明是被这些方士骗得服了“石脂”，呜乎哀哉，还被后代子孙说成是“仙去”。不知他们的灵魂能不能感到安宁。

原载《中国典籍与文化》1999 年第 1 期

汉唐墓葬中的鬼怪形象及其他

1999 年 5 月，我去美国开会期间，加州大学洛杉矶分校（UCLA）的罗泰教授（Dr. Lother Van Falkenhausen）要我顺道去作一次讲座，同时陪我参观了当地的博物馆。虽然时间不多，行色匆匆，但是仍有不少精彩的中国古代文物给我留下了深刻的印象。其中在洛杉矶县立博物馆中见到的一件陶俑尤其新奇，不仅引起了我浓厚的兴趣，而且使人联想起不少有趣的问题。

美国洛杉矶博物馆藏唐代鬼怪俑

这件陶俑高约 20 厘米，不大可能是佛教造像雕塑的附件，而更接近于墓中随葬的器物。可惜系盗卖而来，已经无法查寻它的由来了。根据它的艺术造型来看，很有可能是唐代初期的器物。但是就个人所见，国内近几十年来唐代墓葬中出土的器物中还很少见到与它相似的陶俑。它和我们经常见到的唐代人物俑不一样，是一个肌肉勃起、赤身裸体、双目圆睁的怪异形象。最明显的异状表现在它的耳朵与鼻子很接近动物的形状，有些像猪；而它的手、足都是只有两个鸟爪一样的指（趾）。它的面目表情狰狞可怕，右手按膝，左手举起，弯腰蹲踞，仿佛要向前方扑过来，整个造型十分生动。

这件陶俑无疑是在表现一个鬼怪形象。类似这种鬼怪的艺术形象在汉唐之间的墓葬随葬品及佛教壁画造像中应该还不少见。首先令我们联想起来的就是著名的北魏冯邕妻元氏墓志上的线刻神怪形象[1]。它们同样是怒目圆睁，耳、鼻酷似野兽，赤身裸体，肌肉饱满，充满了怪异的神情。不同的是北魏冯邕妻元氏墓志上的线刻神怪身上披有长长的鬣毛（或是火焰，也有人说是飞翼），其手足是三爪与两爪两种，不像这个陶俑只是两爪。

北魏冯邕妻元氏墓志上的鬼怪形象

关于北魏冯邕妻元氏墓志上的线刻神怪，现在有几种不同的解释。有人将它解释成“守护坟墓，驱除魔鬼的方相神”[2]。也有人将它看作天神的形象，指出：“冯邕妻元氏墓志中所出神像，应该是鲜卑拓拔人中流行过的象征雷电山川的天神像。”[3]还有人认为这些神像是拜火教尊崇的天神形象，是鲜卑人与汉人心目中的胡天火神[4]。近年来还有国外学者提出新的看法，认为北魏冯邕妻元氏墓志上的线刻神怪像是雷神与风神[5]。众说纷纭，足以表明这些怪异的艺术形象是多么引人注目。同时也说明，现在人们对这些怪异的形象还没有统一的看法。

如果我们把研究的范围放广阔一些，就可以看到，具有与上述陶俑类似艺术特征的造型在南北朝隋唐时期主要出现在以下几种艺术品中。

其一为墓志、石棺上面的纹饰，例如上述的北魏冯邕妻元氏墓志上的线刻神怪，以及元乂墓志盖上的神怪，1977 年在洛阳出土的北魏石棺上的纹饰等[6]。其二为佛教石窟壁画造像中的神怪形象，例如敦煌莫高窟 285 窟中窟顶西魏壁画中的九尊天神。又如 305 窟顶部南北两侧斜披上的帝释天与帝释天妃壁画中，帝释天及其妃的乘车旁边各有一个兽头人身、两眼圆睁、张口咆哮的怪神形象。它们除去手、足不作鸟爪形以外，其他均与北魏冯邕妻元氏墓志上的线刻神怪相似，尤其是面部的形象与肩披的鬣毛最为相像。在敦煌莫高窟 419 窟的隋代弥勒上生变、河北邯郸北响堂山石窟、河南巩县石窟造像等处，也有类似的石刻形象。

其三为隋唐墓葬中的镇墓兽形象。它们与上述神怪形象差别较大，多为兽身蹲踞状，或人面，或兽头，但是其中仍有一些类型的面部造型与上述的神怪形象颇为相似，如出一源。例如陕西西安郊区唐代独孤思敬墓中出土的一对镇墓兽，一件除头上有角以外，口、眼、鼻、爪等均与北魏冯邕妻元氏墓志上的线刻神怪十分相似；而另一件镇墓兽的面部造型则与洛杉矶县立博物馆的那件陶俑没有什么重大的区别[7]。在镇墓兽中，这样的例子还可以找出不少。

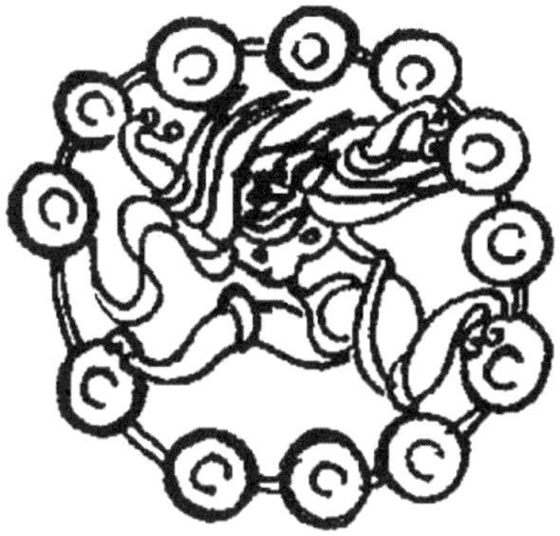

敦煌壁画中的雷神

以前，我在讨论古代墓志覆斗形盖的象征意义时，曾经借助北魏冯邕妻元氏墓志上的线刻神怪作为天神出现来说明墓志盖象征天穹的含义。也就是说，我倾向于这些形象在这里是表现各种天神的说法。但是这些神，并不是上帝、东王公、西王母、佛陀等大神，而是一些表现力量与威慑的凶神恶煞，起着为最高的天神护卫的作用，有些类似佛教中的四大天王、天龙八部等等。上述敦煌莫高窟305窟等处的这类神怪，奔走于帝释天的神车左右，正体现了它们在天界的地位与作用。

我们可以看到，唐代的一些神怪小说中，记录了一些雷神与鬼怪的形象，与上述神怪形象颇有些共通之处。这也是有些学者将北魏冯邕妻元氏墓志上的线刻神怪认作是雷神、风神的根据之一。例如：

《酉阳杂俎》中记载：“唐贞元年，宣州忽大雷雨，一物堕地，猪首，手足各两指，执一赤蛇啮之。俄顷云暗而失。时皆图而传之。”

《录异记》载：“唐润州延陵县茅山界，元和春，大风雨，堕一鬼，长二丈馀，黑色，面如猪首，角五六尺，肉翅丈馀，豹尾。又有半服绛裩，豹皮缠腰，手足两爪皆金色。执赤蛇，足踏之，瞪目欲食，其声如雷。田人徐洌忽见惊走，闻县，寻邑令亲往睹焉。因令图写。寻复雷雨，翼之而去。”

《传奇》云：“怪云生，恶风起，迅雷急雨震之。鸾凤乃以刃上挥，果中雷左股而断。雷堕地，状类熊猪，毛角，肉翼青色，手执短柄刚石斧。”

《投荒杂录》记载："尝有雷民，因大雷电，空中有物，豕首鳞身，状甚异……雷民图雷以祀者，皆豕首鳞身也。"[8]

《酉阳杂俎》中记载的鬼怪，虽然没有明确地称之为雷神，但是它从大雷雨中堕地，又随云暗而飞去，其文意自然是在暗指它就是雷神。看那文中所说"猪首，手足各两指"的形象，简直就是在描绘洛杉矶县立博物馆中的那件陶俑。而《录异记》等书记载的雷神（或雷鬼）"黑色，面如猪首，角五六尺，肉翅丈馀，豹尾。又有半服绛裩，豹皮缠腰，手足两爪皆金色。执赤蛇，足踏之，瞪目欲食，其声如雷"，则又像是在叙述隋唐墓葬中的镇墓兽形象。

由此看来，这些神怪应该就是雷神造型了。但是，我们觉得事情没有这么简单。光凭这些文献记载似乎还不足以证明有些学者作出的这一结论，即：南北朝至隋唐时期流行的这些神怪图像是雷神。首先，现在可以见到的文物图像雕塑实物远在这些之前数百年就已经存在了。而《酉阳杂俎》、《录异记》等却都是唐代晚期的作品。从它们的叙述中反映出，作者对雷神的描述带有一种心理，即感到它们的形象是极其新奇的。如果雷神的形象在几百年前就确定下来，并且持续不断地出现在壁画、雕塑中，出现在佛寺、墓葬里，那么，唐代晚期的人们还会把它当作从未见过的异状"图而传之"吗？我们甚至会产生这样的猜想，写作《酉阳杂俎》的段成式等人是不是看到过唐代早期的镇墓兽，才把雷神描绘成这个样子？

滕州东汉画像石中的鬼怪形象

追溯起来，中国古代表现雷公的形象是另有固定程式的。先秦时期，人们认为雷公是一条龙。《山海经·海内东经》中记载："雷泽中有雷神，龙身而人头，鼓其腹，在吴西。"而在汉代，雷公被画成一个击鼓的力士。这在汉代画像石与汉代文献中都有实证，当无可怀疑。

王充在《论衡·雷虚篇》中记述："图画之工，图雷之状，累累如连鼓之形，又图一人，若力士之容，谓之雷公，使之左手引连鼓，右手推椎，若击之状。其意以为雷声隆隆者，连鼓相叩击之音也。其魄然若敝裂者，椎所击之声也。其杀人也，引连鼓相椎，并击之矣。世又信之，莫谓不然。”这应当是当时的现实情况。在河南南阳等地出土的东汉画像石上，就有与此相符的雷公图画。例如南阳县英庄汉画像石墓顶部画像中，有三只长有飞翼的老虎拉着一辆云彩托举的鼓车，车上竖立了一座建鼓，上面有羽葆，车上一个人驾车，另一个人持椎，应该就是雷公了。深受汉文化影响的日本，在其神话传说中至今还认为雷神是击鼓的力士。这也可以说是一个旁证吧。

于是就又必须提到敦煌莫高窟285窟窟顶西披的两个神怪形象。这两个神怪的身旁，绘有一圈连续起来的圆环，北边一个神怪的四周有十二个环，南边一个有十一个环。段文杰、史苇湘等研究者都认为这些圆环是在表现一圈连鼓纹，这些神怪是雷公[9]。如果此说可从，那么，是不是这一类神怪形象就是雷公的表现程式了呢？

我想恰恰相反，如果必须通过连鼓这个特征来说明285窟窟顶西披的神怪是雷神，那么只能说明这种神怪形象是一种泛指的神怪概念。它是古代人们心目中臆造出来的鬼怪形象。画工们只是将这种概念具体化，并且套用到各种表现神怪的艺术形象上去。所以，我们看到的南北朝隋唐时期的各种神怪形象，从墓志盖上的天神、佛寺壁画及造像上的力士鬼怪直到镇墓兽等器物，都或多或少带有类似的造型特征。正是由于它们源于同一个对鬼神形象的基本概念。

从中国古代对鬼怪形象的文字描述来看，古代人们所形容的鬼怪，除与生人相似以外，突出的特点就是：裸形，披发生毛，高大凶恶，具有鸟兽一样的手足或面目。例如：睡虎地秦墓竹简《日书》中就记载：“鬼恒羸（裸）入人宫。”《春秋左传·成公十年》记载：“晋侯梦大厉，被发及地。”《幽明录》中说：“东昌县山有物，形似人，长四五尺，裸身披发，发长五六寸。”[10]因此，在中国古代艺术中描绘鬼怪形象时，就着重强调了强壮的裸体，凶猛的双眼，鸟兽一般的手足等特征。这些形象特征在汉代画像石中的鬼怪身上就已经得到突出的反映。如《山东汉画像石选集》中收录了山东济宁县城南张出土的东汉画像石，上面画有两个执斧的怪人，看上去就是怒目圆睁，大面，裸体。《南阳汉画早期拓片选集》中，收有一幅南阳市东关外出土的强梁图，画有一个头上生角，披发，裸体，圆目，正在张口咆哮的兽足怪物。《山东汉画像石精粹·滕州卷》中发表了一件1991年在滕州官桥镇车站村出土的执幡图，画中人物面目狰狞，蓬头乱发，两足似爪，赤身裸体。这些汉画应该是从不同地区的各个角度反映着汉代人们心目中的鬼怪形象。

直到晋代，画像中的鬼神形象还是如此。北京大学图书馆收藏有一件20世纪30年代在四川成都双流出土的晋太熙元年二月十一日杜稷墓门拓本，上面也刻有一个裸体、瞠目、鸟足的鬼怪形象。

古代艺术中，各个不同的历史时代会产生不同的艺术风貌，造型的表现手法也会有所改变。一些外来的艺术手法常常融入传统的绘画、雕塑中，带来新的艺术风格。这就使得我们看到的古代艺术品具有不同的时代特征。但是，一些根植于久远的中国古代文化中的意识却常作为艺术表现的内核贯穿始终。大到传统绘画的基本格调，如写意重于写实，平面重于立体，线描重于布色等；小到具体物类的形象特征，如这里提到的鬼怪造型程式，以及帝王、武士的造型程式等都是如此。如果我们将大量的古代艺术品分门别类，详细地加以归纳排比，追根溯源，这种发展演化的脉络将会很清晰地显露出来。

南北朝时期的这些神怪形象，看来应该是在汉代的鬼神形象基础上加工而成，继承着汉晋文化的传统。而佛教等外来宗教传入以后，也就借用了这些神怪形象去表现各自宗教中的种种神怪，只是逐渐加入一些有关宗教的文化特色而已。史苇湘先生关于“佛教艺术对汉族固有神话形象的‘假借’与‘嫁接’”的看法，正是说的这一点。他说：“在汉晋时期民间画工早已使它们的形象定型了。佛教要画这些题材，在敦煌当然只能画本地群众所熟悉的形象。”[11]我们应该注意“民间画工”这一艺术创作群体，他们应该是师徒相传，形成一个个宗派的。这就反映出古代艺术品的地区差别。而他们的样本，又往往出自人民群众心目中认同的形象概念，甚至源于专业画师的范本，自然，专业画师作品中的形象也要来自当时人们的认识，得到人民群众的认同。也就是说，画工是把社会上流行的概念加以艺术概括，使之定型的。而这些一经定型的形象，即使随着时代演变产生一些修改加工，也还是万变不离其宗。正像这里提到的各种鬼怪形象，无论他们的细部怎么改动，也无论用它们去表现哪种宗教的哪种神怪，这些裸体、怒目、鸟爪、兽面的鬼怪形象还是源于中国传统文化的产物。

〔1〕参见赵万里:《汉魏南北朝墓志集释》，科学出版社，1957 年。

〔2〕王子云:《中国古代石刻画选集》，中国古典艺术出版社，1959 年。

〔3〕姜伯勤:《“天”的图像与解释》，见《敦煌艺术宗教与礼乐文明》，中国社会科学出版社，1996 年。

〔4〕施安昌:《北魏冯邕妻元氏墓志纹饰考》,《故宫博物院院刊》1997 年 2 期。

〔5〕[美] 卜苏珊:《中国六世纪的元氏墓志上的雷公、风神图》，《敦煌研究》1991 年 3 期。

〔6〕洛阳博物馆（黄明兰）:《洛阳北魏画像石棺》,《考古》1980 年 3 期。

〔7〕中国社会科学院考古研究所:《唐长安城郊隋唐墓》，文物出版社，1980 年。

〔8〕以上引文均见《太平广记》卷三九三、三九四。

〔9〕A、段文杰:《道教题材是如何进入佛教石窟的——莫高窟 249 窟窟顶壁画内容探讨》,《段文杰敦煌石窟艺术论文集》，甘肃人民出版社，1994 年。B、史可湘:《敦煌佛教艺术产生的历史依据》,《敦煌研究》试刊 1 期，1981 年。

〔10〕见《太平御览》卷八八三引文。

〔11〕同〔9〕B。

原载《文物天地》2000 年第 2 期

汉代画像石与北朝造像

汉代画像石在中国古代艺术史和艺术考古研究中具有无可比拟的重要地位。这不仅由于它是现存时代比较早的数量庞大的古代绘画艺术精品，也不仅由于它涵盖了丰富多样的汉代社会各个方面。只从它对汉代以后两千年来的中国传统绘画雕刻产生的巨大影响这一点上来说，就足以证明汉代画像石的重要价值。

汉代以前的雕刻艺术品，除去小型的玉雕和青铜器之外，很少有能与汉代画像石相媲美的大型作品。而在汉代以下，则各个朝代都有大量的精美石雕、泥塑以及绘画艺术品出现，形成了具有中国传统文化特色的艺术长河。这与汉代画像石承上启下，酿成一代画风的巨大作用是分不开的。在古代艺术雕塑中成就辉煌的北朝佛教造像，就是在汉代画像石的艺术影响下发扬光大，成为名闻中外的艺术瑰宝。因此，北朝造像也是表明汉代画像石对中国传统艺术深远影响的最好见证。

北朝造像背光中的佛本生故事画

关于汉代画像石的雕刻技法，李发林先生在三十年前就作了分析研究。他在《略谈汉画像石的雕刻技法及其分期》一文中将汉代画像石的刻法分为八种类型，即：阴线刻、平面浅浮雕、弧面浅浮雕、凹入平面雕、凹入雕、高浮雕、透雕、阳线雕等[1]。而杨伯达先生则对山东汉画像石的雕刻方法做了不同的分类，将之归纳为：阴线刻、凹像刻、阳线刻、平凸刻、隐起刻、起突刻和透突刻七大种技法[2]。实际上，这两种分类并没有十分明显的重大分歧，除杨文所指的凹像雕中包括了李文所指的凹入平面雕和凹入雕两类技法外，其他相对各类所包含的雕刻技法特征大致相似，仅两种定名不同而已。滕固先生在《南阳汉画像石刻之历史及风格的考察》一文中做过更为概括的说明，认为汉画像石的艺术表现手法大致为两种，其一是拟浮雕的，其二是拟绘画的[3]。实际上，这种概括也正抓住了汉代画像石的艺术特点及其在雕刻艺术的两个分支上对后世的重大影响。

汉代画像石最突出的特点就是在石头的平面上作画，继承了先秦时期即形成了规模的壁画传统。因此，阴线刻、凹像刻（凹入平面雕及凹入雕）、平凸刻（平面浅浮雕）等是最常用的汉画技法，也是最接近于绘画效果的技法。在现存的具有纪年的或附有可资确定纪年考古资料的汉代画像石中，可以排列出最早的汉代画像石采用的技法是：阴线刻、凹像刻（凹入平面雕及凹入雕）、平凸刻（平面浅浮雕）等。而隐起刻（弧面浅浮雕）、起突刻（高浮雕）、透突刻（透雕）等手法则是在较晚时期引入汉代画像石的。前者可以称之为拟绘画的手法，而后者明显是浮雕的艺术技法。汉代画像石不但将这两种艺术手段出色地结合在一起，而且使两者的技法都有了提高，为后代的石刻艺术提供了一定的范本，形成了传统的文化特色。

汉代以后，阴线刻等模拟绘画的手段则发展为大量的石刻线画。出现在碑、墓志、造像碑、石棺以及其他建筑装饰中。它与中国古代绘画的线描技术紧密结合，充分发挥了中国传统绘画中线条的表现能力。而种种浮雕技法则在造像、石塔、经幢、动物与人物雕塑等石刻类型中大放异彩。至于北朝造像，可以说是将这两者结合得最完美的例子。

东汉末年的战乱，使两汉数百年间形成的文化与经济成果遭到了几乎是毁灭性的破坏。三国以后，经过一个短暂的西晋安定时期，很快又陷入了长达数百年的动荡年代。南北分裂，征战与杀戮不断发生。北方各少数民族大批入主北部中国，曾经造成一度文化上的停滞与倒退。因此，我们现在很少看到十六国时期的文化艺术作品。在曾经是汉代画像石主要流行区域的陕西、河南、山东、河北等地也极少发现当时的壁画、雕塑等。但是，这不表明汉代画像石留下的艺术种子已经灭绝。它很可能还是在民间保留着。可能由民间的画工、石匠等手工艺者们传留下来。很多研究者们都曾经指出，画像石的雕刻技法是民间工匠们长期实践创造出来的。古代由于生产力与社会制度的局限，画工、石匠等手工艺者的技艺基本上是家族世代传袭、师徒传授。各个流派的工匠又往往有自己独立的活动范围。因此，只要在社会上还存在着建房、修墓、造桥、立庙等石作，石匠的雕刻技艺就会一代代传留下去。只要居室、墓葬等建筑中还需要壁画装饰，画工的绘画传统就会一代代传留下去。这是毫无疑义的。我们在河西走廊的嘉峪关一带发现的十六国墓葬中可以看到当时绘制的大量画像砖，绘画风格明显继承东汉的绘画传统。还有在这里发掘的十六国时期壁画墓，其墓室壁画布局内容乃至绘画风格都明显是汉代的遗绪。又如传世品十六国后赵时期雕刻的浮雕石柱础、在山西大同北魏司马金龙墓出土的精美石雕柱础等，均是汉代石刻绘画雕塑技艺未曾灭绝而且传留有绪的极好证明。

一旦时机成熟，汉画像石这种传统艺术的生命力就会迅速地迸发出来。而北朝佛教造像的兴起与流行就给汉代画像石艺术传统提供了一个这样的时机。

南北朝时期，佛教在中原空前广泛地普及开来，开创了中国佛教发展史上的第一个高潮。早在十六国时期，来自西域的僧人就从凉州进入中原，走向东方，到处宣传佛教。如佛图澄等名僧，由于得到当时君王（如石虎等人）的尊崇，对于佛教的流布建功颇多。

与此同时，刊刻佛像的风气也随着佛教东渐而来。首先，有著名的凉州石窟（即今炳灵寺等）的兴造。而后，北魏初年，太武帝西征北凉，将凉州僧徒3000人迁至平城，使“沙门佛事皆俱东，象教弥增”。文成帝时，便开始兴造著名的大同云冈石窟。在此前后，又有大量大小不等的石窟寺在各地建成，形成了一个遍布中原的佛教石窟体系，如今天甘肃的敦煌、麦积山等石窟造像，河南的龙门、巩县、安阳等石窟造像，河北的邯郸响堂山石窟，山西的天龙山石窟等。笃信佛陀的民众们纷纷捐资造像，为石刻绘画雕刻艺术提供了前所未有的发展天地，造就了在世界上也享有盛名的北朝佛教石刻艺术。

北朝佛教石刻的突出代表是一些著名的大型佛教石窟，如上述云冈、龙门等处。其恢宏的建筑布局与精美绝伦的佛像雕刻已为世人所熟知。但是这些石窟雕刻的技艺中比较多地体现出了源于西方的佛教艺术风格。佛像以圆雕为主，写实因素比较强，对于肌肉与人体比例等解剖知识掌握得比较好，反映出这些技艺来源于西方的犍陀罗等佛教艺术的特点。当然，在雕像形象上与细部的处理上已经逐渐有了汉化的改变。但是将它们与汉代画像石直接联系起来还是不可能的。在这些大型石窟中，相对比较能够反映出汉代画像石影响的，应该是造像的龛楣、背光中的文饰、佛座装饰等雕刻。例如龙门石窟中的宾阳洞、古阳洞内四壁雕造的北朝小型佛龛装饰，就能表现出一定的汉代传统艺术。与这些官方及贵族兴造的大型石窟造像风格不尽相同的是民间广泛刊刻的各类佛教造像。它们可以大致划分为单座造像与造像碑两大类。在当时，它们大多作为祈福、造作功德的成果供奉在各地寺庙中。近几十年来，在河北、山东、四川、陕西、山西等地多次出土了大量北朝的佛造像与造像碑。例如河北曲阳的修德寺造像、山东青州的龙兴寺造像、四川成都的万佛寺造像等。在这些造像与造像碑上，更多地显示出了以汉代画像石技法为代表的中国古代传统艺术特色，如以线条为主的阴线刻、平面浅浮雕技法，更注重神似而不是形似的表现手法，简练概括的风格，加有题榜文字说明等。在一些比较偏远的地区，可能是由于当地工匠较少接触到外来的佛教造像范本，用传统手法臆造的成分较多，这些地区的佛教造像就更朴拙，更富有民族特色。如陕西北部耀县、宜君、洛川、延安等地发现的北朝造像。

在单座造像与造像碑两大类石刻中，造像碑更能够体现画像石的特色。刘兴珍先生曾经认为："实际上造像碑取代了汉代的画像石，从构图上看也有汉代画像石的遗风。（造像）碑的通体构图及雕刻均相当出色，而其章法布局与汉代画像石的构图章法一样。"[4]这可能是由于造像碑这种石刻的基本形制来源于具有中国文化传统的汉代碑石，从而更容易保留汉代石刻的艺术传统吧。

这里以现存陕西耀县药王山石刻博物馆的北魏始光元年魏文朗造像碑为例。它是现存的年代最早的北朝造像碑。碑座上的刻饰简朴粗放，明显是出自当地工匠之手。

北魏始光元年魏文朗造像碑为四面造像，高127厘米。四面均在碑石的上部中央开凿凹入的佛龛。龛内有圆雕造像。除此之外，其他文饰都是采用阴线刻的手法雕成。拿碑阳来说，龛楣上的交龙，两侧的执花供养飞天，禅室内修禅的比丘，奔鹿，龛下跪拜的僧人、信士、供养人，以及博山炉、牛车、马匹等文饰都是用粗犷的阴刻线条构成。画面分层描绘了不同主题，采用散点透视。除去人物的衣着、车马式样等上面体现了北朝的时尚以外，可以说与河南等地的早期汉代画像石没有多大的区别。

又例如现存北京故宫博物院的北魏平等寺造像碑，是北魏末年佛教繁盛时期的石雕艺术精品。我们看看它的右侧，上半部采用减地浅浮雕加线刻的手法刻绘了佛传故事、比丘与护法雄狮等。碑中央的弥勒菩萨，采用浅浮雕手法刻成，精巧华丽，最值得注意的是碑的下部雕刻了佛寺建筑，完全采用精细的阴线雕刻，手法与汉代画像石中的宫阙建筑刻法相似。不同的只是出现了正确的透视关系。这大概是佛教艺术以及随之东来的科学技术的影响吧。由此可以看出，汉代画像石艺术与外来艺术相结合后，在中国古代艺术传统中形成的进步与发展。

山东南部等地的汉代画像石，如武梁祠画像石等，具有独特的雕刻绘画技法，即结合阴线刻的凹入平面刻。这种技法在陕北画像石中表现得十分突出，具有独特的艺术效果，很类似至今尚存的民间剪纸。在平面的方整石材上采用减地工艺勾画出物体的外轮廓，然后用阴线刻出细部。有时甚至只有大的轮廓，影像分明，造型优美。当然，可能当时是在上面用颜色笔墨画出细部。这种技法与外来的佛教艺术造型技法具有明显的不同。我们可以看到，这种独特的技法在北朝时期的陕西北部至关中一带的佛教造像中仍然频繁出现。例如在陕西兴平出土，现存陕西省碑林博物馆的北魏皇兴五年造像，它的佛背光阴面中便刻画了一组具有典型陕西汉代画像石艺术风格的佛教故事画。整个背光阴面由上至下被分为七层，依次刻出了九龙灌顶、释迦宣称“天上地下惟我独尊”、乘象入胎、太子诞生、诸天劝说释迦出家修行、释迦前生为孺童时的故事等，以及释迦修道后收目犍连、舍利弗等弟子的情景。整组画面的布局匀称、外轮廓线条优美，减地分明，很好地反映了传统的汉代画像石风格。这种连环画式的叙事风格，也是汉文化的特色。敦煌等石窟中的类似佛传故事画，可能与此一脉相承。

采用类似雕刻手法创作的作品在北朝造像中还有很多，例如新乡博物馆收藏的北齐周荣祖造像、河南新郑出土的北齐天保十年刘绍安造像座等。又如美国纽约大都会博物馆藏河南淇县封崇寺北魏武定元年李道赞等五百人造像碑，虽然它的雕刻减地较深，但仍以平面线刻作为主要的表现手段。唯其技法比汉代画像石更加精湛，表现出时代与艺术造诣的进步。

现藏法国巴黎的北魏孝昌三年蒋伯仙造弥勒佛像背光阴面，是一幅气势宏大、场面壮观的佛教经变画，最上层刻有说法图、下面各层依次是维摩诘经变、佛传故事画等。画面全部采用减地阴线刻，刻工精致，构图华美，是一朵在汉代画像石艺术基础上绽放的佛教艺术奇葩。

凡此种种，均可以生动地体现出汉代画像石艺术对后代的深远影响。人们习惯把汉、唐联系起来，正是由于汉代的博大气魄造就了中国古代艺术、文化的基调，经过北朝文化的继承发展，才形成了名垂千古的盛唐气象。而北朝佛教造像艺术在这中间的重要作用，是不言而喻的。

---

〔1〕李发林：《略谈汉画像石的雕刻技法及其分期》，《考古》1965年4期。

〔2〕杨伯达：《试论山东画像石的刻法》，1987年4期。

〔3〕滕固：《南阳汉画像石刻之历史及风格的考察》，《张菊生先生七十生日纪念论文集》。

〔4〕刘兴珍：《漫谈汉画像石的继承与发展》，《中原文物》1993年2期。

原载《中国历史文物》2002年第1期

《相马经》与汉代人们眼中的骏马

马是中国古代人们生活中最为重要的家畜。往大里讲，拥有马匹的数量与质量曾经是一个国家国力、军力的标志。往小里说，据有大量骏马也是一个帝王、贵族乃至普通民众的财富象征。在几千年的封建社会中，从国家与上层社会的视角上看，马匹的重要性丝毫也不亚于今日的飞机与汽车工业。因此，我们在古代诗歌与文学作品中可以看到很多赞颂与形容骏马的词句。例如《汉书・礼乐志》中记录的《天马歌》起首几句“太一况，天马下。沾赤汗，沫流赭”就是在歌颂当时出自西域的天马。意思是：“太一天神赐予的天马降下来了。它身上沾湿了红色的汗水，嘴里吐着赭红色的口沫。”记录汉代史事的《西京杂记》中写道：“汉文帝自代还。有良马九匹，皆天下之骏。一名浮云，二名赤电，三名绝群，四名逸骠，五名紫燕，六名绿螭骢，七名龙子，八名麟驹，九名绝尘。号名九逸。”是说西汉第二位皇帝汉文帝从代郡返回时，带来九匹良马，全是天下最好的骏马。它们的名字分别叫作：浮云、赤电、绝群、逸骠、紫燕、绿螭骢、龙子、麟驹和绝尘。总起来被称作九逸。从这些名字中就可以看到当时的人们对骏马是多么珍爱，多么欣赏，把它们

西汉霍去病墓前石马

比喻成闪电流云、飞燕翔龙等运动速度最为迅疾的事物。

正是因为对于马匹的高度喜爱与大量需求，中国古代很早就具备了完善的马匹驯养技术，并形成了专门选择良驹的相马技艺，其成就反映在多种《相马经》里，这些相马技术书在保存至今的古籍中还可以见到。各种《相马经》中记录了古代人们对于优良马匹外貌的精确记录与鉴别马匹的丰富实践经验。如北朝时期的著名农牧业技术著作《齐民要术》里面收录的相马经，指出相马时："马头为王，欲得方。目为丞相，欲为明。脊为将军，欲得强。腹为城郭，欲得张。四下为令，欲得长。眼欲得高巨……鼻孔欲得大……口中欲得赤，膝骨圆而张，耳欲相近而竖，小而厚……颈欲得长，双扶欲得大而突，蹄欲得厚。腹下欲得平有八字。"这里就总结了一匹良马的种种突出生理特征，像马头要呈方形，表示头廓骨骼端正、肌肉结实；马眼睛要明亮有神，表现精力旺盛；马背脊要强壮有力，才可以承担重负；马腹部要肥大扩张，说明内脏完善；马腿要长，便于奔跑驰骋。具体如眼和鼻孔要大，口腔中颜色红亮，膝盖骨外观圆整，耳朵之间的距离短小，耳朵厚硬，脖颈细长，马蹄厚大，下腹平整有八字纹等等，都是多年观察良马后总结的良驹外部特征。

最可贵的是在近代考古发现中极其幸运地发现了古代的《相马经》实物，证实了中国古代悠久的相马传统。20世纪70年代，在湖南长沙马王堆的一次施工中发现了一批重要的汉墓。难得的是这些汉墓保存完好，没有被人盗掘破坏。经过科学发掘清理，在这批汉墓中出土了大量珍贵的历史文物，如精美的漆器、丝织品、木俑、食物、玉器、陶器等等。根据出土文字材料与墓葬情况，可以判定这些墓葬是西汉初年长沙地区的轪侯家族墓葬。它给汉代考古学研究与历史研究提供了十分珍贵的资料。而1972年在马王堆三号汉墓中出土的大量帛书，

西汉阳陵出土马俑

应该是当代考古学发现中最重要的成果之一。发掘时，考古工作者发现这些帛书被安放在椁室东边箱中的一个漆匣内。它们应该是墓主生前阅读和使用的书籍，随带下葬作为殉葬品。这批帛书出土后，经过众多专家多年的辛勤整理，已经复原归纳出数十种古籍和地图。《相马经》就是其中的一种。它书写在一件高48厘米的丝帛上，字迹工整，全文共77行，大约5200字，记录了选择优良马匹的方法。但是它的内容文字与现在传世的《相马经》有很大不同，里面主要叙述马的头部、眉骨眼睛等部位的特点，其次是四肢的大致相法，可能还不是一部完全的相马经。有的学者认为它是战国时期楚人的作品，那么就应该有2200年以上的历史。它的出土使我们见到了一种长期失传的古老畜牧著作，同时也有力地证明了我国古代相马的悠久历史。

通过这些《相马经》的记载，我们可以比较清楚地了解到汉代人们心目中的良马形象是怎样的。值得注意的是，汉代人们对于良马有一个相当统一的标准，这通过汉代的文物图像可以生动地反映出来。

甘肃晋墓出土的东汉铜飞马

从20世纪初开始，各地的科学考古发掘中已经清理了数以千计的汉代墓葬与陪葬坑，出土了大量的文物，其中就有众多的陶马俑和青铜马俑。例如在陕西汉阳陵陪葬坑、江苏徐州汉楚王陵陪葬坑等地都有大量陶马俑出土。在汉代的画像石、画像砖和其他器物上的画像中也有很多马的形象。让我们感到十分惊奇的是：这些马的造型都非常相似，仿佛是按照同一个底本描绘出来的。这种造型大概就是汉代人心目中上等骏马的标准了。它们十分肥壮，胸部宽阔，脊背平坦而厚实，脖颈修长柔软，眼目突出，鼻孔张大，耳朵小而挺直，后臀肥大有力，四肢修长，马蹄又厚又大。与上述《相马经》中记载的良驹标准十分相似。1980年在广西贵县风流岭的一座汉墓中出土了一件高达115.5厘米的大型青铜马。它由头、耳、身躯、四肢与尾部等多个部分组合而成。虽然远在边地，却同样是我们习见的汉代马匹造型，说明汉代文化传播的普遍性与统一性。它给我们展现了一匹体格强壮、精神饱满、动态十足的优良种马形象，同时也表现了汉代高度发达的青铜铸造技术水平。

西汉铜马

20 世纪 70 年代在甘肃武威的雷台村曾经发掘了一个大型墓葬。这个墓葬刚发现时，由于出土器物还带有明显的东汉晚期特征，所以被认为是东汉时的墓葬。后来，甘肃省博物馆的何双全先生等学者提出它是西晋时期的墓葬，主要根据是在墓中出土了较晚时期的铜钱等物证。但是看起来，墓葬中主要的出土品还是延续着汉代的风格，可以表现汉代人的文化传统。在这个墓葬中出土了一整套青铜铸造的雄壮的车马队伍，其中包括多辆不同的马车和护卫的骑兵军队。除此之外，特别引人注意的是还有一匹单独的青铜奔马。这匹奔马四蹄飞扬，鼻孔大张，尾巴也高高飘起，显示出它正在急速奔驰，造型姿态十分优美。在奔马的右后蹄下还踏着一只飞翔着的鸟，似乎它在天空中与飞鸟并行，甚至奔跑的速度超越了飞鸟。这件精美的青铜艺术品刚一出土就以它的独特造型震惊了世界，并且马上被人们称作“马踏飞燕”。当然这个名称后来有人提出异议，因为那匹马踏着的飞鸟尾部并不是分叉的燕子尾部，所以肯定不是燕子。那么奔马踏着的是什么鸟类呢？有人认为它是乌鸦，代表太阳，以此来表现这匹马是天马的象征。另外也有人说铜马的鼻孔、嘴唇和眼睛都涂有朱红色，可能就是表示汗血宝马。中国旅游局经过选择，在众多形象中把它定为中国旅游的标志。后来又有学者进行研究，认为这件铜马应该是当时人们相马用的标准模型，古代人叫作“马式”或者“马法”。

“马式”的起源很早。至少在东汉时期，就有了制作“马式”的史实记载。唐代人康骈写的《剧谈录》一书中称：“马援好骑，善别名马，于交趾得骆越铜鼓，乃铸为马式。表曰：臣尝师事子阿，受相马骨法。善相马者东门京铸作铜马法献之。有诏立马于鲁班门外，则更名鲁班门曰金马门。臣谨依仪氏羁中，帛氏口齿，谢氏唇鬐，丁氏身中。借此数家骨相以为法。”记述了东汉的名将马援喜欢骑马，也善于识别良马。他曾经在交趾获得很多当地人使用的铜鼓，就用它们铸造成“马式”，并且给皇帝上表，说自己的“马式”是采用了当时流传的几家相马法综合而成。这样的铜马曾经被皇帝下诏树立在长安城未央宫宦者署的鲁班门外，并且将鲁班门改名为金马门。

甘肃晋墓出土铜马与武士

如果这件铜马被当时人们看作相马标准模型的这种说法成立，那么当时一定会有很多仿照铜马制作的马式在世间流传，供人们相马及制作艺术品时使用。因此，汉代的各种艺术品上所画的马都十分相像也就不足为奇了。那是由于画工和雕塑工匠们都在按照同样的马式模本在制作马的造型艺术品，怎么能不一致呢？

由于马匹品种的不同，古代人在驯养马匹的过程中进行了长期的育种选择，繁育出多种良马。随着马匹品种的进化发展，古代不同历史时期的人们对于骏马的标准就有所变化。通过我们现在看到的文物材料就能发现，战国时期文物中马的造型就不同于汉代文物中的马。战国时期的马显得粗短肥壮，形体也小一些。而汉代文物中的马则多为身体修长俊逸、胸宽臀肥的高头大马形状。

比较典型又生动具体的秦代马匹形象有秦始皇陵陪葬坑中出土的战马陶俑与

铜驭车马。它们制作得十分逼真，可以说是与真实的马匹丝毫不差。有学者根据秦始皇陵兵马俑坑中的马匹形象加以研究，判断这些马属于甘肃、青海一带出产的“河曲马”品种，其特点是个子小，四肢粗壮，颈短臀圆，胸宽背阔。这种马力气大，耐力强，但是奔跑速度较低。它们都是属于蒙古马系列的品种。由于自然条件的限制，中原地区不适于驯养马匹，尤其是不能驯养出优良的战马。所以，自古以来，朝廷饲养繁殖马匹的马监都是设立在今日的陕西北部、甘肃、宁夏一带的草原地区。《汉旧仪》中称：“太仆牧师诸苑三十六所，分布北边西边，以郎为苑监，官奴婢三万人，分养马三十万头。”这一带传统的马种如上所述，仍是蒙古马的品种。而要获取身材高大、奔跑迅速的良种马，就要向西域地区乃至中亚地区寻找，这些地区历史上就一直拥有优良种马。近代学者多认为，这里是最早驯化与饲养马匹的地区。

广西出土东汉铜马

汉武帝为了改良马种，首先派使者与居住在今新疆伊犁河流域的乌孙部族谈判和亲结盟，得到乌孙人驯养的良马，并且把它叫作天马。著名的古代探险家张骞出使西域归来后，报告汉武帝大宛地区（即今哈萨克斯坦的费尔干纳地区）有一种汗血宝马，引起了汉武帝的极大兴趣。他先派遣使者，带着千两黄金和黄金打造的一匹金马去大宛换取好马。但是大宛国王认为大宛与汉朝领土相隔遥远，汉朝的大军到不了大宛，加上汉朝的使节又狂妄无礼，引起当地人反感，于是就拒绝提供良马，并且派兵杀死了汉朝使节，夺取了使者的财物。汉武帝听到这个消息后，十分震怒，便任命大将李广利为贰师将军，率领数万人马去攻打大宛。但由于西域各小国都不供给汉军粮食，大宛国又坚守城池，难以攻克，李广利的第一次出征大败而归，数万大军中，仅有十分之一二的士兵活着回到敦煌。汉武帝并不甘休，再次调给李广利六万士兵，还有十八万人的军队用于转运粮草和后方保卫，命令他继续攻打大宛。这次出兵包围大宛城，有了后勤供应，能够持续攻城四十多天。大宛居民实在坚持不下去了，就杀死国王，拿着国王的头出城投降，声称如果汉军保留国人生命，就允许汉军任意拣取好马，否则宁可将所有马匹杀光。这样，汉朝军队便与大宛订立了盟约，选取了良马几十匹，中等以下的马匹三千多匹，罢兵归国。

这场劳民伤财的战争损失惨重，前后出征的十馀万士兵，最后只剩下一万多人，带回的马匹只剩下一千多匹。班超在《汉书·张骞传》中指出，实际上战死的士兵并不多，大量战士都是被贪腐暴虐的将领们虐待，克扣粮草，冻饿而死的。如此惨重的牺牲，仅仅换回上千匹马。汉武帝为了改良马匹付出的代价实在太大了。但是这些中亚良马的引入，也确实改善了汉朝繁殖的马匹品种。

1981 年，在陕西咸阳市兴平县汉武帝茂陵的从葬坑中发现一件十分华美的鎏金铜马。它身长 76 厘米，高 62 厘米。匀称修长的四肢直立；头小颈长，自然平伸；马尾结成一束，根部翘起；胸肌发达；双耳挺立如竹批。与秦始皇陵出土的铜马相比，它的造型显得修长俊逸，没有那么粗壮。可见汉代对马的鉴赏观与秦代已经有了区别。有人说这就是以汉武帝获得的西域大宛汗血马为原型制作的。也有人说它可能就是汉朝的马式，类似汉武帝在长安城鲁班门树立的金马。由于同出的青铜器上刻有“阳信家”的铭文，这些出土文物的原主人可能是汉武帝的姐姐阳信长公主，即平阳公主。按照《汉书》中的记载，阳信长公主先嫁给平阳侯曹寿，后嫁大将军卫青。而卫青死于元封五年（公元前 106），死后“与主合葬，起冢象庐山云”。这样，阳信长公主应该也是在元封五年前去世。他们在世时，还没有出征西域。获得汗血宝马，那是太初元年（公元前 104）以后的事情。所以这件鎏金铜马不可能是反映西域大宛马的原型，更可能是在表现汉代人对于西域良马的一种向往，代表了汉代人心目中的新马种形象。

除去这些形象逼真，甚至具有一定实用价值的马式和车马俑之外，汉代还有一种将马匹神化，给它长出羽翼的造型。例如陕西西安灞桥出土的一件汉代彩绘陶卧马，鬃毛直立，肋生羽翼，颇有些古代西方神话中的飞马味道。这是否具有西方文化因素的影响呢？

这种带有羽翼的神马，可能就是汉代人心目中的“天马”。西汉武帝元鼎四年（公元前 113），据说获得了从渥洼中飞跃出来的天马。渥洼就是在今日甘肃省敦煌附近的一片湖泽。当地人传说这里在春天常会见到天马从湖水中跃出，与湖边草原上生息的凡马交配。这些凡马在与天马交配后生下来的马驹被称作“龙驹”，神骏异常。汉武帝听说天马现世的消息，欢欣不已，并且作“天马之歌”赞颂。实际上，按照李斐给《汉书》作的注解说：当时是一名在敦煌屯田的刑徒暴利长在野马群中发现了一匹特殊的骏马，并且设法抓住它献给了皇帝，为了突出这匹马的神异，才编出了这样一个天马从水中飞跃出来的神话。而“天马”这个称呼，则让我们直接想到在天穹中驰骋飞翔的神马。无垠的天穹与变化莫测的自然是古代人们产生宗教意识的根源。古人对于浩瀚的宇宙天空充满好奇与向往，认为那里是神灵居住的地方，有各种神奇的能飞翔的动物。天马就是其中的一种。

自从汉武帝作了“天马之歌”以后，人们就普遍认为天上有飞翔的神马。正如《天马歌》中唱的“天马徕，龙之媒，游阊阖，观玉台”。所以在汉代以来各种表现天界的绘画中往往有天马的形象。例如在甘肃省酒泉丁家闸曾发现了一批十六国时期的官员墓葬，其中的 5 号墓墓室内有一批保存较好的彩色墓室壁画。我们在其中可以看到一匹神骏的飞马，它正在象征天穹的墓室顶部飞奔。脚下是层峦起伏的山脉，四周是漂浮的云气。这就像上面提到的浮云、腾雾等著名的良马一样，用腾云驾雾来表现迅疾的速度，形容天马的神异。

为了表现飞翔的天马，古代的图像中还出现了另一种长有飞翼的神马。早在汉代初期，这种具有羽翼的神灵形象就在中原的艺术品中出现了。例如在陕西咸阳出土的一件西汉玉石雕刻羽人骑马，在那匹玉奔马的胸肋间就雕刻出了羽毛翅膀。然而，很多学者认为带有羽翼的神兽这种造型概念不是传统中国文化的产物，它应该是来源于西方的古老文明，是在中亚、西亚以及古希腊文化中一脉相通的文化因素。早在3000多年前，两河流域兴盛的亚述文化中，就创造出大量具有羽翼的雄牛、狮子、山羊等巨型雕刻。古波斯文化中也有长着双翼的飞马形象。这类神兽形象以后广泛流行在欧洲地区，成为神话传说与艺术创作中的传统题材。而在与此时代相近的商代，却从未出现有类似翼兽的文物。

但是，在春秋战国时期，各种带有羽翼的神怪形象已经在北方各国流行，现在已经出土了大量有关文物，从青铜器、玉雕到陶器都有涉及。这或许是表现了中原地区与西域乃至中亚、西亚地区之间的文化接触。可能在周代已经有了这种东西方人员与文化的交流。翼兽这种文化因素在汉代文物中也不乏实例，例如在河南偃师出土的大型石雕辟邪。到了魏晋南北朝时期，各种文物的艺术造型中更是比较多地出现了有翼神兽的形象。特别是自东汉以来，以天禄、辟邪为代表的大型石雕，给人们留下了神兽长有羽翼的概念。因此，在天马的形象塑造上也出现了添加羽翼的模式。这成了中国古代艺术品中十分典型的一种神异形象，也是汉代人们心目中骏马形象的最高体现。

原载《紫禁城》2014 年第 1 期

共命鸟与比翼鸟

艺术是人类物质生活与精神生活的集中反映。几千年来，中国古代艺术的发展过程中产生了许多文化内涵丰富的精美纹饰与造型。这些纹饰造型中往往汇入了源于不同民族文化的艺术特征，其中许多形象具有中华民族喜爱的文化寓意，传承久远，成为具有典型代表意义的图案，被历代工艺装饰艺术所沿用，成为中华古代文化的一个有机部分。

表现共命鸟与比翼鸟的双首鸟纹样就是这样一些文化内涵丰富的古代纹饰。

现在可以见到的共命鸟图像，较多地出现在隋唐时期，当代的文物考古发现中有不少。如：1955 年在河南省西峡县出土的一批唐代鎏金铜造像。其中有一件就是这种双头鸟，它高 5 厘米左右，是一只张开翅膀飞翔的鸟儿，鸟身上有两个人头，面相似一喜一嗔[1]。金申在《谈共命鸟》一文中，也总结了以往发表的几例材料：有克孜尔石窟 38 窟天井壁画上的共命鸟，绘制时间大约在 5—6 世纪。柏林民俗博物馆藏有一件在新疆森克拉姆（胜金口）唐代废寺遗址发现的壁画；上面绘有两只飞翔着的共命鸟，一只鸟的两个头均是少女，而另一只鸟的两个头均为童子。日本国立博物馆藏有一件黏土制作的共命鸟俑，据说是在新疆和田一带出土，“从雕塑风格看，为 7、8 世纪唐代作品，从鸟的人头看，应为雌雄象，雌头梳高髻，雄头亦为高鼻，唇上似有小髭，二者均为典型的中亚人种面型。这与唐代西域地区的佛像和壁画风格一致”[2]。在唐代金银器的纹饰中，也有这种神鸟的形象。

唐代艺术品，尤其是佛教艺术品中应该是大量使用共命鸟图像作为装饰的。所以在唐代文人的笔下也经常出现对共命鸟的描写。唐司空图著有《共命鸟赋》，称“西方之鸟有名共命者，连腹异首而爱憎同一”[3]。杜甫《岳麓山道林二寺行》一诗中云：“塔劫宫墙壮丽敌，香厨松道清凉俱。莲花交响共命鸟，金榜双回三足乌。”[4]由此诗中的描写，可知在当时的佛寺中往往装饰有共命鸟的图像，而且它是和三足乌这种代表太阳的神鸟相对应，那么也应该是作为天堂的象征出现的。因此，后代通用的《营造法式》中就在彩画作制度图样中收入了这种共命鸟的形象[5]，可见其使用之频繁。

共命鸟，应该是佛教中传说的耆婆耆婆迦鸟，又称命命鸟、生生鸟等，是在佛教经典中极为常见的一种奇异禽鸟。略加检索，便可见到在《法华经》、《大般涅槃经》、《方广大庄严经》《正法念处经》、《阿弥陀经》、《佛本行集经》、《大乘庄严经论》、《无量寿经》、《法苑珠林》等佛典中都出现了命命鸟（共命鸟）的身影。在这些经典中，共命鸟是一种叫声美妙、飞翔在佛陀经历过的美好园林及天国极乐世界中的神鸟。如《佛说护国尊者所问大乘经》：“福光太子国苑内有种种飞鸟……迦陵频伽、共命鸟等。如是众鸟俱善人言，每群飞时作微妙之声。”《阿弥陀经要解》中说：“复次舍利弗，彼国常有种种奇妙杂色之鸟……共命鸟一身两头，识别极同，亦此地所无，西土雪山等处有此二种，然皆不可比于极乐奇妙诸鸟，特言其似而已。”在唐代僧人玄奘西行印度时，还记录了当地有这种鸟的出产，“尼波罗国，在雪山中，出赤铜、犛牛、命命鸟”。但是佛陀在讲经传道时，曾经借用共命鸟作比喻，讲解因果关系。按照《杂宝藏经》卷三十一中的讲述：耆婆耆婆迦鸟生于大雪山中，一身两头，一个头叫作迦嵝荼，另一个头叫作忧波迦嵝荼。一次忧波迦嵝荼睡着时，一朵花落在他们身前，迦嵝荼将花朵吃了。忧波迦嵝荼醒来后感到腹中充满，询问迦嵝荼。迦嵝荼告诉他吃花的事情。忧波迦嵝荼认为迦嵝荼不叫醒自己而独自享用，怀恨在心。又一次遇到毒花，迦嵝荼正在睡觉。忧波迦嵝荼便也独自享用，却造成中毒身亡。因为当时佛陀的弟弟提波达多与他作对，佛陀便说自己和提波达多前身是同一只共命鸟，自己是迦嵝荼，提波达多是忧波迦嵝荼。《法苑珠林》收录这则故事时就把它归入“恶友”之类。佛借用这一故事去警告世人。在上引古代文物与文献记载中，可以看到共命鸟这一形象受到佛教徒的关注，成为佛教艺术中常见的图案。但是我们从上述唐代佛教艺术品中使用共命鸟的场合与其形式来看，似乎当时人们在使用共命鸟的图像做装饰时并没有考虑《杂宝藏经》等经文中佛陀借用比喻的共命鸟原意，而是使用了众多佛经中将共命鸟说成是天国中极乐奇妙之鸟的意义，强调了它的吉祥、神异等特点。也就是说，虽然曾被借用作“恶友”这样的因果比喻，但佛教中的共命鸟仍成了神奇美妙和“善”的象征。

双头的鸟儿形象似乎在古代中国也曾存在。在中国，很早以前就有了关于比翼鸟的传说，而且肯定是早于佛教的传入时间。关于中国古代所说的比翼鸟原形，现在所见文献中最早的记录应该是在先秦时期。《尔雅·释地》：“东方有比目鱼焉，不比不行，其名谓之鲽。南方有比翼鸟焉，不比不飞，其名谓之鹣鹣。西方有比肩兽焉，与邛邛巨虚比，为邛邛巨虚啮甘草，即有难，邛邛巨虚负而走，其名谓之蟨。北方有比肩民焉，迭食而迭望，中有枳首蛇焉。此四方中国之异气也。”这里已经作为各地的奇异动物之一介绍了比翼鸟。但是这时的比翼鸟被称为“异气”，并没有任何代表吉祥喜庆的意义。晋人郭璞在注解《尔雅》时认为这里的比翼鸟就是《山海经》中的“蛮蛮”。《山海经·西山经》云：“西次三经之首，名曰崇吾之山，在河之南……有鸟焉，其状如凫，而一翼一目，相得乃飞，名曰蛮蛮，见则天下大水。”可见那时的比翼鸟还是一种灾难的象征。

应该注意的是，到了西汉中期，司马迁所作《史记·封禅书》中则记载：“于是管仲睹桓公不可穷以词，因设之以事，曰：‘古之封禅……东海致比目之鱼，西海致比翼之鸟。然后物有不召而自至者十有五焉。’”看来这里已经认为比翼鸟是一种奇异之物，没有凶兆的意思了。特别是这里把比翼鸟归到西海，与《尔雅》的说法不同，令人疑惑，这是否可能是盛行于西方的双头鸟概念传入中原的结果呢？联想起这时又正在张骞通西域后，这种改变就不是无缘无故的了。

比翼鸟的含义彻底改变，明确作为古代一种祥瑞而出现，可能要晚到东汉时期。黄易《小蓬莱阁金石文字》记载他所见到的武氏祠祥瑞图中有：“比翼鸟，又作双首鸟，题曰：比翼鸟，王者德及高远则至。”这样的说法又见于《宋书·符瑞志》。《曹子建集》五送应氏诗之二：“愿为比翼鸟，施翮起高翔。”则把比翼鸟的含义引申到男女爱情之中。以后白居易的名句“在天愿作比翼鸟，在地愿为连理枝”[6]，更是脍炙人口。

然而，严格比较起来，像《尔雅》、《山海经》这些形成于先秦时期的中国古籍中所记载的比翼鸟与印度佛教艺术中共命鸟的形象有所不同，中国古代所说的比翼鸟是两只鸟并在一起飞翔，每只鸟有一只眼睛与一只翅膀。《尔雅》同时列举的四方四种动物都是这样的双体并列，可以互为证明。但是在现有的汉代文物中，我们还没有见到过这样的双体并列比翼鸟形象。能够见到的比翼鸟形象只是同一个鸟身上长着两个鸟头的奇异动物。这种造型并不符合《尔雅》、《山海经》中的描述。武梁祠画像中的祥瑞图及其题记现在已经漫漶不清。但是根据黄易的记录可知它上面刻绘的比翼鸟是一个有两个头的鸟形。类似图像在东汉画像石中多有发现。例如在山东沂南画像石墓 M1 的中室过梁上，就有一只这样的比翼鸟[7]。在河南密县打虎亭 2 号汉墓中，北耳室石门西扇背面的画像石中央也是一只有两个头的凤鸟图案[8]。看来这就是汉代人概念中的比翼鸟了。

东汉以降，类似的比翼鸟图像曾在社会上流行。近来，在南京等地出土的三国时期吴国青瓷器上，也发现了类似的比翼鸟图像。如 1983 年，在南京长岗村 M5 出土一件青瓷盘口壶，上面绘制有人首鸟身的动物、持节羽人、仙草、云气等表现神仙境界的纹饰，特别值得注意的是其底部绘有一周莲瓣纹，肩部贴塑两尊佛像与两个“双首连体鸟系”。2002 年，在南京大行宫也出土了一件类似的青瓷盘口壶，上面绘制有神兽、瑞鸟、仙草、云气等纹饰，肩部也贴塑两尊佛像与两个“双首连体鸟系”[9]。这种比翼鸟的形象与山东沂南画像石墓 M1 中的比翼鸟极其相似，都是长长的蛇一样的细颈，应该是有所传承的。

此外，在属于西晋时期的敦煌佛爷庙湾画像砖墓中也发现了比翼鸟画像。在该地 133 号墓的墓门照墙第七层上，有四块画像砖，原报告称它们的图像分别为“双首朱雀”、“双首翼鹿”、“双头鱼”和“大角神鹿”[10]。其中“双首朱雀”的形象与上述各处比翼鸟形象完全一致。由此可见，比翼鸟的形象在东汉至晋代期间是一种十分普遍的吉祥图案，而且广泛使用在墓葬建筑中。有趣的是，这里的比翼鸟与双头鱼、双头鹿同时出现，是否就是在表现《尔雅》中同时提及的比翼鸟、比目鱼、比肩兽呢？但是它们使用在墓葬中，肯定是吉祥的象征，而不会是“天下大水”的表现。

值得注意的是在南京等地出土的三国时期吴国青瓷器上比翼鸟形象与佛像同时出现，这不是随意或偶然的装饰手法。应该说明这时双头鸟的形象与佛教艺术内容有了紧密的关联。这一双头鸟的形象与《佛本生经》中描写的共命鸟形象相比，区别是青瓷器上的双头鸟为鸟头，而佛经中叙述的是人首。但是有人认为古印度艺术中的共命鸟也有鸟头的造型。如在古犍陀罗地区塔克西拉、希尔卡普发掘的佛寺遗址中发现有立于希腊式拱门上的双头鹫形象，“一头前伸，一头回首似梳羽，呈休憩状。此鸟时代为公元 1 世纪左右”。“无疑是佛经中的共命鸟。”[11]古犍陀罗地区的双头鹫是否是共命鸟？我们还没有确凿的证据。然而，从东汉出现的双头鸟图像发展过程来看，似乎还是把鸟头的双头鸟叫作比翼鸟，看作中国传统的文化产物，更恰当些。

但是，吴国青瓷器上比翼鸟形象与佛像的同时出现，是否意味着这时候人们将比翼鸟的形象与共命鸟的形象混淆，合为一体了呢？比翼鸟的含义在中国古代文化艺术中根本改变，由“凶兆”转为“祥瑞”，可能也是这种混淆造成的。东汉画像石中的一些形象与近来有关早期佛教的一些文物发现，为我们的这些推测提供了证据。

共命鸟的形象在东汉已经传入中原。经过在汉代画像石中的寻找，我们在沂南画像石墓 M1 中发现有一种双人首鸟身的神像，应该就是源于佛教的共命鸟形象。该图像见于前室北壁上横梁，与上述该墓中发现的比翼鸟同处在一画面上，显然表现它与比翼鸟是两种不同的神异动物。原报告中没有解释其含义[12]，我们推测，这就是比较早地在中国古代艺术中出现的共命鸟形象。它的形象与佛经中描写的共命鸟以及后来文物中的共命鸟形象完全一致。

在东汉晚期是否存在着这样多的佛教文化影响呢？答案是肯定的。20 世纪后期以来，随着大量有关早期佛教的文物被发现出来，对佛教进入中原时间的研究也有了新的进展。在四川、河北、江苏、安徽等地发现的各种早期佛教图像，已经把佛教在中原流传的确切时间上推至东汉时期。出现上述共命鸟图像的沂南画像石墓就是一个有力的证明。沂南画像石中室内的八角柱上，刻有众多神灵与人物等图像，在其南、北两面的顶端，各有一个头后有圆形背光、身披瓔珞的人物形象。当时的发掘者曾经怀疑它是与佛教有关的图像，但是对于在汉代时是否能有佛像的传入表示疑问。在南北朝时期与隋唐时期，佛教广泛流行于中国时，类似形象曾频繁地在佛教艺术品中出现，然而，在东汉晚期（这也是我们认为沂南画像石的制作时期）是否能出现这样的佛教图像呢？前人曾经认为佛教进入中原的时间尚没有这样早，所以不可能有佛教的图像因素出现；或者说，如果有佛教因素，那么沂南画像石的时间就不会早到东汉。对于这一看法，俞伟超先生曾经在《东汉佛教图像考》一文中结合近代陆续发现的有关佛教的东汉文物图像予以考证，明确指出："由于和林格尔小板申 M1 中佛教图像的发现，就完全可以肯定（沂南画像石墓中室八角柱）南北两面端顶是佛像了。"为此，俞伟超先生还列举了可以判定为佛教图像的东汉文物，如内蒙古和林格尔汉墓壁画中的"仙人骑白象"、"猞猁（舍利）"、滕县汉代画像石中残存的六牙白象图像、四川麻浩汉墓中浮雕的坐佛像、四川彭山汉墓中出土摇钱树陶座上的一佛二菩萨像等[13]。近年来，在四川各地又发现了大量汉代与三国时期的佛像实物，如绵阳何家山 1 号墓出土的钱树干上的 5 尊佛像[14]、绵阳双碑白虎嘴汉墓钱树干上的 4 尊佛像[15]、安县文管所收藏的钱树座上的 6 尊佛像[16]、忠县一座三国墓中出土钱树上有 13 尊佛像等[17]。而后，在江苏省连云港附近又发现了大规模的摩崖佛教造像，被专家们认为是汉代晚期的作品。凡此种种，都向我们指出了东汉时期佛教传入中原，佛教图像在中原开始流行的事实。对于在墓葬中出现佛像的原因，宿白先生认为："传佛教东播初期佛像被安置于墓葬，显然与以后皈依佛教供奉佛像的情况大不相同，而与当时流行为安置神仙形象西王母相类似。"[18]看来当时人们是把佛教艺术中的形象看作天上世界中的神仙来对待的。上述立佛形象正是与东王公、西王母相并列的。那么，其他佛教艺术的因素，如象征天国神妙美好的共命鸟等形象也可能在这样的实用意义上被引入。

因此，共命鸟这一图像在沂南画像石中的出现，应该与上述诸多佛像、白象、舍利等图像一样，是当时佛教艺术形象进入中原的具体表现。而在中国古代艺术中原有的比翼鸟形象，由于与共命鸟形象接近而与之相混淆，此后，随着佛教的广泛流行，共命鸟的形象取代了比翼鸟的形象。随着佛教原著越来越多地被翻译过来，西方佛教艺术的造像与图案也逐渐完整地传到中国。人们应该更确定了共命鸟的人头形象。而这时在中国人的概念中，共命鸟与比翼鸟已经混为一体。在南北朝以来的艺术品中，就很少见到双鸟头的比翼鸟形象了。同时，这种混淆也使比翼鸟的原义发生改变，自然，共命鸟在佛经中的比喻意义也被忽略，在中国古代艺术中成为吉祥符瑞乃至忠贞爱情的象征。这正与早期佛像被当作神仙形象一样，是中原文化仅采取其神异的特色而没有与佛经原意对号的反映。这也是人类文化传播中常见的一种有趣现象。

本文承王去非先生指教并介绍共命鸟有关资料出处，谨深致谢忱。

〔1〕见《文物参考资料》1956 年 4 期封面。

〔2〕金申：《谈共命鸟》，《文物天地》1994 年 3 期。

〔3〕见《全唐文》卷八〇七，中华书局，1983 年版。

〔4〕见《全唐诗》卷二二三，中华书局 1960 年版，下同。

〔5〕见《营造法式》第七册、法式卷三十三：彩画作制度图样上、飞仙及飞走等第三。收入飞仙三种：飞仙（女，即飞天）、嫔伽、共命鸟。

〔6〕见《全唐诗》卷四三五、《长恨歌》。

〔7〕见《沂南古画像石墓发掘报告》，文化部文物管理局，1956 年。

〔8〕河南省文物研究所：《密县打虎亭汉墓》，文物出版社，1993 年。

〔9〕南京市博物馆：《六朝风采》，文物出版社，2004 年。

〔10〕甘肃省文物考古研究所：《敦煌佛爷庙湾西晋画像砖墓》，文物出版社，1998 年。又郑岩在《魏晋南北朝壁画墓研究》中也提出了：诸如“双首朱雀”、“双首翼兽”、“双头鱼”等很可能就是武梁祠和《宋书·符瑞志》所见的“比翼鸟”、“比肩兽”、“比目鱼”等。《魏晋南北朝壁画墓研究》，文物出版社，2002 年。

〔11〕金申：《谈共命鸟》，《文物天地》1994 年 3 期。

〔12〕见《沂南古画像石墓发掘报告》，文化部文物管理局，1956 年。

〔13〕俞伟超：《东汉佛教图像考》，《文物》1980 年 5 期。

〔14〕何志国：《四川绵阳何家山 1 号东汉崖墓清理简报》，《文物》1991 年 3 期。

〔15〕唐光孝：《绵阳发现汉代摇钱树佛像》，《中国文物报》1999 年 4 月 18 日。

〔16〕何志国等：《四川安县文管所收藏的东汉佛像摇钱树》，《文物》2002 年 6 期。

〔17〕赵殿增等：《四川忠县三国墓铜佛像及其研究》，《东南文化》1991 年 5 期。

〔18〕宿白：《四川钱树和长江中下游部分器物上的佛像——中国南方发现的早期佛像札记》，《文物》2004 年 10 期。

原载《中国历史文物》2006 年第 2 期

巴蜀汉碑及汉代儒学

自古以来，僻处西南一隅的四川地区就被称作“天府之国”。这里作为中国古代经济最为富庶的地区之一，具有丰富的文化底蕴。由于传统历史研究上侧重于从夏商周一脉延承下来的中原地区文化，把中原文化视作正统主流，所以古代历史著作中常常把巴蜀地区文化看作是一种与中原地区大不相同的地方文化，甚至认为那是不开化的蛮夷地区。而现有的考古学发现与研究情况已经可以描绘出几千年前这一地区的发达文化面貌，如从 20 世纪以来在成都及附近地区揭示出的三星堆文化、金沙文化遗址等重大发现，出土有大量的青铜器、玉石器、金器等文化遗物遗迹。说明这里是一个重要的古代文化中心，具有高度发达的经济与文化。它既与中原文化有一定的联系，又具有自己独特的地方文化特色。经过秦汉时期长期的经济文化交流，在两汉时期，四川已经形成一个儒教文化的重镇。从现存的历史文献记载中就可以看到，在西汉初期成都地区就已文风大振，产生过著名的大文学家司马相如、扬雄等人，其文风曾经引领汉晋文坛，乃至影响以后的文学创作达数百年。

四川汉画像砖中的文翁教学图

成都地区乃至今日四川一带，在汉代具有兴盛的儒家学术与文化氛围，兴办了大批学校。这一传统，可以追溯到西汉初年汉景帝时期。根据《汉书·循吏列传》的记载：汉景帝末年，原籍庐江舒县的儒士文翁来到蜀郡作太守。文翁是一个“仁爱好教化”的人，我们知道，仁是儒家思想中非常重要的一个基本观点。孔子就讲：“仁者爱人。”[1]而按照史书的记载，当时的蜀地还是一个比较偏僻、文化不够发达的地方，用《汉书·循吏列传》的话说就是“有蛮夷风”。中国古代史籍中所说的蛮夷之风，往往是指没有礼乐法律、不讲人伦道德、恃强好斗的民风，与讲求礼乐秩序的中原儒家文化格格不入。文翁看到这种情况后，就有意在蜀郡阐扬儒风，以利于管理统治。他先从郡县的下层吏员中挑选了十几个聪敏可教的人，把他们派到京师去，让有的人向朝廷的博士学习儒学，有的人学习法律条文。用现在的话说就是开阔眼界与引进先进文化。文翁甚至为了给这些人创造条件，特意简省官府的支出，省下钱来买蜀地的特产，送给京师里的博士们，通过送礼笼络感情，让这些博士好好教他们。可见在中国送礼行贿的风气来源已久，就是儒士也不能免俗。

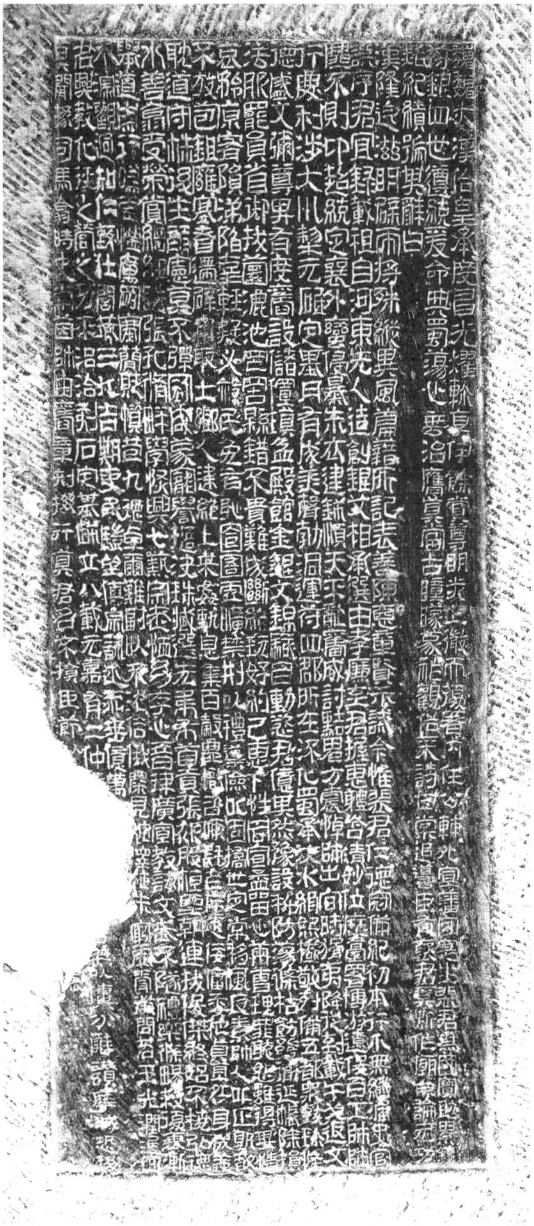

裴府君碑阳

同时，文翁又在成都设立了公办的学校，称为“学官”。招收各县的青少年来上学，并且免除这些学子的徭役赋税。学子们中学习好的就可以担任郡县的吏员，差一点的也授给“孝弟力田”这样的模范奖励名义。他还挑一些学生来官署帮助做事。文翁下乡视察时，也带着学校中学习优秀的学生一起走，让这些学生向民众传达政令，从而提高学生的社会地位。这样一来，大家都看到学习的好处，学官里的学生成为全体官员和民众称赞羡慕的对象，都争着去当学官弟子。恰如《史记·货殖列传》中所说：“天下攘攘，皆为利往。”“利之所在，皆为赍诸。”甚至有的富人出钱请求入学官学习。这就像现在的高考一样，成了全民追逐的目标。

李府君碑阳

有人可能觉得这种做法不像儒家讲求礼义的本质。其实这是对于儒家的一种误解。实际上儒家讲礼义的实用功利性是很强的。所谓“克己复礼”，目的是在维护统治者利益的礼仪秩序。为了达到这一点可以不择手段。儒家思想中最明显的一点是讲求严格的等级制度。把君子和小人分得很清楚。对不同阶层的人使用不同的方法。孔子就讲过：“君子喻之义，小人喻之利。”文翁不愧是孔子门徒，他完全是按照先师的指示，“小人喻之利”。但是这样做的结果却很明显，于是教化大行，学风极盛，蜀地到京师去求学的人比传统的儒学之乡齐鲁一带还多。大约由于教育成功，蜀地的治理也十分出色，致使汉武帝时，就下诏令命令全国各地都要设立郡一级的学校。这应该说是官方普及教育的空前举措。文翁病死在蜀郡后，当地吏民为他建立祠堂，岁时祭祀不绝。东汉班固说：“至今巴蜀好文雅，文翁之化也。”唐代颜师古曰：“文翁学堂于今犹在益州城内。”可见汉代文翁开创的学堂建筑至唐代仍然保存在成都城内，是蜀地文化的突出标志。台湾学者余英时认为：“我们还有理由相信，汉代的太学制度也有取于文翁郡学的规模。”[2]因此，我们说蜀郡办学推广教育的风气领先全国并造就了沿袭两千年的古代官学制度，是一点也不过分的。今天还可以看到在成都的东汉墓葬中出土的画像砖上有教学的图像，有的学者考证认为就是在描绘文翁讲学的场面。如沈从文先生就在他的《中国古代服饰研究》一书中认同这种说法。

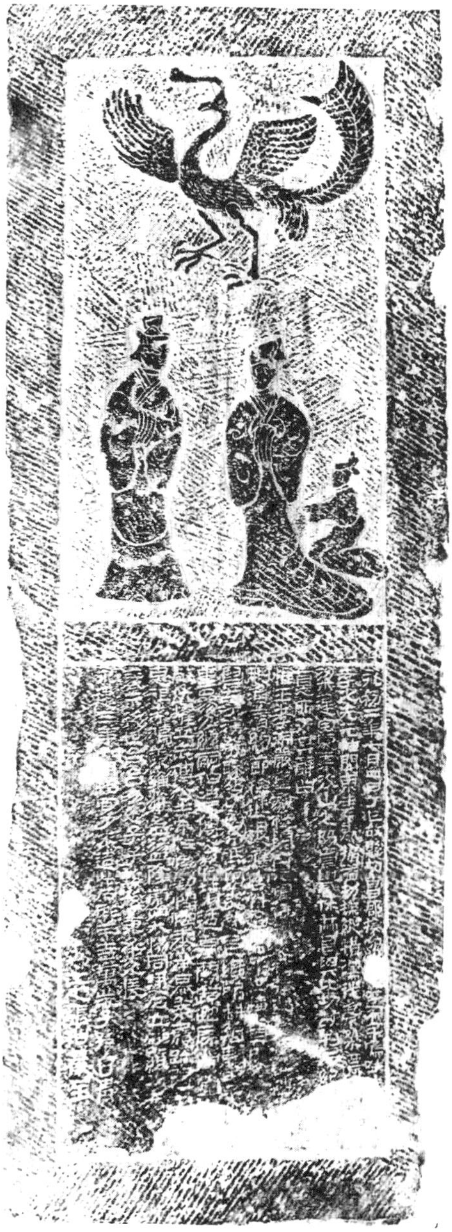

四川出土东汉王孝渊碑

汉代儒教文化的发展，形成了彰显功德、宣扬教化的政治风气。西方学者认为中国秦汉以来形成的是一种大一统的中央专制制度。而在当时那种大一统的政治格局下，皇帝要任用大量地方官员来维护中央的统治。各级官员也都要标榜自己的执政本领，要把所在地方管理好，获得提升。也就是现在所说的要看政绩。自汉武帝“罢黜百家，独尊儒术”以来，儒家学术成为官员文士获取名利的资本。我们看到两汉书中记载的很多官员都是通过学习儒家经传出身入仕的。由于儒生学习的儒家思想中特别强调礼仪道德，有后代所谓的三纲五常，所以通过儒士官员的大力宣传，当时全国从上到下以儒家的道德标准作为典范，形成了一定的社会道德取向舆论。在这种形势下，各级官员也要以标榜自己道德高尚、勤政爱民为主要政绩。刊石立碑，歌功颂德成为社会的流行时尚，因而也就促成了古代石刻材料的大量运用。

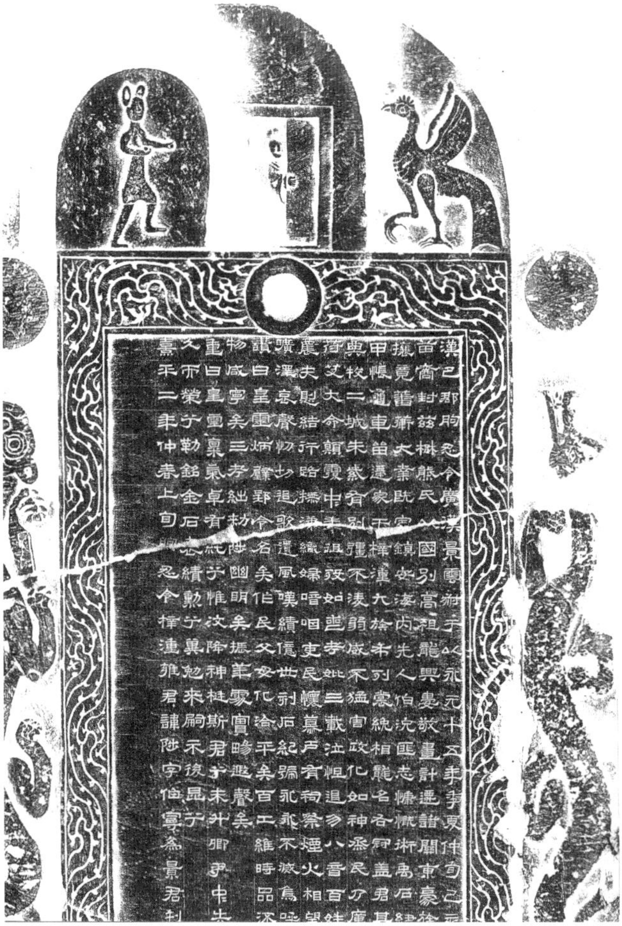

景云叔于碑

现在追溯中国古代文字石刻产生与普及的历史过程，可以看到汉代是中国古代石刻大量产生运用的第一个高潮时期。当时官方提倡的歌功颂德之风对于汉代石刻的大量运用，起到了非常重要的作用。我在梳理中国古代石刻发展的历史时说过："在西汉晚期和东汉时期，石刻开始大量出现，并且日益普及，雕刻技艺也非常成熟。促成这一变化的应该是多方面的文化因素。就目前所见，石刻运用得最广泛的，还是在标榜功德的纪念性石刻以及丧葬建筑之中。所以，中国封建社会大一统的政治格局形成后，在思想意识方面提倡儒家道德体系，加强宣传教化，以及在此基础上进行的中国古代丧葬制度变化，这些可能是石刻在古代中国风行开来的一个根本因素。"

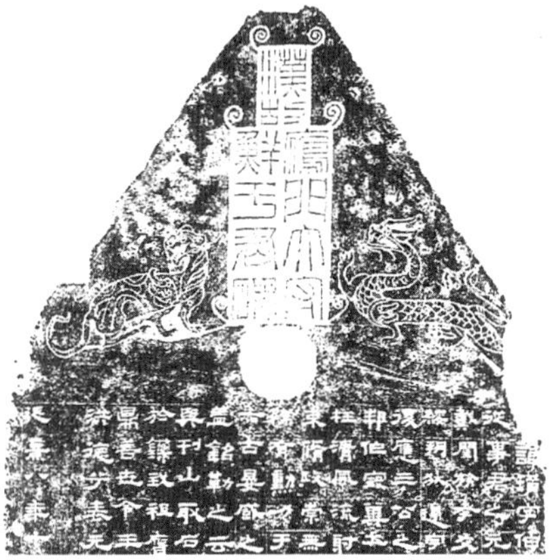

东汉鲜于璜碑首

汉代是中国古代石刻发展的第一个高峰期。汉碑也历来受到金石学者、文人墨客乃至全社会的重视。但是以往人们注意的汉代碑刻，即传世的汉碑实物，大多留存在中原地区，如河南、山东、河北等地。这些地区都是商周以来的传统文化、政治中心，如齐鲁地区自孔子以来一直是儒家文化的重镇，河洛地区历来是政治经济的中心地域等，而目前传世的汉碑也以这些地区为多。从这一现象，或许可以说明汉代碑刻的发展与政治经济文化事业的发达具有密切的关系。易言之，就是经济文化发达的地区，刊刻碑铭的情况会比较多。但直至 20 世纪 70 年代，四川所发现的具有规范形制的汉碑仍是寥寥无几。具有比较长篇铭文的石刻仅东汉建安十七年干晖墓石棺题铭、东汉永建三年王孝渊碑以及四川郫县出土的犀浦簿书残碑等。这些碑刻在形制、内容文字与书法等方面都显得比较简劣，不能与中原的汉代碑刻相比。所以以往人们限于见识，可能会误认为似乎在汉代文化发展不够均衡，西南与南方沿海地区没有中原那样的大型碑刻。

然而，我们知道在四川地区有着大量的汉代崖墓，石棺、石阙与画像石刻等墓葬石刻，显示了这一地区历史悠久的发达的石刻工艺。例如高文、罗二虎等先生做过关于四川石棺的综合研究，汇集了上百件的汉代石棺。大多具有精美多样的石刻花纹，有的还有题铭。四川保存的高颐阙、樊敏阙等东汉石阙也是著名的大型石雕，是第一批公布的国保单位。兼之蜀地具有悠久的文化教育传统，因此，这里也应该相当普遍地使用过在汉代已经定型并大量建造过的石碑。有道是功夫不负有心人。果然，近年来，在西南地区陆续出土了多件内容丰富、形制新颖的东汉石碑，充实了我们对于汉代碑刻的认识。先是在云阳县的三峡工程考古抢救发掘中发现了一座精美的大型东汉碑刻“景云碑”。2011 年，又在成都新发现了两件内容丰富的东汉碑刻《李君碑》与《裴君碑》，成为四川汉代考古中又一极其重要的发现。它们在了解东汉时期成都地区的政治文化教育状况，考察当时蜀郡学校建筑基址等方面富于历史考古价值。同时，这两件石碑的语词内容可以与其他汉代文献碑刻互证，对于汉代碑刻的研究、汉代文字学与语词训诂的研究等方面也能起到很大作用。我们下面就来看看这几件汉碑。

《景云碑》是在 2004 年 3 月，由吉林考古文物研究所在重庆市云阳县旧县坪汉、晋县城遗址发现的。该碑高 182 厘米，宽 81 厘米，碑面上共刻写 13 行 367 字的铭文。根据首行题铭可以定名为《汉巴郡朐忍令广汉景云叔于碑》。与中原地区常见的汉碑装饰方式不同，在碑身四周雕刻多种花纹图像，以阴刻的流云、飞鸟形成一个方框围绕着铭文。碑身有穿。碑首为圆形，有晕。碑首的三重晕线中刻有三幅浅浮雕，左侧为一朱雀，右侧为一长耳仙人形象。正中为一妇人立于半开门后，俗称“妇人掩门”的图像。碑侧装饰青龙、白虎的浮雕。出土时原碑断裂为两截，现已复原，除断裂处有十几个字残损外，其他文字图案保存完好。此碑立于东汉熹平二年（173）。由于它的文字书法精美，与中原的著名汉碑，如礼器碑、史晨碑、鲜于璜碑等碑刻上的书体很相似。所以特别受到书法艺术界的重视。

这件碑的刊刻目的也很有意思。它是在东汉熹平二年时任朐忍县令的雍陟为七十年前去世的前任朐忍县令景云叔于建立的。我们现在看到的汉碑绝大多数都是为当时的人建造的，如墓碑、功德碑、记事碑等。而这件景云碑则是一件纯粹的纪念碑。我们想雍陟应该是通过纪念在当地享有美名的前任官员来安抚民心，利于自己的任职治理。也可以想见这位景云叔于应该是一个治理有方、遗爱在民的好官。碑中虽然没有具体说明景云叔于有哪些德政，但是赞颂他是“吏民怀慕，户有祠祭，烟火相望，四时不绝”。如果不是碑文的夸饰，景云叔于就真是深得民心的一任好官了。这种做法在东汉的循吏行政中也有先例。如《后汉书·延笃列传》中记载，延笃就曾经在平阳侯相任上，给家在平阳的西汉著名官员龚遂“立铭祭祠”。按照《汉书》记载，龚遂作渤海太守时，使“郡中皆有蓄积，吏民皆富实，狱讼止息”。

《李君碑》与《裴君碑》则是在成都市天府广场的改建工程中由地下发现的，由于它原来是压在大型建筑物地下，受条件限制，未能在碑石出土地进行更广泛的考古发掘。但是这两件碑石保存基本完好。它们比起《景云碑》就显得比较朴素简单，没有什么纹饰，只是两件长方形的碑石，四周保留着粗加工的錾纹，中心一个长方形碑面磨光刻铭。两件碑的碑阳刻写长篇铭文，碑阴刻写立碑者的题名，《李君碑》甚至在碑阳的边框上还刻写了铭文。相比之下，这两件碑的铭文内容比《景云碑》就要丰富得多。

从铭文内容看，这两件碑石应该是东汉时期蜀郡学官集资为地方主政官员树立的功德碑。碑文颂扬的对象为先后任过蜀郡太守的李君和裴君。只是在现存历史文献中还找不到此二人的确切姓名与事迹。有学者曾经怀疑李君是东汉著名的党人李膺，《后汉书·党锢列传》中记载李膺也做过蜀郡太守，但是从时间上推寻，建碑的阳嘉二年（133）李膺应该还没有出仕。因为《后汉书》记载，李膺是被司徒胡广选拔起来做官的。而胡广是在汉安元年（142）才当上司徒。所以还不能完全认定这个李君是李膺。裴君，有学者推测为曾为孝廉、后任尚书的裴瑜，见《后汉书·史弼传》。但是他的主要活动时期在汉桓帝以后，与这件碑树立的时期也不相符。在没有更充分证据的情况下，我们还是不要轻易把他们与历史人物对号入座。从碑文看，这两件由东汉郡学的教授吏员们树立的碑刻，很可能就是树立在当时蜀郡学官所在地。裴君碑可能树立在汉桓帝元嘉二年（152）[3]，而李君碑则初立于汉顺帝阳嘉二年（133）十二月二十五日，后于汉质帝本初元年（146）六月因水灾倒覆，随即重立。此时裴府君已继任太守。

碑文中主要歌颂两任太守的德政，集中在宣扬教化、端正民风、公平选拔、清廉慎刑等方面。现存汉代功德碑颂扬官吏品德政绩大多如此。这对于了解汉代的政治风气与政治制度有很大的帮助。中国古代官僚政治中和民间舆论中，都特别强调“清官”的作用。直到现在，在很多人的思想中还是把国家与个人的命运寄托在“清官”身上。这应该说还是中国传统封建思想的影响，与民主政治的思想是完全不同的。而这种“清官”理念，就起始于汉代的“循吏”观念。

在司马迁的《史记》中，首先开列了《循吏列传》与《酷吏列传》，而后的《汉书》、《后汉书》中也沿循着这种专题设定。说明在汉代，起码是在汉代读书人的眼中，是非常重视官吏的素质与治理手段的。《史记·循吏列传》的索隐中注解道：循吏“谓本法循礼之吏也”。可见循吏就是遵循法律礼制的官吏，也就是后世所谓的“清官”了。我们看司马迁确定的一个循吏典型，就可以了解古人眼里的循吏是什么样的官员了。

《史记·循吏列传》中举了一个战国时期的楚国国相石奢，说这个人是“坚直廉正，无所阿避”。有一次他下乡巡查，发现有一个杀人的凶手，追上一看，是他自己的父亲。怎么办呢？他就把父亲释放了。然后让人把自己捆绑上，送到楚王那里，对楚王说：“杀人的人是我的父亲。我要把父亲抓起来法办，是我不孝。现在不按法律处理放纵了犯人，是我不忠。我的罪过该当处死。”楚王认为石奢是个好官，就说：“你是追犯人没追上，罪不当死。还是去办公事吧。”明显是要放他一马。可是石奢却认为自己不能枉法，就自杀谢罪了。

《后汉书》中也有一个类似的循吏榜样，就是做过胶东侯相的吴祐。在他管辖的安丘县里有一个叫毌丘长的人，这个人是个孝子，他和母亲一起出门时，路上有一个醉汉来欺辱他的母亲。毌丘长当场把这个人杀死了。安丘县的官吏追踪到胶东把毌丘长抓到，送到吴祐这里审问。吴祐对毌丘长说：“母亲被侮辱，这是每个人都难以忍受的。但是作为孝子，应该在愤怒时考虑到灾难，行动时不要连累亲属。现在你不顾亲人，发泄愤怒，大白天在路上杀人。如果赦免你是不符合国家大义，如果将你处刑又不忍心。你让我怎么办呢？”这么一番话说下来，毌丘长觉得心服口服，就自己带上刑具，说：“我违犯了国家的法律，就是您想要哀怜我，我也不能逃避处罚。”吴祐就问他有没有结婚生子。他说：结了婚，但是没有孩子。吴祐又让县里把毌丘长的妻子带来，和毌丘长一起关在监狱里同房。等毌丘长的妻子怀孕后，再判处毌丘长死刑。拿现代话说，这是非常人性化的施政方法了。既遵守了法律，又宣扬了道德，还顾及了人伦。我们说这就是当时循吏的标准吧。所以《汉书·循吏列传》中总结说：“谨身帅先，居以廉平，不至于严，而民从化。”

当代历史学者研究汉代政治制度时，很注重秉承儒学思想的这批“循吏”所起的作用。20 世纪 30 年代，张纯明曾分析循吏的主要作用，指出他们的成就表现为三个方面：一、改善人民的经济生活；二、教育；三、理讼[4]。正是孔子所提出的“富之”、“教之”与“无讼”。说明汉代循吏确实是主要秉持着儒家先师的教导行事。那么这种思想指导下的行政措施对于维护古代社会的安定发展是起到过一定作用的。余英时指出："循吏兼具了'吏'和'师'的双重身份。而'吏'的基本职责是维持政治秩序，这是奉行朝廷的法令；'师'的主要任务则是建立文化秩序，其最后动力来自保存在民间的儒教传统。[5]"汉代碑刻的内容正是鲜明地反映了当时官吏与儒士所追求的这种目标。

实际上，从这几件汉碑以及我们现在能够见到的很多汉碑中，都可以看出当时的官吏都在追求做到"富之"、"教之"与"无讼"这几点，从而得到社会的肯定与赞扬。如《裴君碑》中称："奸轨（宄）息集，百谷豊（丰）炽。"正是所谓"富之"。由于这两件碑刻主要是蜀郡官学的官吏共同刻立，所以碑文中特别宣扬了这两任官守提倡儒学、培养选拔人才的功绩。《李君碑》中称："同心齐鲁，诱进儒墨……远近缉熙，荒学复殖，演述三传，各数万言。抽擢腴要，采掇异文。以成一家，为后立真。珍儒重能，爵秩其贫。拔擢英才，试之以贞。倚席旋意，钻仰孔明。潜者得达，萌耳（牙?）振鳞。犹春生芳，莫不说（悦）欣。"赞颂了李府君大力推进儒学教育的政绩，还宣扬李府君不仅自己演讲撰写春秋三传的讲义，而且看重儒生，拔擢英才。《裴君碑》中也有类似的句子："孔修畔（泮）学。恢兴七艺，宗老恤幼。存心音律，广宣教诲。文武不隧（坠），礼乐条暘（畅）。"而《裴君碑》中称赞他"理罪听恕。虽（惟）得其情，哀矜原宥。陨涕陷辜，轻疑必赦。民免有耻，囹圄虚旷"，就是"无讼"的体现。

此外，还有对李、裴二人道德清廉的赞颂，如《裴君碑》中则称："君亿其然，豫设科防。荡条（涤）枯饬，发撤延（宴）帐。除损法服，罢员省御。拔园漉池，罔（网）罟县（悬）错。不贵难成，断绝玩好。约己惠下，性同宣孟……帅（率）人以正，孰敢不放（仿）。"就是赞颂裴府君执政时提倡简朴，诉讼清明，选举公正，遵守道义等出色的政绩，表现出鲜明的儒家官吏行政道德标准。这些叙述，与历史文献中反映出的汉代循吏情况正可以互为表里，是历史的实物证明。

我们透过这些颂词回溯历史，可以看到汉代成都地区官方学校的兴盛情况与儒家经典教育的深入普及程度。不仅如此，立碑的时间恰巧也是东汉时期儒学经学与知识阶层社会地位一种转换的契机。

《后汉书·儒林传》载："及邓后称制，学者颇懈……自安帝览政，薄于艺文。博士倚席不讲，朋徒相视怠散。学舍颓敝，鞠为园蔬，牧儿荛竖，至于薪刈其下。顺帝感翟酺之言，乃更修黉宇，凡所造构二百四十房，千八百五十室。试明经下第补弟子，增甲乙之科员各十人，除郡国耆儒皆补郎、舍人。"《后汉书·顺帝纪》："阳嘉元年秋七月……丙辰，以太学新成，试明经下第者补弟子，增甲、乙科员各十人。除郡国耆儒九十人补郎、舍人。"可见所云顺帝重新重视经学教育之事就是发生在阳嘉元年（132）。立于阳嘉二年（133）的《李君碑》开始即称："同心齐鲁，诱进儒墨。远近缉熙，荒学复殖。"表明正应该是在顺帝重修太学这种大背景下，李府君在蜀郡也重整府学，提倡教育，反映汉顺帝重视儒学教育的政令是上下贯通的。各地应该有着同样的提高教育地位的举措。这给以后党人集团的形成做了铺垫。

蜀郡学官有着悠久的历史与众多官员的重视扶助，其规模应该相当可观。因此，类似记载蜀郡学官情况的古代文物史料早有记载。《隶释》卷一《益州太守高眹修周公礼殿记》就是一件传世已久的汉代铭刻，其铭云："汉初平五年仓龙甲戌旻天季月修旧筑周公礼殿。始自文翁，应期凿度。开建畔宫，立堂布观……至于甲午，故府梓潼文君增造吏寺二百馀间……官民寺室，同日一朝，合为灰炭。独留文翁石庙门之两观。礼乐崩殂，风俗混乱。诵读已绝，倚席离散……郡将高君节符典境，迄斯十有三载……兴复第馆，八音克谐。"这件铭刻前人或认作是石刻，但洪适注云："今在成都……至于甲午，故府梓潼文君增造吏寺者，建武中益州太守文参也……《华阳国志》云：安帝永初时，讲堂火灾，独存石室也。又云郡将陈留高君者，高眹也……眹再作石室，在文翁石室之东，又东即周公礼殿……此记刻于东南之一柱，亦木耳。欧阳氏以为文翁石柱记者，误也。自兴平甲戌至于乾道丁亥，千有三年，殿宇岿然如故。"则说它是刻在木柱上的。不过在木柱上刻写这么多字亦属罕见。确否，现在也无法定论。此外，《隶释》卷十四收有学师宋恩等题名，洪适注云："今在成都周公礼殿门之西序，蜀人谓之学师题名。其称师者二十人，史二人，孝义掾业掾各一人，易掾二人，易师三人，尚书掾尚书师各三人，诗掾四人，春秋掾议掾文学孝掾文学掾各一人，文学师四人，从掾位及集曹法曹贼曹辞曹史又三十二人，其漫灭不可辨者十三人。此则蜀郡诸生也。当是郡守兴崇学校者镌石纪德……成都又有左右生题名一巨碑，盖左学右学诸生也。”由此可见，汉代的成都蜀郡学官所在地原来应该保存有多种碑刻，其中不乏历届官员的留迹。《华阳国志》卷三：“始文翁立文学精舍，讲堂作石室，在城南。永初后，堂遇火。太守陈留高眹更修立，又增造二石室。州夺郡文学为州学。郡更于夷里桥南岸道东边起文学，有女墙。”

这样就又出现了一个问题。《李君碑》和《裴君碑》的树立时间均在上面所说的安帝永初时讲堂火灾独存石室这一事件之后，但是却没有反映出郡学变成废墟、独存石室的丝毫迹象，而是还要“立石表纪，序贤君良佐，列画殿堂”，“建福学校”等。是否《益州太守高眹修周公礼殿记》中所说的惨痛火灾不是汉安帝永初年间的事情，而是高眹执掌蜀政前后的事情，即汉灵帝年间的事情了。不然，蜀郡学官火灾后近九十年才有人去重修，实在说不过去。

李君碑中称：“序贤君良佐，列画殿堂。”也是一个值得注意的记录。它表现出在东汉蜀郡郡学殿堂中装饰有贤君良臣的画像。从古代画论及有关的画作记载中可以看到：汉代已经经常使用人物画像作为瞻仰纪念与室内装饰，它不仅具有浓厚的实用倾向，也突出表现着儒家文化教育的色彩。唐代张彦远《历代名画记》卷一“叙画之源流”中记载：“曹植有言曰：观画者见三皇五帝，莫不仰戴；见三季异主，莫不悲惋；见篡臣贼嗣，莫不切齿；见高节妙士，莫不忘食；见忠臣死难，莫不抗节；见放臣逐子，莫不叹息；见淫夫妒妇，莫不侧目；见令妃顺后，莫不嘉贵。是知存乎鉴戒者，图画也……是以汉明宫殿，赞兹粉绘之功；蜀都学堂，义存劝诫之道。”这里特别提到蜀都学堂，说明这里的绘画十分有名，并且传至后代。《历代名画记》卷三“述古之秘画珍图”记载有：“益州学堂图、十（画古圣帝贤臣七十子。后代又增汉晋帝王名臣，蜀之贤相牧守，似晋时人所撰。）”李君碑的记载更证实了这一历史事实。可能当时的人会不断地在学堂中添加画像，起到表彰劝诫的作用。而能在学堂中列入图像，也应该是一种极大的荣耀。属吏们为长官在学堂中绘像，自然是对其最好的奉迎了。

汉代儒家经学的兴盛，从这两件碑文的文辞中也可以略见一斑。在上面对碑文的考注中，能看到大量出自《春秋》三传、《礼记》、《周易》、《诗经》、《尚书》、《周礼》等经典中的词语，说明当时撰文的文吏对于儒家经典的娴熟程度。同时，还有大量词语与《管子》、《墨子》、《战国策》等古籍中使用的词语相同，以及见于《史记》、《汉书》、《后汉书》等汉晋时期成书的文献中，向我们反映出汉代语言文字的特点，同时也帮助我们深入了解上述诸子书籍成书的具体时代与文字校勘等古籍研究问题。

东汉时期，功德碑以及大肆歌颂死者文治武功的墓碑大量出现并形成流行风气，还与东汉特殊的政治形势有关。现存的碑刻基本上都是为各级士族官员制作的。看来宣扬功德、把自己塑造成社会道德正义的模范这种做法，多为东汉时期士族官员的专利。

我们可能会问：既然东汉出现了这么多的循吏，或者说有这么多表面上也要做循吏的官员，为什么还会在其末年发生大规模动乱，并迅速走向灭亡呢？这就得提到汉桓帝、灵帝期间的党锢。可以说东汉皇帝是自掘坟墓，自己把政权的根基之一——士人推向了自己的反面。现代史家多认为，东汉时期的政治，尤其是后期的政治，就是皇权之下，外戚、宦官与士族三种政治力量的角力搏杀。在汉武帝独尊儒术之后，社会上迅速形成了士族这一种新的社会与政治力量。东汉士族更加发展，出现了所谓“四世三公”“四世太尉”等连续占据着高层政治地位的强宗大族。东汉的循吏，主要来自于士族阶层。他们实际上是大一统政治与皇权的忠实支持者。可是在一个专制独裁的寡头政治统治下，任何人或者任何政治集团的活动都不能危及独裁者，或者让独裁者感到威胁。近日金正恩清洗张成泽的一幕就是最好的说明。东汉士族虽然是在为专制政权服务，但是比起外戚与宦官来，他们又纯属皇帝心中的外人。中国历史上不乏这样的实例，作为孤家寡人的皇帝，最信任的就是身边的宦官。而且宦官包围了皇帝周围，在某种程度上说，皇帝的性命都掌握在他们的手中。所以，当东汉末期士人的力量集聚起来并且影响到社会走向的时候，他们就针对宦官展开了攻击，这也迫使宦官大力回击。同时，皇帝也认为士人对自己形成了威胁。一场清洗党人的政治运动就展开了。这场史称党锢之祸的政治清洗持续了二十多年。有成百上千的党人，也就是出任各级官员的士人被免官、下狱甚至被杀害。可以想见，这场政治清洗对于东汉政权造成了多么大的危害，大批有行政经验和法律意识的官员被赶出官场，各级官府的行政管理自然会产生很多问题，造成更严重的社会不公，引发大量社会矛盾。不久后爆发的黄巾起义应该就是党锢之祸的直接结果。而且党锢一事造成地方士族更注重加强自己的实力与军事力量，逐渐形成了一批地方军阀。这是东汉末年形成大规模战乱并使东汉灭亡的根本原因。

有学者认为："这种强宗大族势力具有如下的特点：一方面道貌岸然，和经学及知识分子有千丝万缕的联系，享有巨大的社会声望和士族中名门望族的支持；一方面却又权欲熏心，贪得无厌。它既是一种政治力量，又是一种社会力量；既是一种经济力量，又是一种道义力量。它从皇权那里取得权力，却又以阶级公利的代表和监督者自居；它既为皇权压迫人民，却又企图充当人民的代言人，常常讲些拯救黎元、减轻负担和痛苦的言论，似乎代表着社会的公德和良心。它时时刻刻要把皇权置于自己的控制之下，变成自己的忠实仆人和工具。因此它和皇权的矛盾是不可避免的。"[6]就是由于士族是一种道义力量，标榜着儒家学说，以阶级公利的代表和监督者自居，又企图充当人民的代言人，常常讲些拯救黎元、减轻负担和痛苦的言论，似乎代表着社会的公德和良心。所以他们才会大量利用碑石这种工具彰显自身的道德品质与政绩功德，既通过这一活动巩固士族与门生故吏组成的利益集团，又以此向社会民众宣扬儒家的道德标准，增强自身的道义力量。对于今人来说，这一风气则给我们了解汉代社会留下了可贵的历史资料，同时也使我们见识到众多精美汉碑文物上的书法雕刻佳作。

汉代的碑石除传世藏品外，一向比较少见，而近来在考古调查中发现了较多的两汉石刻材料，从而极大地充实了汉代石刻的宝库。因此，河南美术出版社新近出版的《汉碑全集》中一共搜集到300余件汉代石刻。其中，西汉时期的石刻主要是实用性的铭刻，如地界石、题名、摩崖题记等。像在河北、山东、内蒙古等地发现的赵国易阳南界石刻[7]、连云港苏马湾、东连岛刻石等，例如在连云港市陆续发现的苏马湾界铖刻石、东连岛界域刻石内容基木相同，是王莽时期刻制的东海琅琊郡界域。可以通过它研究历史地理状况与王莽改正朔历法等问题[8]。

随着西汉时期遗址、墓葬的不断发掘，在一些诸侯墓中发现了大量刻字的黄肠石等早期石刻资料，如河南永城的保安山二号墓等西汉梁王墓葬、永城柿园汉墓等重要发现，保安山二号墓是梁孝王妻李后的墓葬，里面清理出塞石近三千块，几乎每块上都有铭刻，共计10000多字，大多是记录塞石的序号和尺寸[9]。1992年第二次清理徐州龟山2号西汉墓时也发现了一批石刻文字。其中有一块刻铭，字在篆隶之间，共44字，是近年来发现西汉文字石刻中字数最多的[10]。此外，四川重新发现了曾经佚失的何君尊楗阁刻石[11]。1987年在青海海晏县发现一块残石，上有三行铭文，说明这是西海郡虎符石匮，造于始建国元年十月癸卯。李零曾就这些石匮与当时的祭祀情况作过讨论[12]。

东汉时期，碑刻已经十分普及，新发现的碑石也比较多。如1998年夏在内蒙古自治区包头南郊出土建宁三年残碑[13]。1998年山东巨野出土《行事渡君碑》[14]。1991年在河南偃师县南蔡庄乡发掘出一座相当完整的东汉建宁二年《肥致碑》[15]，由于它的内容涉及东汉的方士、宗教以及墓志的起源等问题，所以有众多学者加以研究讨论。特别在该石刻是否是墓志的性质判断上存在着两种完全相反的意见[16]。

四川等地新出土的汉代石刻，向我们展示了汉代各种碑石铭刻的丰富内容与广泛应用，也预示着将会有更多更精彩的古代碑刻现身世间。让我们不断关注古代石刻的新发现，体验它们给我们带来新的惊喜吧。

---

〔1〕《论语》，十三经注疏本，中华书局影印。以下引孔子言论均出自此书，不一一注明。

〔2〕余英时：《汉代循吏与文化传播》，见《台湾学者中国史研究论丛——政治与权力》，中国大百科全书出版社，2005年。

〔3〕由于原碑石在记述时间的铭文中有一段残缺，应该缺损七字。该段碑文或可断读为："经之营之，功平治洽。刻石定基，迹立八载。元嘉有二，仲□□□。□□□□，卒以偃介。辞赞磨灭，恐后莫闻。"那么就还有一种可能是原碑树立在元嘉二年的八年前，即公元144年。而后由于年代久远，碑石文字磨灭，于元嘉二年重刻。

〔4〕Chun－ming Chang："The Chinese Standards of Good Government：Being a Study of the Biographies of Model Officials in Dynastic Histories" Naikai social and Economic Quarterly. Vol Ⅷ，No. 2（July 1935）

〔5〕余英时：《汉代循吏与文化传播》，见《台湾学者中国史研究论丛——政治与权力》，中国大百科全书出版社，2005年。

〔6〕金春峰：《汉代思想史》《汉末经学的没落和党锢之祸》，中国社会科学出版社。1997年。

〔7〕孙维民等：《赵国易阳南界石刻的年代及价值》、《中国历史文物》2004年1期。

〔8〕有关论文有刘凤桂等：《连云港市西汉界域刻石的发现》，《东南文化》1991年1期；李祥仁：《苏马湾界域刻石新探》，《中国历史博物馆馆刊》2000年2期；连云港市文管会办公室、连云港市博物馆：《连云港市东连岛东海琅琊郡界域刻石调查报告》，《文物》2001年8

期；滕昭宗《连云港始建国界域刻石浅论》，《文物》2001 年 8 期。

〔9〕河南省文物考古研究所：《永城西汉梁国王陵与寝园》，大象出版社，1996 年。

〔10〕徐州博物馆：《江苏铜山县龟山二号西汉崖洞墓材料的再补充》，《考古》1997 年 2 期。

〔11〕雅安市文物管理所：《何君尊楗阁刻石发现及考释》，《四川文物》2004 年 6 期。

〔12〕李零：《上山与出塞》，文物出版社，2004 年。

〔13〕魏坚：《内蒙古中南部汉代墓葬》，科学出版社，1998 年

〔14〕徐玉立主编《汉碑全集》，河南美术出版社，2006 年。

〔15〕河南偃师文物管理委员会：《偃师县南蔡庄乡汉肥致墓发掘简报》，《文物》1992 年 9 期。

〔16〕如王育成《东汉肥致碑探索》，《中国历史博物馆馆刊》1996 年 2 期；虞万里《东汉肥致碑考释》，《中原文物》1997 年 4 期。李训祥《读肥致碑札记》，《大陆杂志》96 卷 6 期；邢义田《东汉的方士与求仙风气》，《大陆杂志》94 卷 2 期；黄展岳：《肥致碑及相关问题》，《考古》2012 年 5 期等。

上海博物馆 2014 年 1 月讲座

汉代文字的演变及其书写类型

从世界文明发展的历史看，与西方雄踞的古代罗马相对应，中国汉王朝成为跨公元纪年前后这一历史时期中具有重大影响的东方大国。仅就中国社会发展来看，东西两汉将近五百年的统一时期也具有相当重要的历史地位。在这一时期里，中国古代文明体系全面奠定了社会基础，完备了延续两千多年的政治、法律、礼制、军事、经济、文化等一系列意识形态。

作为人类文明的必备要素，文字在促进社会经济发展、形成强大帝国和造就具有重大影响的先进文化上起着不可替代的重要作用。而汉字也正是在汉代这一时期形成了统一完整的文字体系，并影响至今。可以说，汉代文字在中国文字的发展史上处于承上启下的关键阶段。为了说明这一点，我们先简要地回顾一下中国古代文字的发展过程。

西汉铜鼎铭文

中国的汉字可以列入世界上起源最古老的文字之中，而且是唯一一种使用至今从未间断的文字。仅从现有考古资料的证据来看，汉字就有三千馀年的历史。通过大量有关不同时期汉字的考古发现材料，特别是商周时期以及更早时期的考古资料，我们已经可以比较清晰地勾画出汉字产生与发展的历史脉络。概括地讲，中国的古代文字起源于图画，是一种象形文字，这一点和世界上其他古代文字的起源是相同的。以后，汉字的形体在发展过程中逐渐符号化，成为带有表音成分的表意文字。在商代甲骨文中已经体现出这种变化。以后在两周至秦代的各种文字材料中都表现出丰富多样的文字写法，具备了象形、会意、指事、形声、假借等多种造字原则。但是由于汉语言的语音特点，汉字迟迟未能走到拼音文字这一步。这样，由于中国文字发展的历史从未间断，又长期是带有表音成分的表意文字。所以古文字中的象形图画成分始终保存在文字结构中，成为中国文字的一大特点。象形结构的符号化过程、文字的形体特征都与这种象形文字的图画性质密不可分。中国特有的汉字书法艺术也得益于这种文字的图画性质。

西汉铜镜铭文

现在中国学术体系中有一个专门的学科叫作古文字学。那么相对的就应该有今文字学这样一个分野。也就是把中国文字几千年来的发展历史划分为古文字与今文字两个阶段。过去一般把使用古文字的下限划分在先秦时期，即秦隶书定型之前。那么秦汉以降时期，流行隶书与后起的楷书、行书、草书等书体，就可以算作今文字时期。而汉代，作为古文字向今文字转变的重要过渡时期，文字形体的变化是很大的，这一阶段的文字书体与字词内容很丰富，在中国文字学的历史上具有十分重要的实

东汉刑徒砖铭

证价值。

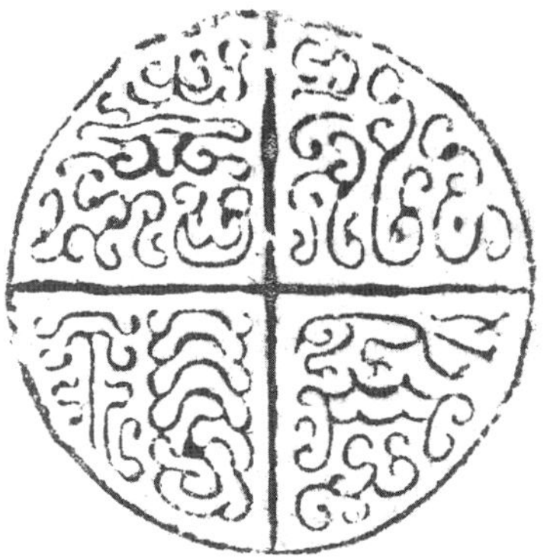

汉瓦当

在汉代流行的文字书体主要是隶书。另外我们还可以看到小篆和章草书等书体的使用情况。这些书体的起源必须追溯到秦代乃至秦代以前。汉代著名的文字书《说文解字》叙中记载：“秦书有八体：一曰大篆，二曰小篆，三曰刻符，四曰虫书，五曰摹印，六曰署书，七曰殳书，八曰隶书。”[1]这就是后人经常讲的“秦书八体”。有研究者认为，上述八体中只有大篆、小篆、虫书、隶书为真正的书体，而刻符、摹印、署书、殳书则是因其用途或材料不同所定的名称。篆书在秦代属于官方字体，用于比较庄重的场合。隶书也是秦代规定的通用字体，多用于文书及民间。古代历史学者们都认为：“汉承秦制。”也就是说汉代国家政治系统与礼仪文化系统基本上是继承了在秦代统一中国后形成的固定制度，例如中央官署管理体系、地方郡县制度、交通馆驿制度、军事制度、祭祀制度，以及有关的文书档案制度等等，都是在秦代社会形成的一套体系上加以修改和继承。汉代使用的文字书体也是这样，是在秦代文字的基础上继续发展完善的。

对于秦汉时期文字的传承与文字形体的类型，学者大多参考后汉学者班固在《汉书·艺文志》小学部分中的总结文字，《说文解字》叙中的论述在很多地方也是沿用了这些记载。“汉兴，萧何草律，亦著其法，曰：‘太史试学童，能讽书九千字以上，乃得为史。又以六体试之。课最者以为尚书御史史书令史。吏民上书，字或不正，辄举劾。’”“六体者，古文、奇字、篆书、隶书、缪篆、虫书。皆所以通知古今文字，摹印章，书幡信也。古制，书必同文，不知则阙，问诸故老。至于衰世，是非无正，人用其私。”“《史籀篇》者，周时史官教学童书也，与孔壁中古文异体。《苍颉》七章者，秦丞相李斯所作也。《爰历》六章者，车府令赵高所作也。《博学》七章者，太史令胡母敬所作也。文字多取《史籀篇》，而篆体复颇异，所谓秦篆者也。是时始造隶书矣，起于官狱多事，苟趋省易，施之于徒隶也。汉兴，闾里书师合《苍颉》、《爰历》、《博学》三篇，断六十字以为一章，凡五十五章，并为《苍颉篇》。武帝时司马相如做《凡将篇》，无复字。元帝时黄门令史游作《急就篇》。武帝时将做大匠李长作《元尚篇》，

汉印

皆《苍颉》中正字也。《凡将》则颇有出矣。至元始中，征天下通小学者以百数，各令记字于庭中。扬雄取其有用者以作《训纂篇》，顺续《苍颉》。又易《苍颉》中重复之字，凡八十九章。臣复续扬雄作十三章，凡一百二章，无复字，六艺群书所载略备矣。《苍颉》多古字，俗师失其读，宣帝时征齐人能正读者，张敞从受之，传至外孙之子杜林，为作训故，并列焉。”[2]这一段记载虽然不长，内容却非常丰富，是汉代文字史的简要概括，里面反映出有关汉代文字使用与文字教学的很多问题。

首先要提到汉字在秦汉之间的演化情况，也就是中国文字演变历史上非常重要的一个转折点——篆书向隶书的转化。

从现有的古文字资料来看，先秦时期的文字以篆书为主，即包括甲骨文、金文、战国古文等类型字体的篆书，后代书法家们或统称之为大篆。这些先秦篆书文字，应该在汉代还有所遗存。《汉书·艺文志》小学类中有《史籀》十五篇（原注：周宣王太史作大篆十五篇，建武时亡六篇矣。）、《八体六技》等字书，可能就是汉代保留下来的先秦古文字的字书。

从文献记载中看，汉代学者对于先秦的文字情况了解得已经不很清楚了。对于隶书的起源，《说文解字》叙中云：“秦烧灭经书，涤除旧典，大发吏卒，兴戍役，官狱职务繁，初有隶书，以趣约易，而古文由此绝矣。”[3]以往的学者都沿承这一说法，认为隶书是秦代才出现的。今天通过考古资料来看，实际上从先秦古文字向隶书转化的过程要比这更早，更复杂。从出土的战国晚期秦国竹简、木牍上的文字资料上看，那时隶书的特点已经非常明显。例如1980年在四川青川发现的秦国木牍，有明确的纪年为秦武王二年、四年（公元前309、307年）[4]。

而其字形结构与秦始皇统一后的湖北云梦睡虎地秦简基本相同，都是比较完备的隶书。这些都足以证明隶书的萌芽在秦兼并六国之前很久就已经出现了。

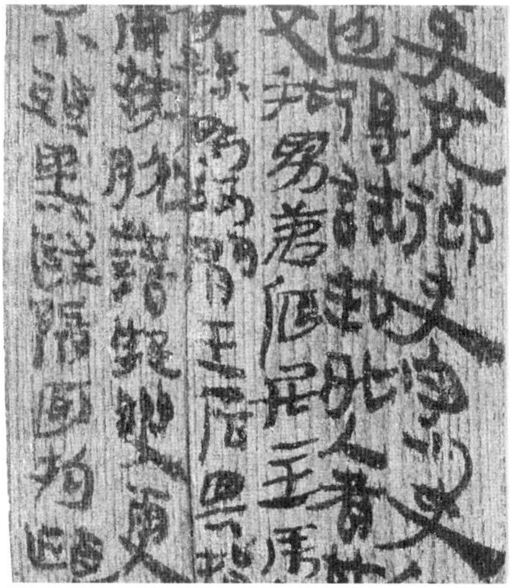

居延汉代简牍

20世纪70年代时，湖北云梦睡虎地秦简和湖南长沙马王堆西汉帛书等古文字资料的重大发现给学术界以极大的启发，人们对秦汉文字与战国文字的认识更加深化。当时，李学勤在《秦简的古文字学考察》一文中认为："秦代大量通行的字体必然像秦简那样的隶书。"[5]裘锡圭认为："就各种日常使用的字体来说，一种新字体总是孕育在旧字体内部的，并且孕育期不会很短，如果新字体包含过多的新成分，那它是不大可能得到社会上一般人的承认的。隶书和小篆都形成于秦始皇时代，隶书应该是从战国时代的秦国文字中逐渐发展出来的。"[6]

秦代文字，尤其是秦小篆与隶书的形成对汉字的发展演变有着重要的影响。裘锡圭《文字学概要》一书中指出："在整个春秋战国时期，秦国文字形体的变化，主要表现在字形规整匀称程度的不断提高上……秦国文字有时为了求字形的规整匀称，使笔道变得宛曲起来……有时又为了同样的目的，使笔道变得平直起来……随着这两种变化，文字的象形程度就越来越低了。"[7]

实际上，文字形体的变化不仅限于秦系文字，整个春秋战国时期，文字都在进行着形体的变化。我们在以楚国简牍帛书文字为代表的东方六国文字中也可以看到这种文字形体符号化与书写形式简化的趋向。

我们可以看一看楚国文字书写中的特点：楚国的铜器铭文普遍扁平倚斜，笔势圆转流利，横画多做昂起的弧形，一般落笔重而收笔轻，有首粗尾细之感，有的波势挑法已具后世隶书之雏形。文字结构是笔画多变，结构歧异，同一字出现有从繁到简的多种写法，反映了文字书写中简化的倾向，与周代的青铜器铭文（金文）有着明显的不同。

郭沫若在20世纪70年代作的《古代文字之辩证的发展》一文中曾指出：（楚帛书）字体虽是篆书，但和青铜器上的铭文字体有别。体式简略，形态扁平，接近后代的隶书，他们和简书、陶文等比较接近，是所谓的俗书……它们将促使贵族化了的文字走下舞台并取而代之[8]。

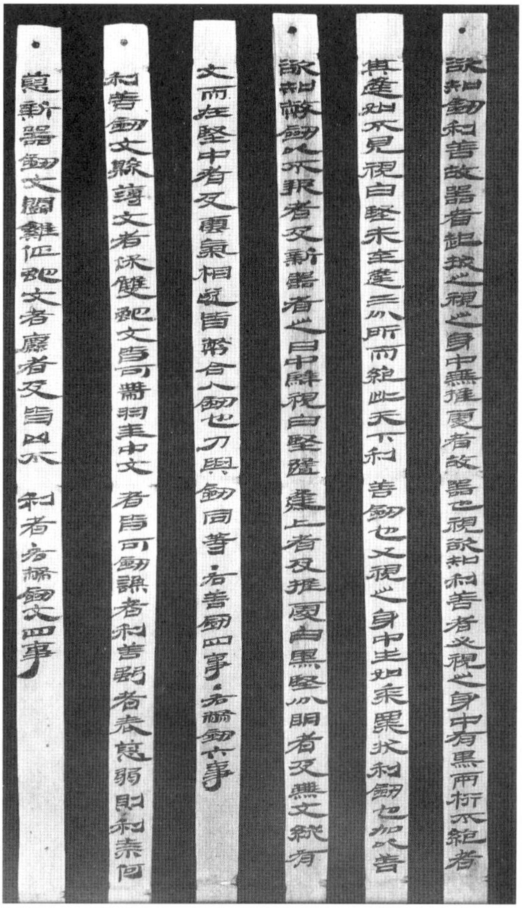
居延汉简

还有众多学者对文字形体的分析中都注意到了战国文字中普遍存在的由象形意味浓厚的古文篆书向简约化的古隶转化的变化过程。也就是说隶书的初始状态在战国文字中就已经出现。这种趋向在秦代统一中国的大政治背景下得到了充分的发展，形成了新的书体——隶书。由此可见，“是时始造隶书矣，起于官狱多事，苟趋省易，施之于徒隶也。”这种汉代通行的说法实际上并不完全符合中国文字发展的情况。

从秦到汉，现在见到的出土简帛文字材料上的用字多为隶书，虽然有些字的结构还保留着浓厚的篆意，但总的来说这些都是自秦篆走向成熟汉隶的过渡形态。从西汉武帝时的银雀山汉墓竹简来看，这些文字字体在书法风格上有结体方整、重心平稳、规整秀丽、笔法古雅的特点。也有的草率急就、自由奔放、波磔显著。当时书写的简帛中，多为规整的汉代隶书，少部分为较草率的隶书（草隶）。有学者认为：隶书的出现是汉字形体由繁变简的一大发展，它解散了篆体，使文字形体完全改变了原始的图画性质，成为便于交流书写的符号。此后汉字的结构基本上没有再发生大的变化。

近代以来，有关古代文字材料的考古发现不断增多，尤其是古代简牍帛书等材料的大量出土，为我们认识古代文字的演变提供了非常丰富的实证资料，深化了学术界对古代文字的认识。大量的出土简牍帛书、砖石玺印等铭刻材料向我们展示出，战国秦汉时期是中国古代文字演变中非常重要的一个历史阶段。有的学者就提出可以把古文字学研究的下限延伸到西汉前期。实际上汉代正是中国文字由图画文字完全转变为符号文字的一个转变阶段，中国文字的造字理论体系也是在汉代完善并且大量付诸实践的。因此，通过汉代的各种文字资料来看一下汉代文字的演变过程以及各种书写类型，应该能帮助我们更清楚地了解汉字的演变历史和汉字与中国社会的关系。

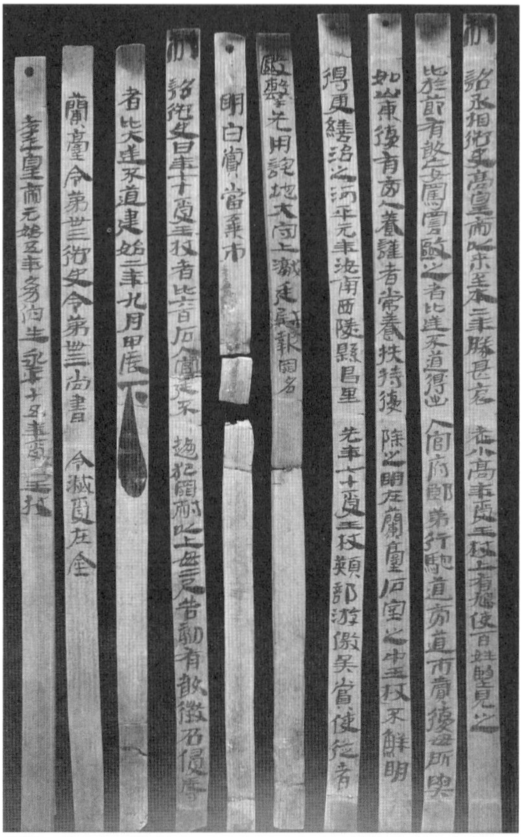

甘肃武威出土汉代王杖十简

第二点就是文字在汉代社会中，特别是在官方行政运作中广泛应用的情况。

汉字形体在汉代的重大转变与定型，是与汉代社会的政治文化状况密切相关的，特别是与大一统的国家制度密切相关的。

从文献记载与出土的汉代文字资料中可以看到，汉代社会沿承秦代所创立的高度统一的中央郡县制行政管理体制，形成了一套从上到下完整系统的官僚体系，同时建立了十分完善的文书档案制度。这一官僚体系与文书档案制度的运行就要求有大量的文书书写、上报、批复等日常工作，需要有大量的能够阅读、书写的文书人员。所以在汉代，形成了吏这样一个十分庞大而且重要的知识阶层。为了造就这一阶层，满足行政体系的需要，又必须发展文字教育，将文化知识普及到广大平民中，改变了商周时期文字只是由少数上层贵族和巫史掌握的状况。同时，各级官吏的交流，地方官府每年定期到中央上计等官方活动，也为汉帝国广袤疆域中文字的统一与交流创造了条件。这就极大地促进了文字在汉代社会中的普及与广泛运用。从居延汉简等汉代简牍材料中，我们可以很清楚地了解到这一社会状况。

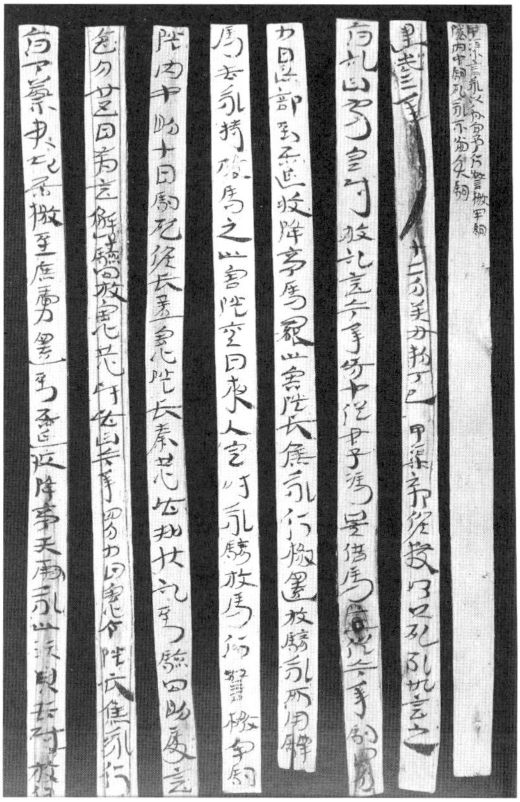

居延汉简

居延汉简是在汉代西北边境的边塞烽燧遗址中发现的汉代文书材料，这一地区汉代隶属敦煌郡管内的甲渠候官、肩水候官等边防守卫系统。烽燧则是最基层的防卫机构。但是就在这样的基层官方机构中仍然存在着大量的日常文书往来。20 世纪 30 年代首次调查发现时获得简牍 10000 多件，50 年代以来又有过多次发现，使现有简牍总数达 30000 件以上。这里面包括的文书反映出当时地方官府文书的各种主要类型，如李均明等在《简牍文书学》一书中按简牍文书的自身性质将其大致划分为六大类，即：一、书檄类，如书、檄、记、教、传、致等。这是官方的布告文件。二、簿籍类，如簿、籍、算、计、校等。这是公、私各方的账册、登记簿籍、统计表等。三、律令类，如律令、科、品、约、式、程等。这是国家有关法令纪录。四、案录类，如案、录、刺、课、状、辞、志等。这是官府日常行政的记录与有关文件。五、符券类，如符、券、莂等。这是官方或私人合同使用的证书、证件。六、检楬类，这是标记文书档案、器物等使用的标签[9]。由此可以看出当时官府文书运作的庞大规模。如此大量的文书工作，意味着从中央到地方基层各级官府中都需要数量十分庞大的文书工作人员，即汉代习称的“吏”。而汉代对于作吏员的要求是：能够认识书写9000字以上。《汉书·艺文志》：“试学童，讽书九千字以上，乃得为史。”[10]《说文解字》叙中作：“汉兴有草书，学僮十七以上，始试，讽籀书九千字，乃得为史。又以八体示之。郡移大史并课。最者以为尚书史。书或不正，辄举劾之。”[11]即使是从今日的知识水平来看，这也是一个很高的标准了。不过我们怀疑这个数字有所夸大，因为在西汉时常见的基本字书所收字数也不超过6000字。在遗址中还发现有一些练习写字的木简，说明这里的驻守人员平常还在进行文字学习，以提高文化水平。从而可以反映出在官方行政活动的需求推动下，汉代文字教育在不断普及与深入，以及官方文书档案对于文字书体的严格要求。

第三是汉字在汉代形成完整的文字学理论与普及教育的情况。

汉字来源于象形图画，其表达语意的方法具有一定的规律。随着新的文字概念与形体不断增加，古代的学者自然会从不自觉的习惯用法发展到自觉地探求与总结文字形成的规律，从而诉诸理论。具有汉字独特造字理论意义的“六书”一说就是战国末年的文字学理论，但一直到西汉末年以后，才在文献中有详细的记述，首见于刘歆的《七略》，后来班固采录于《汉书·艺文志》中，称：“古者八岁入小学，故周官保氏掌养国子，教之六书，谓：象形、象事、象意、象生、转注、假借，造字之本也。”其次见于郑众的《周礼保氏注》，郑众是郑兴的儿子，郑兴是刘歆的弟子。但是他所说的六书次序与名称都与刘歆的说法有所不同。他说的是“六书：象形、会意、转注、处事、假借、谐声也”。再后是许慎的《说文解字》叙，这是解释条例最详细的。许慎是贾逵的弟子，贾逵的父亲贾徽是刘歆的弟子，所以许慎的说法还应该是源于刘歆，但是他已经有所修正了。《说文解字》卷十五中说：“周礼八岁入小学，保氏教国子先以六书，一曰指事，指事者，视而可识，查而见意，上下是也。二曰象形，象形者，画成其物，随体诘诎，日月是也。三曰形声，形声者，以事为名，取譬相成，江河是也。四曰会意，会意者，比类合谊，以见指撝，武信是也。五曰转注，转注者，建类一首，同意相受，考老是也。六曰假借，假借者，本无其字，依声托事，令长是也。”[12]

这些汉字的造字理论，非常准确，不仅指导了几千年来的汉字发展道路，而且至今还是我们认识古代汉字的重要理论依据。在这样的理论基础上，为了适应政治统治与文化发展的需要，汉代新创造出了大量的汉字，极大地充实了汉字文化与语言的宝库。

例如，就现在了解到的汉代字书来看，汉初流行的常用字典《苍颉篇》还只有3300字。史游的《急就篇》分为三十一章，收录2034字，其中还有重字。到了汉武帝时，扬雄的《训纂篇》一共收录5340字。东汉初期，班固又给《训纂篇》加上十三章，780字，使之一共收录6120字。班固认为这样就使得“六艺群书，所载略备矣”。至东汉末期，许慎的《说文解字》则收录了9353个文字形体，加上重出的1163字，共达10516字。说明汉代五百年间新造字的数量是非常大的。这当然与汉代社会政治经济发展、人们涉及的新事物与新意识概念急剧增加有关，同时也是汉代社会文化普及、儒家教育增强的体现。这些新字中，大量采用了形声与会意的造字方法，既说明使用象形方式造字的局限性，也说明了人们对声音与文字意义的深入认识。这一趋向也是比较早就有了的。例如与商周古文字相比起来，据说成书于战国的《尔雅》这本字书中就大部分都是新创的形声字。《说文解字》收录的一万多字中，也大多数属于形声字。

文字教育在汉代的普及也是很明显的。除去文献记载的国子教育外，地方上也有大量的官学与私塾。儒家主要的经典在汉代都形成了众多学派，这些学派应该都是某一学者私人讲学、弟子世代传授的结果。像今文《仪礼》就有过后仓的弟子戴德（后人称之大戴）、戴圣（后人称之小戴）和庆普三家传本。1959年在甘肃省武威县磨嘴子6号汉墓出土的《仪礼》是近代第一次出土的古代经籍。这批简牍中有469枚简为《仪礼》的写本，分成三种不同的抄本。根据简本《仪礼》与大、小戴传本篇次不同、文句有所出入、字形也互有差异等特征，结合文献记载，可以考证出武威汉简《仪礼》应该是当时学官使用的庆氏本或后氏本[13]，以实际证据向我们表现出汉代儒学教育的普及深入。现在我们在考古工作中发现的汉代简帛、铭刻等文字材料，很多是下层社会使用的。书写它们的人可能有低级官吏、普通文人，也可能有平民百姓，甚至有不少铭刻的作者身份明显属于工匠、刑徒，像汉代陵墓建筑中记录方位数量等内容的黄肠石刻、汉代漆器上面的工人题记、汉代刑徒墓砖铭等。这些铭刻所表现出的书法也很工整，书写得很熟练。比较典型的例证如20世纪70年代在安徽亳县曹操宗族墓中出土大量砖铭，多为制砖的工匠随手书写而成，其中还有娴熟流畅的草书[14]。正说明当时文化教育的空前普及。

第四是汉代主要使用的书体情况。

众所周知，中国使用的汉字形体有过几次重大的改变，从而形成了几种主要的书写形式，即篆书、隶书、草书、行书、楷书等书体。从大量的出土文字资料中可以看到，在汉代的日常书写活动中人们主要使用以下几类书体：

1. 隶书：这是汉代人日常使用的主要书体。但在两汉近500年中，隶书的形体也在逐渐变化。秦代和西汉早期的隶书在字形构造上还有很多与篆书相似的成分，在书体上还没有形成东汉碑刻上所见的标准隶书的作风。近人一般称这种隶书为古隶或秦隶，马王堆帛书等出土文物上书写的西汉早期隶书文字就是典型的代表。在西汉晚期和东汉的简牍文字中，隶书已经变化得更加标准，字形扁方，结构比较统一规范，笔画清晰，类似篆书的写法已经比较少见了。而在东汉碑刻上的标准隶书里，大部分字形的构造已经和后来的楷书很接近。字的结体一般呈扁方形，向右下方的斜笔大都有略往上挑的捺脚，较长的横画收笔时也往往略向上挑，形成上仰的捺脚式的尾巴。先竖后横的弯笔收笔时也大都上挑。向左下方的斜笔（撇）收笔时基本也要向上挑。收笔式上挑的横画，整道笔画往往略呈微波起伏之势。较长的捺有时也有这种笔势。甚至有些收尾的最后一竖或捺会拖得很长，很粗。今日书法家用来形容隶书书法特点的挑法、波势等词语，就是指的这些笔法。后人一般把这种类型的隶书称为八分或汉隶。唐张怀瓘《书断·上》指出：“八分，本谓之楷书。楷者，法也，式也，模也。”八分的称呼来源，有人说是因为字有了波磔像八字一样左右分开而得名，也有人说是八分象隶书，两分象楷书而得名。从汉简上的隶书来看，至迟在西汉宣帝时期八分书体就已经成熟。但是石刻文字中的隶书比较保守，八分书体的特色要到东汉中期以后才充分显示出来。所以以往书法界根据石刻把八分形成的时间定得比较晚。而如果以当时日常生活中实际使用的汉简文字为主要根据，结合字形构造和书体的情况来考虑，学者们已经可以把西汉武帝和昭帝时代看作由早期的隶书向成熟的隶书转变阶段，或者说由古隶向八分过渡的时期，不过在汉代隶书成熟后，具体的字形构造还在继续发生变化。自然，总的变化倾向是与后来定型的楷书越来越接近。八分的形成使隶书的书法有了比较明确的规范，但是这种字体写起来却相当费事。人们日常使用这种文字的时候，为了快捷，往往并不完全按照这种字体的要求去书写。有人认为，大约在东汉中期，从日常使用的隶书中演变出来一种跟八分有明显区别的比较简单的俗体。这种俗体在很大程度上抛弃了收笔时上挑的笔法，还接受了当时的草书的一些影响，如较多地使用尖撇等。呈现出由八分向楷书过渡的面貌。如上述安徽亳县东汉曹操宗族墓砖上的刻铭以及东汉墓葬中出土的一些镇墓陶瓶上的书体[15]，就是这种俗体写法。

2. 草书：从居延汉简中记有年号的简来看，有些宣帝和元帝时期简的字体已有很浓厚的草书意味。所以草书的形成时代可以定为西汉晚期。今天的书法家把汉代早期的草书又叫作章草。有人认为：无波磔草书叫今草，有波磔草书叫章草。也就是说，书写草率的隶书就是章草。草书的产生应该是日常抄写工作过于繁重的情况下，为了快捷简便而采取的草率写法，表现在笔画结构的简化与笔画的连接不断上，与一笔一画的规整隶书相比起来是两种明显不同的字体。居延汉简中就保存了大量汉代的草书文字。于豪亮曾经通过《史记·三王世家》中褚先生的注释和其他文献资料来说明汉代草书是非常流行的。“谨论次其真草诏书，编于左方，令览者自通其意而解说之。”这里的真书就是隶书，草书则是当时流行的章草。将真、草并列，说明当时这两种书体同时通用，甚至诏书的底本也有用草书抄写的。《后汉书·蔡琰传》中说“乞给纸笔，真草唯命”[16]。蔡琰（文姬）是著名的才女，这里说真书草书都能书写，正是要表现她的文化造诣，也表明草书在汉代普遍通行的情况。

现在所见到的居延汉简中的草书，从书法角度来说，有些写得很好，运笔流畅，可以看作精美的艺术品，有些则十分草率粗略。众多笔法反映出当时不同文化水平的书写者，也就说明了当时社会上不论地位高低，都会使用草书。而且草书的特殊写法得到社会认可。由于文字的变化发展，很多草书的简略写法只通行于一段时期，后来的人就不这样写了。所以对汉代草书的释读现在还存在不少问题，有些草书文字还无法确认。但是章草的写法在汉代一直存在并逐渐定型，对后来的草书书体发展与延续有着关键性的影响。

汉字书体中比草书规整一些的简捷书体是行书，这也是为了书写便利创造出来的。在东汉晚期的安徽亳县曹操宗族墓墓砖铭文中已经可以看到风格与早期行书（如王羲之姨母帖）相似的字体。可见行书在东汉晚期已经流行于民间，受到社会承认，其形成具有广泛的民众基础。

3. 小篆：从出土文字材料上看，先秦时期使用的大篆与古文书体在汉代已经不怎么使用了。但是有关的字书还存在，说明先秦文字书体并没有完全泯灭。在曹魏时期刻立的三体石经上，每个字都写出了古文形体，就是先秦文字书体在汉代一直沿袭着的证据。而秦代的标准小篆书体则在汉代一直使用着。汉代要求文吏通晓的六种书体：古文、奇字、篆书、隶书、缪篆、虫书就是秦书八体的主要成分。小篆以及其他篆字书体在汉代各自有着比较固定的专门使用场合。例如：在青铜器、钱币、镜铭、玺印、瓦当、砖铭和一些石刻文字上主要使用小篆。小篆书体在这些地方可以表现出浓郁的艺术装饰色彩。在雕刻汉代人们生活中非常重要的玺印时还使用着鸟虫书、缪篆这样的美术篆文字体。我们知道，这些青铜器、钱币、镜铭、玺印、瓦当、石刻等器物多用于比较高等级的社会场合，如皇宫和各级官署，使用者以官员贵族为主。这种使用场合与身份上的区别，说明小篆等篆书体应该在汉代人的心目中具有比较高的地位，应用于比较庄重的场合。

最后就要谈一下风仪诚先生向我提出的一个问题了，这也好拉回到中西文化的比较上来。风先生提出：在古代埃及，曾经有几种不同的文字书体，而这些不同的文字书体被不同的社会阶层使用。那么中国汉代存不存在着这样的情况呢？

古埃及文字的情况，早在公元二三世纪时，就有学者对其作了分类。亚历山大的克里门特曾将古埃及文字分为：圣书体、僧书体和民书体（或称俗书体）三种。圣书体是最古老的字体，具有明显的图画性质，是地地道道的象形图画文字。僧书体则是书写比较草率的行书文字，它已经失去了大部分图画性质而明显符号化了。最早的僧书体文献属于第三王朝时期，即公元前3000年左右。而民书体在公元前800年后兴起，它更加简化，并且更加以字母——音素符号为主，完全失去了图画的性质。民书体最初主要用于事务性书信来往，后来开始与僧书字一起书写文艺作品、科学著作，甚至也书写宗教诗文。那么从这个发展过程来看，这种文字演化的情况和中国古文字演化的过程还是有所相似的。都是从图画象形文字向符号文字的逐渐转化过程。圣书体、僧书体和民书体（或称俗书体）三种书体，在一定程度上很像中国的篆书、隶书（以后是楷书）和草书。但是圣书体在后来成了祭司们的专用物，并且他们故意把圣书文字弄得非常复杂，使之主要用于宗教文件等。民书体则成为普通民众使用的书体，这可能是古埃及后期—古罗马—希腊时期和拜占庭时期的情况。

相比之下，中国汉代不存在着类似的情况，即某一种书体被某一个阶层专门占有使用的情况。汉代的几种书体是各阶层普遍通用的，所以我们可以看到民间工匠也能在制作的青铜镜上写出篆字，而至高无上的皇帝诏书在边远的居延地区也会用草书抄写。但正如上面所说，各种书体本身似乎还存在着一定的高下之分，像小篆、缪篆等一些书体专门适用于较高级的场合，这可能是中国文化传统上“尚古”的影响吧。

---

〔1〕许慎：《说文解字》十五上，315 页，中华书局影印本，1963 年。

〔2〕班固：《汉书》卷三十《艺文志》，1721 页，中华书局标点本，1962 年。

〔3〕许慎：《说文解字》十五上，315 页，中华书局影印本，1963 年。

〔4〕四川省博物馆、青川县文化馆：《青川县出土更修田律木牍——四川青川县战国墓发掘简报》，《文物》1982 年 1 期 1 页。

〔5〕李学勤：《秦简的古文字学考察》，见《云梦秦简研究》，336 页，中华书局，1981 年。

〔6〕裘锡圭：《从马王堆一号汉墓简策谈关于古隶的一些问题》，《考古》1974 年 1 期 46—55 页。

〔7〕裘锡圭：《文字学概要》，63—64 页，商务印书馆，1988 年。

〔8〕郭沫若：《古代文字之辩证的发展》，《考古学报》1972 年 1 期 8 页。

〔9〕李均明、刘军：《简牍文书学》，172—173 页，广西教育出版社，1999 年。

〔10〕班固：《汉书》卷三十《艺文志》，1721 页，中华书局标点本，1962 年。

〔11〕许慎：《说文解字》十五上，315 页，中华书局影印本，1963 年。

〔12〕许慎：《说文解字》十五上，314 页，中华书局影印本，1963 年。

〔13〕甘肃省博物馆：《武威汉简》，81 页，文物出版社，1964 年。

〔14〕亳县博物馆：《亳县曹操宗族墓葬》，《文物》1978 年 8 期 32—39 页。

〔15〕王育成：《东汉道符释例》，《考古学报》1991 年 1 期 1 页。

〔16〕《后汉书》卷八十四《蔡琰传》，2801 页，中华书局标点本，1962 年。

原载《文明的记忆符号——文字与墓葬》《法国汉学》第 15 辑

明尼波利斯艺术博物馆收藏的北朝造像

茫茫东海之中，有一处名传遐迩的佛教圣地——普陀山潮音洞。世代相传，这里是最受中国善男信女们崇拜的大慈大悲救苦救难观世音菩萨的驻锡道场。自北宋以来，这里寺宇迭兴，香火极盛。

传说唐代末年，日本临济宗名僧慧萼曾渡海来到大唐，由佛教重地五台山恭请观世音塑像东去日本。塑像上船后，行至普陀，突然海上狂风大作，巨浪弥天，渡海船只无法启航。慧萼十分焦虑，只好不断向观世音像求祈，却得到观世音显示神意，表示他不愿意去日本，只可留在普陀。慧萼无奈，只得在普陀山观音洞前，紫竹林内，兴建了一座“不肯去观音院”，将这座观音像供奉在里面。自此，普陀山便成了这位民族气节强烈、不肯外流的汉化佛教代表——观世音菩萨的基业。

如果说这一神话传说中巧妙地体现了汉唐华胄们的自豪感，影喻了处于封建社会巅峰时期的大唐帝国的发达文明。你看，连观世音也如此恋恋不舍，不肯东渡他乡；那么，至今仍收藏在美国的另一尊观世音造像，就向人们显示了中国封建王朝末日时的极度腐败没落。尽管狂风巨浪不减当年，但是偶像的神力却已经无法阻止被盗卖到海外的命运。观世音的尊容也只得以艺术文物的身份，移居到遥远的大洋彼岸去了。

这座北朝末年雕刻的观世音石立像，原来存放在陕西省西安北面的一座寺庙中。大约在第一次世界大战期间，它被盗卖到美国，现存明尼波利斯艺术博物馆中。1969 年的明尼波利斯艺术博物馆刊上详细介绍了这件北朝观世音像，才使它的老家中国得以了解它的情况。这尊保存得十分完好的造像不愧为一件珍贵的艺术瑰宝。它用质地细腻的青石雕成，连同莲座与基座大约高193厘米。刻工精致，造型逼真。上面还存留有金粉与彩色的妆绘，丰艳照人。除右臂残缺以外，其馀部分都经过精心修复。整个造像呈全身立姿，体型稳重匀称，神态庄严端正，高鼻丰颐，细眉如月。既保留有印度犍陀罗艺术的影响，又显示出汉族文化的融合与改造，已开唐代造像艺术中“菩萨如宫娃”的先风。造像赤足裸体，肩披纱帛下垂至地，腰系嵌饰宝石的金带，身体上以大量雕刻细巧逼真的璎珞、绸带及珠宝饰物装饰起来。肉体、发髻、丝帛、珠宝等都具有强烈的质感。一千多年前的刻工们熟练地采用圆雕、透雕、高浮雕等多种表现手法，将佛像塑造得栩栩如生，表现出高度的艺术感染力。

明尼波利斯艺术博物馆藏北朝造像

这种类型的佛教造像，具有明显的时代特征。它既不像北魏时期佛像那样清癯威严，也不像唐代佛像那样丰腴华艳。这正是一个开始摆脱佛教偶像的神秘感，用世俗生活中的活人感情与面貌去塑造神像的时代。这便是北周与隋代佛像的特点。在敦煌莫高窟等地的同期佛教塑像中，同样体现出了这一特点。显示了中原佛教文化的影响。据笔者所见，陕西省博物馆收藏的北朝、隋代石造像中，就有一具与此十分相似的观世音菩萨造像。洛阳龙门石窟敬善寺门前左侧的一尊菩萨立像，造型、神态及服饰也都与明尼波利斯艺术博物馆收藏的这尊造像相似。可惜它的面部与右臂都已经残损，大大减弱了艺术感染力。

在明尼波利斯艺术博物馆收藏的这尊造像基座上，铭刻了两段造像题记。内容基本完整，字迹秀丽可观。它不仅提供了刻造与再次修饰石像的具体时间，而且为北周武帝建德三年的灭佛之举提供了有力的证明，具有重要的史料价值。

基座的后面正中刻有北周天和五年题记，铭文为：

□□寂冲玄，则幽虚□泊。睹之能不见其容，听之不食其响。无容为诸法之相，无响为诸法之名。斯乃相即无相之相，名是无名之名，其犹神殊之在渚黄，随相而转其体，而□虽住大涅槃。诸邑子四十人等减割身世之爪，仰寻先圣之颜，仰为皇帝、□□、皇□、国公、群聊（僚）百司，四方归服，五谷丰熟，□民安俗。为七世父母，所生父母，因缘眷属，敬造释迦像一区。及法界众生，等同斯愿。大周天和五年岁次庚寅五月癸丑朔十六日戊辰造迄。

在造像基座的右侧及正面刻写了隋开皇元年的题记，铭文为：

□欲睿紫极，非妙果不升，圣道冲玄，岂世俗所恻（测）。仰念涅槃，惠在积善崇身，修立三宝，藉众力得就。今成国乡孟义曲有德信邑子五人，见三宝归真，潜没七载，王道弘深，令崇大圣。诸邑子等殖宝根于洪隋之基，秀芳柯于灵□之顶。谋道苗于匈（胸）衿，讨妙果于神府。体善同权，群修六通。仰摹释迦之遗风，追金纲之余轨。命侣招朋，共崇邑义，各减身财，详集众宝。敬修释迦像一区。上为皇帝陛下，法界众生，七世父母，斯福因等，同成佛□。

开皇元年七月九日修讫。”

在第一段题记后面刻有邑主孟景顺等 16 人的姓名，题记末尾“愿”字下插刻了“世子刘绍供养”，字迹极其草率，疑是后人补刻，与原造像者无关。第二段题记后面刻有都化主都督孟显伯等 50 人的姓名。

从造像题记及造像人名中可以看到：这尊石像始造于北周天和五年，由孟景顺等人集资刻造。时经 11 年后，隋开皇元年，这尊佛像又被以孟氏为主的众人集资重新修造。第二段造像题记中记载的成国乡孟义曲，就是这些造像者聚居的村邑。

为什么要在开皇元年重新修饰这座佛像呢？在该像建成后不久的北周建德三年，中国佛教史上第二次大法难——北周武帝灭佛开始了。《北史·周本纪》记载：“（建德三年五月）丙子，初断佛、道二教，经像悉毁，罢沙门、道士，并令还俗。”据隋代费长房《历代三宝记》记载：“（武帝灭佛）毁破前代关山西东数百年来官私造一切佛塔，扫地悉尽，融剥圣容，焚烧经典。八州寺庙出四十千，悉赐王公，充为宅第。三方释子减三百万，皆复军民，还归编户。”可见这次灭佛行动是十分严峻彻底的。寺院被拆毁，佛像被打碎。很多残毁或尚完整的佛像被信徒们匆忙掩埋起来。近年来在陕西关中地区、河北藁城地区、山西等地发现的大批北朝造像，大约都是这时的埋藏品。明尼波利斯艺术博物馆收藏的这尊北周造像可能也是在这时被当地孟氏族人埋藏起来，所以残损不大。

至隋文帝取代北周王朝，政治经济有了一个新的转变。隋文帝生于冯翊般若寺中，后来又被女尼智仙躬自抚养至13岁，深受佛教熏陶。所以他一生大力提倡佛教。《法苑珠林》中总结隋文帝大兴佛事的成绩有：“周朝废寺咸乃兴立之。名山之下，各为立寺。一百馀州，立舍利塔。度僧尼二十三万。立寺三千七百九十二所。写经四十六藏，十三万二千零八十六卷。修故经三千八百五十三部。造像十万六千五百八十区。自馀别造不可具知之矣。”可见当时佛教事业的兴盛程度。

在如此兴盛的佞佛热潮中，孟氏族人为首，将这尊佛像请出世间，重加修整，妆金绘彩，就是十分自然的事情了。第二段题记中感慨备至地写道：“三宝归真，潜没七载，王道弘深，令崇大圣。”自建德三年至开皇元年，恰为七年之数。正说明了该造像在建德三年灭佛时被埋藏，开皇元年才在皇命崇佛时重见天日的历史。在第二次集资修造佛像的人名中，有一些是第一次造像的参与者，如孟祥、孟僧延、孟景顺、孟悦等人。保存与掩藏这尊造像的功臣可能就是他们吧。

北朝佛教造像近年来多有出土，但是在造像题记中反映出灭佛事件以及佛徒们冒死掩藏保护佛像的，却还十分少见，这就更增加了它的文物历史价值。1906年，日本教授早先（Hayasaki）首先介绍这尊造像时，题记还埋在地下。后人也没有予以它充分的注意。直至近年，罗伯特·波尔先生才将题记详细加以考证，肯定了它的重要价值。尤其是他的释文，颇得个中三昧。这也可说是中美文化交流中的一件佳话吧。

附带提及，该造像虽然是观世音的形象，在题记中却反复称之为“释迦”。颇疑其基座并非原造像基座。但未见原物，不敢遽定，记此备考。

原载《文物天地》1990年第3期。署名肖莲露。

从南京出土的南朝竹林七贤壁画谈开去

20世纪60年代以来，在被称作六朝金粉之地的南京地区，陆续发现了多处具有大型拼镶砖质壁画的六朝墓葬。这些丰富多彩的壁画中，最为引人注目的就是以著名的魏晋文人“竹林七贤”为主题的大幅作品。六十年代首先发现的南京西善桥宫山北麓六朝砖墓中，南北两侧墓壁上嵌着对称的精美画面，每侧4人。根据人物旁边的文字题榜，他们是：嵇康、阮籍、山涛、王戎、向秀、刘灵（伶）、阮咸，以及不列入“竹林七贤”的荣启期。在此以后，南京西善桥油坊村、江苏丹阳胡桥鹤仙坳、江苏丹阳建山金家村与胡桥吴家村等大型六朝墓葬中也陆续发现了大型拼镶壁画“竹林七贤”等。它们的问世，在文物考古学界与美术界引起了极大的震动。人们欢悦于首次得见六朝时期绘画作品的真貌，对古人倍加推崇的六朝艺术有了切实的感受。

的确，这些砖画刻画得十分出色。南齐画家谢赫曾经在他的《画论》中把画面气韵生动列为绘画的六法之首。唐人张彦远在他的《历代名画记》中进一步解释“气韵生动”是“古之画或能移其形似，而尚其骨气”，“以气韵求其画，则形似在其间矣”。可见古代文人往往把能表现出人物的精神风貌作为绘画技艺的最高追求，南京西善桥等地的六朝砖画“竹林七贤”中便比较成功地表现出了这种追求。画面上的人物各具特色。如嵇康在端坐抚琴，神色似乎傲睨天地万物，令人不禁想起《世说新语》中记载的“嵇中散临刑东市，神气不变，索琴弹之，奏‘广陵散’”。那种勘破生死、神游物外的超脱，那种鄙夷世间污浊的孤傲，被表现得淋漓尽致。王戎在倚几侧卧，随手舞弄如意，恰似他自己评论王衍的话：“神姿高傲，如瑶林琼树，自然是风尘外物。”[1]刘伶在低头捧杯，沉浸于醇酒的芬芳之中。正如他在《酒德颂》中所写的那样："先生于是方捧罂承糟，衔杯漱醪，奋髯箕踞，枕麹籍糟，无思无虑，其乐陶陶。"向秀则斜倚树干，闭目凝思，神情萧索。鲁迅先生说：年青时候读向子期的《思旧赋》，很奇怪他为什么寥寥几句便收了尾，现在我懂了。这里画面上表现的，或者正是这种"欲说还休"的矛盾心理吧。其他如阮籍、阮咸、山涛等人，无一不神态栩栩，气韵生动。人物之间以树木分隔，既极好地衬托了环境气氛，又使每人自成一个画面，完善了个人的风格特征。

南朝竹林七贤砖画

这批精彩的古代肖像画，可以说是六朝时期文人的精神写照，是当时文化艺术的杰出代表。它们的艺术成就，充分显示了当时著名画家的高超造诣。有研究者认为：这些画的粉本应该是源于当时名画家的作品。根据唐人张彦远《历代名画记》的记载，晋代的著名画家戴逵、顾恺之等都画过"七贤"题材的作品，刘宋时期画家陆探微画过《竹林像》，应该也是"竹林七贤"的内容，宗炳画过《嵇中散白画》，是表现嵇康的肖像画，南齐画家毛惠远画过《七贤藤纸图》等。凡此种种，正说明"竹林七贤"题材的绘画在东晋后期至宋、齐之间是社会上十分流行的艺术品。而南京西善桥等地出土“竹林七贤”大型壁画的墓葬，从其规模上来看，决非一般官吏士人的墓葬。有人推测，南京西善桥宫山大墓可能是宋孝武帝刘骏的景宁陵[2]，丹阳胡桥鹤仙坳大墓可能是齐景帝萧道生的修安陵[3]，建山金家村大墓可能是齐东昏侯萧宝卷的陵墓，胡桥吴家村大墓可能是齐和帝萧宝融的恭安陵[4]。这样看来，这些帝王陵墓中的砖画应该是帝王宫中所属的专职工匠制作的，艺术要求与工艺水平都要高于社会上的一般作品。如果说其样本是由名画家绘制，或者说它是根据名画家的作品仿制，应该是合乎情理的。更何况据《南史·齐本纪》记载：齐东昏侯萧宝卷在世时，修建玉寿殿，“窗间尽画神仙，又作七贤，皆以美女侍侧”。这反映出当时宫廷中已经常用“竹林七贤”作为壁画的题材了。那么，在宫殿中作画的画家，其样本被用来制作帝王在地下的宫殿——陵墓中的壁画，当是很自然的事。

令人感兴趣的是“竹林七贤”在当时为什么会具有这样大的影响，以至于他们不仅成为文人写作、绘画的重要题材，成为社会上（尤其是士族人士）争相模仿的对象，甚至成为帝王陵墓中的主要装饰。这是一个很奇怪的现象。

在世人的心目中，“竹林七贤”在当时代表着从魏晋时期开始的一种文人风貌，代表着一种极度自我、任性放诞、远离政治的人生态度。从魏、晋以后到宋、齐之间，曾经有相当多的士人仿效与追求这种精神风貌，集中表现在《世说新语》这部名著与有关文献资料中。由此形成了被后人称为“魏晋风度”的时代文人精神。但实际上，魏、晋以后人物仿效的，往往只是“竹林七贤”的皮相。早在晋代末年，葛洪《抱朴子》一书中已经指出：“世人闻戴叔鸾、阮嗣宗傲俗自放，见谓大度，而不量其材力非傲生之匹，而慕学之。或乱项科头，或裸袒蹲夷，或濯脚于稠众，或溲便于人前，或停客而独食，或行酒而止所亲。此盖左衽之所为，非诸夏之快事也。昔辛有见被发而祭者，知戎之将炽。余观怀、愍之世，俗尚骄亵，夷、虏自遇，其后羌、胡猾夏，侵掠上京，及悟斯事，乃先著之妖怪也。”《文选》卷四十九干宝《晋纪·总论》一文中也认为：“风俗淫僻，耻尚失所，学者以老、庄为宗，而黜六经；谈者以虚薄为辩，而贱名检；行身者以放浊为通，而狭节信。”“观阮籍之行，而觉礼教崩弛之由。”唐代李善注中引王隐《晋书》云：“贵游子弟，多祖述于阮籍，同禽兽为通。”

实际上，“竹林七贤”的作为，是魏、晋时期封建军事独裁政治下的特殊产物。在激烈残酷的权力斗争中，士人往往不能脱身其外，而且往往成为权力斗争的牺牲品。时刻存在的丧元灭族威胁与封建士人固有的儒家礼教思想形成了一个极为尖锐的现实矛盾。当时士人面临的问题大约颇有点像老舍的《茶馆》中常四爷吐露的心声："我爱咱们的国家啊！可谁爱我呢?"对于被卷入矛盾旋涡又不能脱离士人固有的自我道德标准与政治抱负的人，如嵇康之流，这个问题就更加突出。

追溯起来，"竹林七贤"并不是真正远离尘世的方外之人。他们也曾经是有意于为天下苍生做些事的。吕思勉《两晋南北朝史》第二十三章《晋南北朝学术》中曾指出："正始诸贤，本皆有意于当世……（嵇）康之死，《世语》谓其欲助毌丘俭，其说盖信……刘伶，沉湎于酒者也。而泰始初对策，盛言无为之化。"在嵇康的《难自然好学论》、《声无哀乐论》[5]，阮籍的《大人先生传》、《通易论》[6]等作品中，都宣扬出自老、庄哲学的无为之治、与民休息的思想。说明他们是有一定的政治抱负的。

但是，这种抱负在残酷的现实中很快就被打得粉碎，势力集团倾轧的永无休止与屠戮异己的惨烈，无情地给这些士人只留下了一个选择："to be or not to be。"

如果坚持自身的人格价值与固有观念，很有可能无法活下去，对此的态度，大约只能像嵇康那样，采取完全不合作的方针，同时勘破生死，视人世为须臾，"志在守朴，养素全真"[7]。

如果想保全身家性命于乱世，那么只能采取两种作法，或屈身入仕，归附于一股政治势力；或佯狂远遁，摈弃固有的礼教思想，脱身于政治角逐之外。不论采取哪一种作法，这些士人内心所感到的矛盾、痛苦都是可想而知的。于是醉酒长啸，不拘礼法，不讲纲常，甚至像刘伶的"脱衣裸形在屋中"[8]，阮籍的"丧母……散发坐床，箕踞不哭"[9]等种种时人视为"禽兽之行"的举止，都不过是精神苦痛的一种宣泄。自然，有些也是有目的的避祸之举。像晋文帝想要为儿子晋武帝向阮籍求婚，阮籍连续大醉六十天，使晋文帝无法开口而只好将婚事作罢。钟会多次向阮籍询问时局，想借机给他制造罪名，都被阮籍借醉酒躲过去。就是这种奇怪举止的妙用。

这里要顺便说说对阮籍的评价。"竹林七贤"如果从人格、学识及人生态度等方面来衡量，确实不能等而言之。宋人叶梦得《避暑录话》上评论道：“阮籍既为司马昭大将军从事，闻步兵厨酒美，复求为校尉。史言虽去职常游府内，朝宴必与。以能遗落世事为美谈。以吾观之，此正其诡谲。佯欲远昭而阴实附之，故示恋恋之意，以重相谐结。不然，籍与嵇康当时一流人物也，何礼法之士疾籍如仇，昭则每为保护。康乃遂至于杀身？籍何以独得於昭如是耶？至劝进之文，真情乃见。籍著《大人论》，比礼法之士如群虱之处裈中。吾谓籍附昭乃裈中之虱，但偶不遭火焚耳。”余嘉锡先生笺疏《世说新语》按云：“观阮籍《咏怀诗》，则籍之附昭，或非其本心。然既已惧死而畏势，自昵于昭，为昭所亲爱，有见高贵乡公之英明，大臣诸葛诞等之不服，鉴于何晏等之以附曹爽而被杀，恐一旦司马氏事败，以逆党见诛，故沉湎于酒，阳狂放诞，外示疏远，以避祸耳。后人谓籍之自放礼法之外，端为免司马昭之猜忌及钟会辈之谗毁，非也。”“观其于高贵乡公时，一醉六十日以拒司马昭之求婚。逮高贵乡公已被弑，诸葛诞已死，昭之篡形已成，遂为之草劝进文，籍之情可以见矣。”又云：“嗣宗阳狂玩世，志求苟免，知括囊之无咎，故综酒以自全。然不免草劝进之文词，为马昭之狎客，智虽足多，行固无取。”比起嵇康来，阮籍的行为则近乎猥琐。自然，他内心中的斗争与感到的精神苦痛也会更加强烈。

奇怪的是，后人，主要是相隔不远的晋代人却不去体会“竹林七贤”这种特殊环境下的矛盾心理，一味仿效他们的种种放旷之举，无视礼教，无视社会上的种种规则，追求个人的完全自由，从而造成了六朝时期士族中人只求保全家族与自身，不管国家民族颠仆败亡的极端个人主义思想。像《世说新语》二十三《任诞》中记载的“毕茂世云：‘一手持蟹螯，一手持酒杯，拍浮酒池中，便足了一生。’”“殷洪乔作豫章郡，临去，都下人因附百馀函书。既至石头，悉掷水中，因祝曰：‘沉者自沉，浮者自浮，殷洪乔不能作致书邮。’”等，都正是这种思潮的生动体现。赵翼《陔馀丛考》“六朝忠臣无殉节者”条中指出：士族“其视国家禅代，一若无与于己”，可谓一语中的。

套用一句列宁的话：“无政府主义是对机会主义的一种惩罚。”由政治高压造成的魏晋文人风度，走向无视社会道德与政治制度的清谈之风时，就给六朝的统治与社会造成了根本的危害。顾炎武《日知录》卷十三中认为：“有亡国，有亡天下，亡国与亡天下奚辨？曰：易姓改号，谓之亡国。仁义充塞，而至于率兽食人，人将相食，谓之亡天下。魏、晋人之清谈，何以亡天下？是孟子所谓杨、墨之言使天下无父无君而入于禽兽者也。”取类似见解的近代学者也有不少，多认为魏晋风度造成的那种礼义廉耻丧失殆尽、纪纲名教荡然无存的社会状况，是导致西晋灭亡、南北朝战乱动荡的根本原因。

那么，为什么东晋至宋、齐之间，社会上对这种“亡天下之音”的始作俑者却如此推崇，如此宣传呢？难道将他们绘入陵墓的诸位君王们毫不虑及这些人物原来是君权的对立面吗？

要解释这个奇怪的现象，可能一时得不出绝对的定论。这里我们试着推测出两点原因。首先，鉴于南北朝时期士族势力的强大，而“竹林七贤”在当时又成为士族人士崇尚的对象，大约帝王们也不得不顺从士族集团的好恶，采取一致的文化认同。

“竹林七贤”的产生，大概在魏朝时已有定论。现在可以见到的最早文献记录，出自东晋初年孙盛的《魏氏春秋》，原书已佚。《三国志·魏书·王卫二刘傅传》中，裴松之注引《魏氏春秋》云：“康寓居河内之山阳县，与之游者，未尝见其喜愠之色。与陈留阮籍、河内山涛、江南向秀、籍兄子咸、琅琊王戎、沛人刘伶相与友善，游于竹林，号为七贤。”后来文籍中有关嵇康等人的叙述，多源于此。据《晋书》卷八十二《孙盛传》记载：“（其）博学，善言名理。”其子孙放曾言：“欲齐庄周。”大约孙盛也是善于谈论老庄玄学的文士，推崇“竹林七贤”应属意料中事。而后又有戴逵所撰的《竹林七贤论》，与孟氏撰的《七贤传》等[10]。《水经注》卷九清水条又记有“袁彦伯《竹林七贤传》”。至于以后刘宋临川王刘义庆的《世说新语》，更是极力宣扬“竹林七贤”及受其影响的士人风貌。这些宣传，应该将“竹林七贤”的形象普遍推向了社会。这里特别应该提到戴逵，上文已经述及，他不仅撰写了“竹林七贤论”，而且还是现知最早绘制七贤画像的画家。他对“竹林七贤”的认识也很有见地。《晋书》卷九十四《戴逵传》记载：他“常以礼度自处，深以放达为非道，乃著论曰：……放者似达，所以乱道。然竹林之为放，有疾而为颦者也。”唯其有见地，他对“竹林七贤”的论述与绘画才能具有较大的社会影响，使之成为士族们的文化偶像。

其次，有迹象表明，“竹林七贤”由于其秉承老庄，宣扬玄学，加上世人的渲染，道教的流行，使得他们已经有所神化，成为具有道教意义的宗教偶像。

“竹林七贤”尤其是嵇康、阮籍、向秀等人，具有极高的才识，于老庄哲学有深入的研究，“发明奇趣，振起玄风”[11]。他们的著作言论在当时具有广泛的影响。嵇康要被处死时，太学生三千人为之请命，要拜他为师。在魏晋玄学风行的时代里，文士们无疑是把他们看作当代玄学的代表人物，崇尚之情油然而生。

山东北齐墓中树下老人壁画

这里从一个旁证来看一看这种时代崇拜。佛教在中国流行的最初阶段，传教者大多依从中原士人崇尚玄学的心理，精研老庄，将佛教教义与老庄思想结合起来，达到普及佛教的目的。例如东晋著名高僧支遁（道林），“尝在白马寺与刘系之等谈《庄子·逍遥篇》，云：‘各适性以为逍遥。’遁曰：‘不然，夫桀跖以残害为性，若还适性为得者，彼亦逍遥矣。’于是退而注《逍遥篇》。群儒旧学，莫不叹服”[12]。论道辩义，成为高僧与文士的经常活动，如支道林日常交往的就有王洽、刘恢、殷浩、许询、郗超、孙绰、桓彦表、王敬仁、何次道、王文度、谢长遐、袁彦伯、王羲之等一代名流。当时流行的《维摩诘经》，便是适应了这种僧人与名士高谈阔论、互斗玄学的世风。这一点从传说顾恺之画维摩诘像以及敦煌石窟等地保存下来大量南北朝时期的维摩诘经变壁画与雕塑等事实就可以得到确证。

这样，支道林等人在东晋的文人中自然就具有极高的声誉。与谁相比呢？当时的文人首先将他们与“竹林七贤”相比。《世说新语·文学》“王逸少作会稽”一条。裴松之注云：“《道贤论》以七沙门比竹林七贤。遁比向秀，‘雅尚庄、老。二子异时，风尚玄同也。’”《高僧传》卷四记载：“郗超问谢道安：‘林公谈何如嵇中散？’”均是如此。这些比拟，恰恰说明了“竹林七贤”在六朝文人心目中占有的无限崇高的地位。《日知录》卷十三上还摘录了一些六朝文人崇尚

“竹林七贤”的例子，如：“《晋书》王敦见卫玠，谓长史谢鲲曰：‘不意永嘉之末，复闻正始之音。’沙门支遁以清谈著称于时，莫不崇敬，以为造微之功，足参正始。《宋书》：羊玄保二子，太祖赐名曰咸、曰粲。谓玄保曰：‘欲令卿二子有林下正始之遗风。’王微与何偃书曰：‘卿少陶玄风，淹雅流畅，自是正始中人。’《南齐书》言：袁粲言于帝曰：‘臣观张绪有正始遗风。’《南史》言：何尚之谓王球：‘正始之风尚在。’其为后人企慕如此。”

凡是被人们崇拜到一定程度的人物，就不可避免地要被神化，更何况是出自充满玄妙的老、庄学派人物。在道教的崇拜中，老子、庄子被作为三清中的二位主神，受到道教徒的顶礼膜拜。和任何宗教的神灵崇拜体系一样，始祖神著名的弟子与后代教中名人也会被逐步塑造为神祇。竹林七贤也可能具有这样一个变神的过程。《水经注》卷九清水：“又迳七贤祠东，左右�篁列植，冬夏不变贞萋，魏步兵校尉陈留阮籍、中散大夫嵇康、晋司徒河内山涛、司徒琅琊王戎、黄门郎河内向秀、建威参军沛国刘伶、始平太守阮咸等同居山阳，结自得之游，时人号之为竹林七贤也。向子期所谓山阳旧居也，后人立庙于其处。”建祠立庙，除去纪念的意义外，可能更多的是具有祭祀其神灵、祈求护佑的成分。可能当时的人已经将他们看成了神祇。从《水经注》写作的时间来看，可能在东晋时期、甚至在西晋末年就已经为竹林七贤立庙。那么，社会上将“竹林七贤”的画像看作是神仙图画，也不是不可能的。上引《南史》记载齐东昏侯萧宝卷的宫殿中，将“七贤”与神仙画在一起，并且将美女间隔其中，这明显是古代绘画中描绘神仙天界的格式。这种构图大概就是出自上述概念吧。

在研读敦煌卷子时，我们注意到这样一个问题。即：在时隔数百年后，距离数千里外的敦煌也有“七贤”出现。

敦煌卷子 P3552 号上书写的大傩曲《儿郎伟》中，有一段内容如下：

> 今夜驱傩队仗，部领安城大祆，以次三危圣者，搜罗内外戈鋋。趁却旧年精魅，迎取蓬莱七贤，并及商山四皓，今秋五色弘莲。从此敦煌无事，城隍千年万年。

这是当地民间在每年举行大傩游行时，抬出神像，歌舞狂欢的歌词。“蓬莱七贤”在这里被作为神像供奉是没有问题的。但是它指的是什么神仙，就没有具体说明了。佛教中有七贤的名词，但是佛教小乘俱舍宗中是用七贤指见道以前修行达到的地位，大乘中也是用它指代类似的意义，如《仁王经·天台疏上》：“一初发心人，二有相行人，三无相行人……名为七贤。”这与作为神灵崇拜的“七贤”相去甚远。何况曲中说的是“蓬莱七贤”，这就明显具有道教和中国传统宗教的色彩。然而，在古代记录有关蓬莱的材料中，我们还没有发现“七贤”的存在。而我国古代习惯称为“七贤”的，仅有“竹林七贤”这一组人物。所以，我们倾向于认为《儿郎伟》里的“蓬莱七贤”也是“竹林七贤”演化而来。将他们与商山四皓并论，显然是指由文人隐士演化成的神仙形象。遗憾的是，这里仅有这样一点材料，对于“七贤”是如何受到当地民间供奉，又如何从中原传到西北，是附于道观还是单独立庙，我们就不得而知了。

但是，近年来考古发现中有一些很有意思的材料，似乎可以与这个问题联系起来。首先，我们可以看一看距离敦煌最近的宁夏固原南郊隋唐墓区，这里发掘的一座唐圣历二年十月二十八日梁元珍墓，在砖墓室的北壁与西壁，各画出五位人物。这些人物都是站在树下的老人。整个壁画仿照屏风式样，画出长方形边框，每个框中有一位老人，由于墓葬曾被盗掘，壁画有残毁，一些人物不够清晰。但是他们大多头戴方形冠与莲花冠。有研究者据此认为：“过去唐墓中头戴莲花冠或方形冠的树下老人，大多是表现道教弟子形象或与道教有关。道教人物头戴莲花冠，这在唐代已经成为一种较为固定的模式……在宋人摹顾恺之的《列女仁智图》中曾经出现过与之相似的方形冠，后来方形冠也成为道教人物的常用冠……结合梁元珍经历中崇尚魏晋玄学及本人即隐士的情况，我们有理由认为屏风画表现的是魏晋高士形象。‘竹林七贤与荣启期’的故事则可能是其主要内容。”[13]

如果此说不误，那么，就说明“竹林七贤”的形象及其文化内涵已经传到了西北地区，而且带有浓厚的道教色彩。这对于解释敦煌地区大傩歌词中的“七贤”，可能有重要的旁证意义。

向前推衍，还可以找到山东济南东八里洼北朝壁画墓[14]、山东临朐冶源镇北齐崔芬壁画墓[15]等具有树下人物画像的实证。东八里洼北朝壁画墓与北齐崔芬壁画墓中都绘有席地而坐的人物像。他们身着宽松的衣衫，袒露胸部，姿态悠然自得。其构图与人物的形貌特征明显模仿南京附近发现的南朝砖拼壁画“竹林七贤”。有人认为，这就是在表现“竹林七贤”的内容，它们反映了南齐永元年间“七贤”画构图的新变化[16]。这就将“竹林七贤”壁画从南方传到北方的初步过程予以了证明。

在这两地的中间，我们还可以看到山西太原金胜村、董茹庄等处的唐代壁画中出现了与固原梁元珍壁画相近的树下老人图。但是由于在这些壁画的某些画面上出现一些新的因素，如蛇、坟墓等，所以它们是否能被看作是“七贤”的内容还不能肯定。倘若能够鉴定出其中包含有“七贤”的内容，那么就可以构成一条自江南、山东、山西直至西北地区的文化传播路线。这或许可以协助解释将“七贤”作为神灵的民间崇拜流行开的过程。

回过头来，我们再用“竹林七贤”已被神化的情况去解释在南朝帝王墓中出现“竹林七贤与荣启期”的原因，推测在帝王陵墓中绘制“七贤”图具有神仙崇拜的意义，是否可以成为一种说法呢？

从政治的旋涡中遁入民间，从学术的玄坛上走进神殿，这是“竹林七贤”在历史舞台上的一番形象转变。中国古代民间尊奉的诸多神祇中，大部分经过这样的形象转变。这对于了解中国古代人们的心理过程，认识古代民间宗教崇拜的产生与演变，应该是有重要意义的。不过，这与文人们执着的“魏晋风度”，已经是风马牛不相及了。

---

〔1〕见《世说新语·赏誉》。

〔2〕罗宗真：《六朝考古》，南京大学出版社，1994 年。

〔3〕南京博物院：《江苏丹阳胡桥南朝大墓及砖刻壁画》，《文物》1974 年 2 期。

〔4〕南京博物院：《江苏丹阳县胡桥、建山两座南朝墓葬》，《文物》1980 年 2 期。

〔5〕见《嵇中散集》。

〔6〕见《阮嗣宗集》。

〔7〕《晋书》卷四十九《嵇康传》引其《幽愤诗》。

〔8〕见《世说新语·任诞》。

〔9〕见《晋书》卷四十九《阮籍传》。

〔10〕见《隋书·经籍志》。

〔11〕见《晋书》卷四十九《向秀传》。

〔12〕见《高僧传》卷四《晋剡沃洲山支遁》。

〔13〕罗丰:《固原南郊隋唐墓地》,文物出版社,1996 年。

〔14〕山东省文物考古研究所:《济南市东八里洼北朝壁画墓》,《文物》1989 年 4 期。

〔15〕见《中国美术全集·绘画编 12·墓室壁画》,文物出版社,1989 年。

〔16〕杨泓:《美术考古半世纪》,文物出版社,1998 年。

原载《中国典籍与文化》2000 年第 3 期

《客使图》上的唐朝官员

“良相头上进贤冠，猛将腰间大羽箭。褒公鄂公毛发动，英姿飒爽来酣战。”（《丹青引》）

这是老杜描绘唐代名画家曹霸高超画艺的名句。它将画家生动逼真的肖像画作品描述得活灵活现，呼之欲出。凡读过这首诗的人，都会对唐代画家的技艺留下深刻的印象。

唐代画家的技艺确实不凡，在中国美术史上留下了辉煌的一页。正如老杜的诗篇被后人称作诗史一样，唐代高度写实的绘画作品也可以被称为画史。名闻遐迩的敦煌壁画和传世画卷是人们十分熟悉的了。除此之外，70 年代以来，在陕西等地出上土一批唐代的壁画等绘画作品，它们同样是具有重大史料价值的珍品。乾陵陪葬墓中的永泰公主墓中壁画，描绘了后宫的生活场景，塑造了大量的宫女形象。懿德太子墓中壁画，描绘了城阙、仪仗、车马、棨戟、宫人以及舞乐、供奉等宫中生活场面。章怀太子墓中，绘制有五十多组壁画，表现了出行、仪仗、马球、客使、侍女及宫内生活等大量帝王生活场面。它们准确地再现了唐代的宫廷生活，给我们留下了深入认识唐代社会面貌的可贵资料。

令人惊叹的是，这些壁画上的细节是严格遵循唐代礼制规定和风俗习惯的，没有任意杜撰虚构的成分。如懿德太子墓中的棨戟数量、章怀太子墓中前甬道东壁门侍手持的鱼符等，都可以在唐代典章制度中找到根据。章怀太子李贤墓道东壁的《客使图》，同样可以证明这一点。

这幅《客使图》上，有三个外国使者，第一人戴皮帽，穿圆领灰长袍，外披披风，皮裤，黄皮靴；第二人头带尖顶羽毛帽，穿大红领白色长袍，足蹬黄靴，第三人光头，身穿翻领紫袍，登黑皮靴。在他们前面，有三位身着礼服，雍容文雅的引导官员。他们整齐端肃，式样精美的礼服与来使们粗放毛毳的服装形成了一个鲜明的对比，向我们骄傲地显示着唐帝国位于世界前列的高度文明。画家故意造成这样强烈的艺术效果，想必正是要让人们体会到这一点吧。

唐章怀太子墓壁画客使图

这几位唐朝官员的上身穿着袖子宽肥的红色上衣，上衣的领口、袖口都镶有黑色的宽边。上衣领口里，露出了里边白色纱单衣的领沿。下身穿着白色的长裙下裳，长裙外面，还系有一条白色的裙裳。裙裳下摆加缀有黑色的裙裾，裙裾上被精心地做出了无数细小的折裥。他们的腰间束有宽革带，腹前悬垂一条窄长的蔽膝，腰后拖垂着长及地面的彩色菱纹绶带，足穿黑色笏头舄。他们的头上戴着黑色介帻，外罩黑纱制的武弁大冠。

这里特别要强调这种武弁大冠。它是从汉代便已存在的一种冠帽，由于它一般为军人戴用而得名。甘肃省武威磨咀子 62 号汉墓中，便曾经出土武弁的实物。它由黑色漆纱制成，形状像一个方形的护耳帽子，用来罩在头顶发髻上。遍及四川、山东、河南等地的东汉画像砖、画像石上，常常可以见到头戴这种武弁的兵士、亭长等人物画像。南北朝时期，武弁的形状逐渐加高、加大，由只罩头顶后半部发展到将头顶和后脑全部罩住。戴用它的人也不仅限于武士了，上及帝王官僚，下至女侍，都可以戴用武弁。例如北魏宁懋石室画像中的男贵族，龙门宾阳洞北魏造像中的供养人，山西太原北齐娄叡墓中的女陶侍俑等，都戴着相近形制的纱武弁大冠。进入唐代，武弁的地位更加高崇，这种武弁大冠升为武官们和近侍、机要枢密官署官员们的朝服专用冠帽。

我们再来看看唐代典章中关于服装的规定。唐代官员有四种官服，即冕服、朝服、公服，常服。画面上的服装属于朝服系统，它是典礼中经常使用的准礼服。

《旧唐书·舆服志》上是这样记载的：“朝服：冠、帻、缨、簪导，绛纱单衣、白纱中单、皂领、襈、裙、白裙襦、革带、钩艓，假带，曲领方心、绛纱蔽膝、袜、舄、剑、珮、绶。一品以下，五品以上，陪祭、朝，拜表大事则服之。”请看，它与画面上描绘的人物服饰是多么一致啊。

特别是对于官员所戴的冠帽，唐代有明确规定：文臣穿朝服时，一般戴进贤冠。监察官和法官戴獬豸冠。九品以上的武官以及门下、中书、殿中、内侍诸省的官员才可以戴武弁和平巾帻。

这样，根据画面上官员头戴武弁大冠，身穿五品以上官员的朝服，我们可以判定，他们应该是属于门下、中书、殿中、内侍诸省的官员。以前有关报告及论文中分析这一壁画时，把他们泛称为文职官员，或称为鸿胪寺的官员，显然是不大恰当的。

根据古文献中对各省官员职司的记载，我们还可以更进一步确定这几个官员的身份。《旧唐书·职官志》和《大唐六典》中记载，殿中省是掌管皇帝饮食起居车马等生活事务的机构。内侍省是掌管宫廷内部事务的机构，而且全部由宦官充当职务。这两个省都不可能参与接待外宾的事务。中书省是掌管文书政令的机要部门。中书省所辖通事舍人一职虽然有接受华夷纳贡并且予以引见的职责，但是通事舍人的官职仅有从六品上，还不能在穿朝服时佩带绶带。中书省的其他官员均无与外国使者交往的职责。只有门下省的侍中、侍郎，官品在正二品、正三品几级，职司中又有奉诏劳问朝见的四夷君长一项事务。在宫廷各项礼仪典式中，门下省的长官们又处于主持礼仪、辅佐帝王事务的地位。由此看来，这几位朝服整肃的官员应该是门下省的侍中与侍郎们，这与画中人的服装、职司完全相符。

《文物》1972 年第 7 期《谈章怀、懿德两墓的形制等问题》一文中分析《客使图》是描绘了李贤的丧礼中前来谒陵吊唁的番邦使节。从画中三位门下省官员的服装来看，这种说法也是不妥当的。唐代典章，在丧葬大礼中，帝王和官员们都要穿素服，即白色的衣裙、素袜，戴黑介帻，穿黑履。根本不会穿红上衣，戴绶带蔽膝等饰物。从画面上看，盛装的唐官员面容平和，毫无悲痛之情，也不像是在丧礼中的样子。在墓中的壁画，实际上是对人间生活的写实描绘，反映死者在生时的活动场景。同在墓道中的《出行图》、《马球图》、《仪仗图》都是如此。怎么可能在它们中间插入一幅吊唁死者的情景呢？所以《客使图》所表现的，应该是门下省官员劳问朝见的使节，引领他们拜见帝王的场面，藉此表示章怀太子曾经参与处理国家事务的政治生涯，以追慰这位被武则天流放巴州、被迫自杀的监国太子。

从壁画的衣饰上，可以得到这样多的启发。唐代壁画的描绘之细致精确，唐代壁画的史料价值之重要罕见，该是不言自明了。我们相信，如果将全部唐代壁画的内容更深入地加以综合探讨，必定会使我们对唐代社会的认识更加深刻，更加生动。

原载《文物天地》1989 年第 6 期

用夏变夷

——谈中国文化对唐代金银器形制变化的作用

源远流长的中华传统文化，曾创造了高度发达的物质文明与精神文明。柔软华丽的丝绸，精美多样的饮食，宏伟的建筑，宽广的通衢，严密的法律官制，先进的科技医学……都曾经是世界各民族企羡与学习的对象，远远先进于华夏中州四周的各民族文化，因而具有强烈的影响力。先秦时期孟子就说过“吾闻用夏变夷者，未闻变于夷者也”。尽管几千年来外来文化影响不断传入中原，甚至有时“夏”亡于“夷”、外来民族成为政权统治者，但这种“用夏变夷”，以中华传统文化去改变外来文化因子的思想与实践，却在始终不渝地贯彻下来。唐代金银器形制的变化就是一个极好的例子。

西安何家村出土唐代金碗

金银器大约不是炎黄子孙的发明。综观悠悠上古，极少有使用金银器皿的记载。现在能见到的，仅有曾侯乙墓出土的金鼎、盘杯，秦俑坑中出土的金泡，以及一些金银饰物等有限的几种。祖先们创作的彩陶、瓷器与奢华的青铜器、漆器，已可以满足日常生活的一切需要。兼以儒家思想一向以俭约为本，重农轻商的思想统治至今几千年，这些都会限制对贵重金银器的需求。

然而在欧洲与中亚西亚地区，金银货币早就进入了商业流通，金银器皿的制作随之蓬勃发展。中古时期，波斯萨珊王朝的金银器制作尤为精巧，享有盛誉。苏联中亚地区及伊朗、阿富汗等地都曾有不少精品出土。近年来，在山西大同北魏遗址、河北赞皇李希宗墓、山西寿阳县库狄回洛墓等地都曾发现了金银器及鎏金银器物，其中大部分系中亚输入品，即使是在当地制作的器物，也保留了相当多的西方造型与装饰风格。这说明当时西方金银器已开始由陆路输入中原，受到上层社会的喜爱。

西安何家村出土八棱金杯

隋唐统一中国。唐初又收复高昌，平定西域，帝国疆域扩展至葱岭一线。通向西方的丝绸之路空前畅通，使这一时期成为中西交流最为频繁的时期。西方商品及文化与西域人士纷纷流入中原，给传统文化以强大的冲击。恰如元稹《法曲》一诗中描写：“女为胡妇学胡妆，伎进胡音务胡乐”，“胡音胡骑与胡妆，五十年来竟纷泊。”具有明显西方特征的金银器也在这场“胡风”中扮演了重要角色。从中亚输入的，以及中国仿照萨珊金银器制作的大量金银器，成为唐朝上层社会竞相追求的用品。皇室更大批制作金银器，除自用外，还用来赠送外宾、赏赐功臣。《安禄山事迹》一书中，就记录了唐玄宗赏赐安禄山的大量金银器皿。有人曾考证李氏有突厥血统，不管是否确切，李氏王朝早期对外部世界的开放政策确是突破了“夏优于夷”的传统思想范围。早期唐代金银器的造型纹饰师法中、西亚，正体现了这一点。

唐代早期的金银器皿，尤其是高宗至玄宗开元年间的器物，都制作得十分精细，装饰花纹刻画得极其细腻，显得富丽堂皇。杯的外形主要有深腹、细高足和

西安何家村出土翼兽纹银盘

多棱形深腹、矮圈足，并附带有平錾的环形柄等几类，瓶外形细长，细颈短流，圈足曲柄。碗、罐等器物用多重花瓣形状的凸起纹样装饰。在碗底、铛底焊接模冲的装饰圆片，也是这一时期的明显特征。唐代早期的金银器花纹以蔓草、忍冬、莲花等缠绕连续图案为主；其中穿插有大量的野兽、狩猎等具有明显北方游

牧民族风味的纹饰。这些造型与纹饰，在传统的中国日用器物中很少发现，而与中亚地区流行的萨珊波斯金银器十分相像，有些甚至可能就是萨珊波斯的产品。

西安何家村曾出土一批唐代金银器，它可能是唐玄宗末年的窖藏。学者们认定其中大部分器物为玄宗天宝年以前的产品。其中的异兽纹六曲银盘，人物八棱金杯，舞马衔杯纹皮囊式银壶等都显示出萨珊等西域文化的特点，特别是六曲银盘上的怪兽为鸟身、独角兽头、骆驼蹄。这一怪兽纹饰，曾在伊朗等地出土的萨珊波斯金银器上多次出现。国外学者将它解释为伊朗神话中的一种神兽（dragon—peacock），由此可见当时中、西亚文化对中原的影响。7 世纪初，阿拉伯势力东进。公元 651 年，阿拉伯人灭萨珊王朝。萨珊王子卑路斯和大量波斯人流亡到中国，他们带来的波斯文化艺术更促进了西方文化与中国传统文化的交流。

然而，由杂种胡人安禄山发动的浩劫——安史之乱，以及唐王朝为平乱请来的回纥等异族军队大肆抢掠，给中原人民带来了无穷的灾难。同时也唤醒了大唐子民的民族意识，敌视胡人，摈弃西方文化影响的情绪高涨起来。传统文化意识占了上风，中华文化对外来金银器形制的改造作用在这以后就越来越明显了。

中华传统文化对金银器形制的改造，表现为多种形式。首先是在仿制的基础上加以局部修改变化。如西安沙坡出土的狩猎乔木纹高足银杯，外形沿袭波斯酒杯的造型，花纹中的狩猎武士却是唐代武人服饰。相貌、云朵、飞鸟等也采用汉族传统的绘画表现方式。何家村出土的仕女狩猎纹八瓣银杯等器物也是如此。而后，便在借鉴西方同类金银器的制作技艺基础上设计创作具有中国文化特色的外形与纹饰，例如何家村出土的龟纹桃形银盘，盘面用桃子外形，中心饰有乌龟花纹，这是西方金银器上根本不会出现的。杯、盘、盒、瓶等金银器物的外形变化亦十分明显。例如杯由深腹变为浅腹，细长足消失，改为圈足和喇叭形矮圈足。盘的腹壁逐渐加深，晚期甚至出现了加有高圈足的深盘。盒加上圈足，并且逐渐加高……仿生外形的器物，如鲤鱼外形的双鱼壶，树叶形的叶盘等较多出现。折枝团花纹、花鸟纹、各种禽鸟绶带花结等成为装饰金银器的主要纹样。一些有典型民族文化风格的儒家故事、童子乐舞等人物图案也在金银器上出现。这些变化，突出地表现了中国传统文化的审美意识，使中晚唐金银器的面貌与早唐金银器迥然相异。再进一步就是从为中国文化生活服务的目的出发去创作新的器物类型了。像江苏丹徒丁卯桥出土的“论语玉烛”银筹筒，是用来行酒令的筹具，其造型、纹饰乃至用途，都是彻头彻尾的中国文化产物。陕西扶风法门寺出土的晚唐时期银茶罗、茶碾、茶托等饮茶用品也是中国特有的产物。

金银器纹饰的改变更为明显。中国古代绘画多着重于精神表达，唐代张彦远《历代名画记》中称："古之画或能移其形似而沿其骨气。"这就使得中国古代艺术多重于平稳、匀称、沉重，以表现统治者的威势，同时就缺乏高度写真的生动造型。而高度写实生动的造型，尤其是动物造型，正是古希腊艺术、草原斯基泰艺术，以及受其影响的中亚、西亚古代艺术中的主要特点。在萨珊波斯和中亚粟特等地的金银器上，常可以见到高浮雕的生动人物、动物，充满运动感的不匀称构图与满布式构图。在唐代早期的仿制品中，有些还保留了这些特点。

而在唐代中期以下的金银制品中，主要纹饰则被明显改变，狩猎、野兽奔跑、宝相忍冬等花饰逐渐消失，被中国文化认为是吉祥的动植物纹饰所取代，如龟、鱼、龙、凤、鹦鹉、鸳鸯、牡丹、石榴等等。构图也多取中心对称，轴对称等稳重的构图方式。这一切都揭示出，在西方文化产品进入华夏大地后，中国传统文化便逐渐将固有的精神内容加入到外来形式之中。而后时代递进，演化愈烈，直至将外来形式的外壳也被华化，成为内外一致的地道的中国文化产品。孟子曰"用夏变夷"，今人曰"洋为中用"，大约讲的都是这一规律。

原载《文物天地》1991 年第 3 期　署名"易夫"

色色龟兹轰录续

漫步中国石窟艺术的宝山之中，你会像一个在大漠上长途跋涉后扑入甘泉的旅人，得以尽情汲取古代文化的琼浆。这些雕塑、壁画上的每一个细节，都向我们传递出丰富的中国历史文化信息。就拿敦煌莫高窟唐代经变壁画上的舞乐场面来说，它是难得的唐代音乐舞蹈史的重要形象资料，特别是它们的龟兹乐舞内容，显示了龟兹乐舞在唐代音乐舞蹈中举足轻重的地位。

敦煌莫高窟中，有许多规模宏大、占满一面洞壁的巨型经变壁画，如阿弥陀佛经变、药师经变、观音经变、弥勒降生经变、法华经变、涅槃经变、维摩诘经变等。这种经变画是在唐代初期正式形成的，体现了唐代佛教壁画艺术的最高水平。经变画用画面上的众多人物和动作场面，来表现一种佛经中宣讲的主要内容。而在宣扬佛国的幸福美好、佛的神奇伟大等内容的一些经变中，往往绘有绚丽多彩的精彩舞乐场面。像敦煌莫高窟220窟北壁的东方药师经变、45窟北壁的观无量寿经变、445窟南壁的阿弥陀经变等。这些乐舞人物都描绘得栩栩如生，各种乐器画得十分逼真，历来受到研究者的高度重视。

那么，我们就来细看一下这些乐器的种类，推断一下它们代表的音乐吧。

莫高窟220窟北壁东方药师经变的中央下部，描绘了一座华丽的楼台。平台两侧，有两组乐队，坐在两块方毯上。东侧的乐队共13人：演奏的乐器有筝、排箫、筚篥、方响、横笛、五弦琵琶、拍板、腰鼓、都昙鼓、毛员鼓等。这里乐器的定名与《中国石窟·敦煌莫高窟·三》的图版说明有些不同。一是最上方右侧的两个乐伎，都是在吹奏筚篥。图版说明把其中之一称为竖笛，但是从外形上很难加以区别，所以暂时认为它们都是筚篥。二是图版说明将五弦琵琶称作阮咸。这具乐器的外形确实有些特殊，共鸣箱作多弧外缘的圆形，与阮咸有些近似. 但是阮咸一般为四弦，如《正仓院的乐器》中日本收藏的古代阮咸，用拨子弹奏，但这具乐器明显绘出五弦，而且用手指弹拨，应该是一种五弦琵琶。三是中间右侧一个手执圆盘状乐器的乐伎，图版说明称为要盘歌唱的歌手。这种表演和唐代的乐舞分类组合有些牴牾。根据《旧唐书·音乐志》的记载，要盘表演等杂戏统属散乐，类似今日的杂技舞蹈，与组合整齐各具特色的伎部音乐演奏互不相容。我们怀疑这也是一种乐器，也许是大钹或手鼓一类的打击乐器。

西边的乐队现存15人，使用的乐器有：筚篥、拍板、箫、笙、竖箜篌、钹、横笛、贝羯、答腊鼓、腰鼓、鸡娄鼓等。与《中国石窟、敦煌莫高窟·三》图版说明有所不同的是图版说明将箫称为竖笛，将鸡娄鼓称为鼗鼓。从下向上第二排乐伎中间的一位，左手执一件圆形小口的鼓（左半被左侧乐伎遮住），应该是《旧唐书·音乐志》中描述的鸡娄鼓，“正圆，两手所击之处，平可数寸”。四川成都五代蜀王王建墓中的石棺座上，雕有一个乐伎，左手执鼗鼓，左臂夹着一个鸡娄鼓，形状正与此相似，不同的只是王建墓中石棺雕像乐伎是用右手握鼓槌去打鼓。

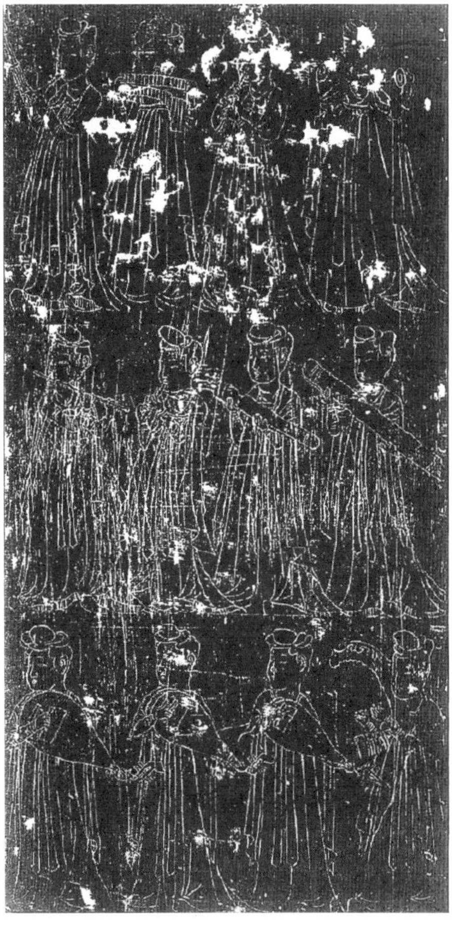
唐李寿石椁线刻壁画乐伎图

这样一个规模宏大，配器严整的乐队，应该是什么音乐的专用乐队呢?《旧唐书·音乐志二》中记载：“龟兹乐：乐用竖箜篌一，琵琶一，五弦琵琶一，笙一，横笛一，箫一，筚篥一，毛员鼓一，都昙鼓一，答腊鼓一，腰鼓一，羯鼓一，鸡娄鼓一，铜钹一，贝一。”把这段记载与上面分析的220窟北壁东方药师经变画上的乐队组成对比一下，我们就会发现，除去增加了方响、拍板和筝，缺少一支琵琶（由于画面有残缺，也许原来不缺）之外，壁画上的乐队基本上是龟兹乐的演出阵容。

龟兹古国，位于新疆中部，天山南麓的库车、拜城、轮台一带，是古代西域最富庶、文化最发达的国家。南北朝时期，很多著名的艺人，如曹妙达、苏氏婆、白智通等人，从龟兹来到中原，传播了龟兹的音乐舞蹈，充实并发展了中原的音乐艺术。直至唐代初年，高僧玄奘西行求法来到龟兹时，还为这里的音乐深深折服，在《大唐西域记》中写下了“屈支国（即龟兹）……管弦伎乐，特善诸国”的赞语。

远在西汉张骞通西域后，龟兹等国的音乐就传入内地。《晋书·吕光传》记载：晋太元九年（384 年），吕光攻打龟兹，把大批龟兹的乐人带到凉州，使龟兹音乐与汉族传统音乐及其他西域民族音乐互相融合，形成了风靡全国的西凉乐。根据《隋书·音乐志》和两《唐书·音乐志》的记载：西凉乐的基调仍然是龟兹乐，只是增加了钟、磬、卧箜篌、筝等中原乐器，乐曲中可能也吸收了一些中原汉乐的雅静、舒缓。在隋、唐宫廷乐舞的“七部乐”或“十部乐”中，还有一部单独的龟兹乐，它是纯粹的龟兹艺术，其乐队组成如上文所引述。从它使用的乐器中可以看出，龟兹乐的音域宽广，如五弦琵琶可以奏出两个八度的变化，使得曲调起伏多样，曲折婉转。此外，它还大量使用打击乐器，尤其是多种鼓乐，造成音响洪亮、节奏欢快的热烈气氛。琵琶、鼓、筚篥，可能是龟兹音乐的典型代表乐器。

龟兹音乐对唐代音乐的影响不仅限于“十部乐”中的龟兹乐，它还是其他很多乐舞的基调音乐或伴奏音乐，尤其是为舞蹈伴奏的乐曲。《旧唐书·音乐志二》记载：“高祖登极之后，享宴因隋旧制，用九部之乐，其后分为立、坐二部。今立部伎有安乐、太平乐、破阵乐、庆善乐、大定乐、上元乐、圣寿乐、光圣乐，凡八部……自破阵舞以下，皆雷大鼓，杂以龟兹之乐，声振百里，动荡山谷。”“坐部伎有谯乐、长寿乐、天授乐、鸟歌万寿乐、龙池乐、破阵乐，凡六部……自长寿乐已下皆用龟兹乐”。由此我们可以看到龟兹乐在唐代音乐艺术中的重要地位和它的广泛流传程度。

不仅 220 窟北壁东方药师经变上的乐队反映着龟兹乐舞，唐代佛教石窟壁画、石雕等艺术品上的乐舞几乎都是龟兹乐的表演。敦煌莫高窟 45 窟北壁的观无量寿经变中，佛前平台上也有两组乐队演奏，每组七人。她们演奏的乐器有笙、箫、横笛、琵琶、筚篥、排箫、竖箜篌、羯鼓、腰鼓、鸡娄鼓、鼗鼓、毛员鼓等。很显然，这是一个标准的龟兹乐队。

有些壁画或石雕上的龟兹乐队乐人有所减省，如绘于盛唐的敦煌莫高窟445窟南壁阿弥陀经变，佛两侧的珠柱上各有一组伎乐，每组六人。东边的一组演奏着横笛、竖箜篌、曲颈琵琶、排箫、笙、铜钹，西边的一组中，最东侧的一个伎人背着羯鼓，旁边的一位女乐人敲击着这个羯鼓，然后有一个伎女敲答腊鼓，一个伎女敲着鸡娄鼓与鼗鼓，最西侧的一个伎女打着铜钹。这个乐队的主要乐器构成仍然没有脱离龟兹乐的范畴。

在西安市内曾经发现过唐代的佛座石刻。这件佛座原来藏于新城内的小碑林，它的方座三面都刻有奏乐的伎人。经仔细辨认，这三面的九个乐伎演奏的乐器是钹、羯鼓、腰鼓、笙、排箫、横笛、曲颈琵琶、五弦琵琶、竖箜篌。有人指出，这个乐队的乐器组合，大体上是龟兹乐的缩小形式，与敦煌莫高窟290窟壁画上的乐队组合相同。

佛教壁画、石雕上的乐舞，可能是当时世间乐舞的反映，也可能是专门的佛教音乐。而佛教音乐仍然源于龟兹音乐。向达先生《唐代的佛曲》一文中就分析道："佛曲者源出龟兹乐部，尤其是龟兹乐人苏只婆所传来的琵琶七调为佛曲的近祖，而苏只婆琵琶七调又为印度北宗音乐的支与流裔，所以佛曲的远祖实是印度北宗音乐。"龟兹位于西方与中原交往的中枢，印度及中亚文化经由这里传向东方。在途经这里时，首先被龟兹文化用自己的特色加以改变和润饰，成了龟兹风味的宗教文化。龟兹是佛教非常兴盛的国家，很多对中国佛教文化做过重大贡献的西域僧人，如帛尸梨密多罗、佛图澄、鸠摩罗什等人都是龟兹人。因此，在唐代十分流行的种种佛曲，恐怕都是由龟兹的音乐演变成的。

在库车一带的克孜尔、库木吐拉、克孜尔尕哈等佛教石窟的壁画中，我们可以看到大量的龟兹舞乐人物，其中很多石窟壁画的绘制年代都在唐代以前。而我们在唐代内地石窟及其他佛教石雕上见到的各种龟兹乐器，却大多能在这些龟兹石窟壁画中见到，表明了它们与内地佛教文化及流行乐舞的密切关系。如五弦琵琶可以在克孜尔14窟、38窟，库木吐拉46窟等处见到，曲颈琵琶、排箫、筚篥见于库木吐拉46窟等处，竖箜篌在克孜尔尕哈23窟、库木吐拉63窟中有所描绘，横笛见于克孜尔38窟、库木吐拉63窟等处，筝和笙可以在库木吐拉68窟中见到，这个窟的壁画中还有羯鼓、腰鼓、答腊鼓、拍板等乐器出现。至于时代与唐朝相当的龟兹石窟壁画中的乐器，更是与敦煌莫高窟等内地石窟壁画上绘制的各种乐器基本一致了。这些乐器图像有力地证实了《大唐西域记》、《旧唐书》等文献上的记载，显示出龟兹音乐在中国音乐史上的辉煌功业。

唐代数百年间，以龟兹乐为基调的西域音乐极为盛行。唐代诗人王建《凉州行》中写道："城头山鸡鸣角角，洛阳家家学胡乐。"其实何止洛阳，元稹的《法曲》一诗中说"女为胡服学胡装，伎进胡音务胡乐"，反映得更为普遍。所以，龟兹乐舞的形象也不仅见于佛教艺术品中。在西安出土的初唐李寿石椁上，就刻了一组立伎，一组坐伎，每组十二人。他们演奏着曲颈琵琶、五弦琵琶、竖箜篌、横笛、排箫、筚篥、笙、钹、腰鼓、筝、羯鼓等乐器，这自然又是龟兹乐队了。就是西安等地出土的盛唐三彩骆驼乐队俑，又何尝不是一个小龟兹乐队呢？拿西安中堡村出土的盛唐骆驼乐队俑来说，驼背上有七个男乐俑，分别演奏着笙、筚篥、排箫、琵琶、竖箜篌、笛子和拍板。这是去掉打击乐，以管弦乐为主的组合吧。

龟兹音乐的影响不仅限于大唐国土，它还随着唐文化的远播传至朝鲜半岛、日本、东南亚等地。在日本正仓院收藏的古代乐器中，就有十八种精致的天平时期东大寺等处的乐器（相当于唐代开元中期），其中便有五弦琵琶、箜篌、琵琶、腰鼓等龟兹乐的主要乐器。日本、朝鲜等地的古代音乐在很大程度上受到唐代宫廷音乐的影响。自然，在这些古乐中少不了龟兹音乐的旋律。

唐代诗人元稹的《连昌宫词》中描写宫廷乐舞时，用"逡巡大遍凉州彻，色色龟兹轰录续"这样的诗句，勾画出丰富多样的龟兹乐舞在宫中轮番演奏、鼓乐震天的盛况。它正是龟兹音乐风靡唐代的最好说明。我们从敦煌莫高窟壁画、佛座石雕、棺画、三彩俑乃至日本收藏的古乐器等文物珍宝中，不也能清楚地认识到这一点了吗？

原载《文物天地》1996年第6期

有关韩愈的两则墓志

名列唐宋八大家之首的唐代大文豪韩愈，是一位被后代学者赞誉为“文起八代之衰”的文坛巨匠。他不但倡导了改变六朝靡丽文风的古文运动，而且身体力行，用大量精采的文章给这场影响深远的运动奠定了坚实的基础。当人们吟诵他的佳作《进学解》、《送孟东野序》、《送李愿归盘谷序》等时，往往不会想到在现存的韩愈文集中，他为人撰写的碑文与墓志铭竟占了相当大的比例。这些碑志文，同样已经成为历代文人仿效与研究的对象。早在元代学者潘昂霄的《金石例》中，就引用了大量韩愈的碑志文，总结出撰写碑志的种种文例格式，作为文人们写作的范本。以后的明代王行《墓铭举例》，清代梁玉绳的《志铭广例》，也都是把韩愈的碑志文作为典范来引用，由此可以想见韩愈的文笔影响之大。

但是我们在这里要提及的，不是韩愈本人留下的千古佳作，而是近代出土的两则与韩愈有关的唐代墓志。它们的内容与韩愈本人的文笔相映成趣，可能对了解韩愈家族成员的性格品行，深入认识韩愈的作品还有些参考意义。

其一为韩愈的亲生儿子韩昶给自己撰写的墓志铭，撰于唐大中九年（855），被收入《唐代墓志汇编》。

两《唐书》中关于韩昶的传记，只有简简单单的一句话：“子昶，亦登进士第。”《全唐文》、《登科记考》等有关唐代文献中涉及韩昶的记载也是寥寥数语。要想通过它们了解韩昶的秉性资质，即使动员起全部想像力恐怕也无济于事。而这篇墓志铭却写得文情并茂，有声有色，将一个一生不得志的封建文人面对死亡时那满腔抑郁悲愤诉诸笔端。将它与乃父韩愈的文章互相印证，颇可以显示出他们一家人都具有孤介寡合、倔强刚直的性格特点，不与世俗混淆，不向权势趋附，很有儒家传统的特征。且看看韩昶是怎么记述自己的：

> 好直言，一日上疏或过二三。文字之体与同官异。文宗皇帝大用其言。不通人事，气直，不乐者或终年不为之语。因与俗乖，不得官。

这正让我们想起韩愈在《进学解》中发的一通牢骚：“公不见信于人，私不见助于友，跋前踬后，动辄得咎，暂为御史，遂窜南夷。三年博士，冗不见治，命与仇谋，取败几时。冬暖而儿号寒，年丰而妻啼饥。头童齿豁，竟死何裨？”这些言语与韩昶的自述相置一处，流露出来的那种对世道的不平之气何其相似。看来这一定是家传了。

至于韩昶墓志最后的铭，更是充分表现了他自己愤世嫉俗的情绪，表达出对黑白不分的腐朽社会的强烈不满。铭曰：“噫，韩子。噫，韩子。世以昧昧为贤而白黑分，众以委委为道而曲直辨。生有志而卒不能就，岂命也夫！岂命也夫！”

从这些或者直抒胸臆，或者用反语大发牢骚的言辞中，我们看到了一个什么样的人物形象呢？一个倔头倔脑，少言寡合，孤傲自赏，与世人格格不入的老夫子。《史记·孔子世家》中记述郑人描写孔子，说：“其颡似尧，其项似皋陶，其肩类子产，然自腰以下不及禹三寸，累累然若丧家之狗。”拿这些话去描述韩昶乃至韩愈，也颇有几分相似呢。老杜有诗云：“德尊一代常坎坷，名垂万古知何用。”（《全唐诗》卷216《醉时歌》）中国古代知识分子的牢骚大抵都是怀才不遇时对社会的不平，从孔老夫子那时起，反反复复发了两千多年。韩昶从韩愈那里继承下来的，该是这种源于孔子言行的儒家性格吧。遗憾的是韩昶还远远不及韩愈，没有建立起赫赫文名，不能靠名人效应升官发财，再加上这种天性，一生困厄自然是难以避免的了。

韩昶对于自己才智与学识的描述也很有参考价值。他说自己：“幼而就学，性寡言笑，不为儿戏，不能暗记书。至年长不能通诵得三五百字，为同学所笑。至六七岁，未能把笔书字。”由此看来，韩昶的资质并不能算太高，而韩愈教子的方法恐怕也不甚得法。《全唐诗》卷341收录韩愈指导儿子念书的诗篇一首《符读书城南》，大谈特谈读书的重要，却也跳不出“书中自有黄金屋”的圈子：“一为马前卒，鞭背生虫蛆。一为公与相，潭潭府中居。问之何因尔，学与不学欤。”这种光讲大道理，不去细细诱导的做法恐怕效果不会太大。《太平广记》卷261记载：“唐韩昶，名父之子也。虽教有义方，而性颇暗劣。尝为集贤校理。史传中有说金根车处，皆臆断之曰：‘岂其误欤？必金银车。’悉改根字为银字。”从韩昶自己撰写的墓志中看，《太平广记》中的这些记载恐怕也不全是空穴来风吧。

另一则是贞元十九年（803）大唐故朔方节度掌书记殿中侍御史昌黎韩君夫人京兆韦氏墓志铭。韦氏是韩弇的妻子。韩弇则是韩愈的从父兄，见于本墓志铭所载：“殿中君从父弟愈孝友慈祥。”这篇墓志铭中述及的韩弇及其妻子韦氏的一生经历更是显得“冷冷清清，凄凄惨惨戚戚”。据墓志铭中记载：韩弇“进士及第，朔方节度请掌书记，得秘书省校书郎，累迁殿中侍御史。贞元三年，吐蕃乞盟。诏朔方节度使即塞上与之盟，宾客皆从。其五月，吐蕃不肯盟，殿中君于是遇害。时年三十有五。夫人时年始十有七矣。有女子一人，其生七月而孤。夫人之母前既不幸矣，夫人以其女归其父。居数年，其父又不幸。夫人泣血食贫，养其子有道，自慎于嫌，节行愈高，虽烈丈夫之志不如也。犹有董氏伯姊继衣食仁之焉。不数年，董氏姊又不幸。夫人于是天下无所归托矣。殿中君从父弟愈孝友慈祥，贞元十六年，以其女子归于陇西李翱，夫人从其女子依于李氏焉。”

韦氏的一生，出嫁从夫，夫死从父，父死从婿，四方漂泊，寄人篱下。她的遭遇恐怕也像《红楼梦》中的林黛玉一样，终日以泪洗面，所以才三十二岁就“短命”早卒了。除了夫荣子贵者以外，唐代官僚士族家庭中的孀妇一生的命运与归宿大多如此。我以前在一篇谈唐代社会婚姻的小文中谈过这个问题，韦氏又是一个极典型的例子，这里就不再多说。

主要还是说韩弇。造成韩弇被杀的这件事也算得是唐代后期的一件大事。《旧唐书·德宗纪上》载：“（贞元三年）闰月……辛未，侍中浑瑊与吐蕃宰相尚结赞同盟于平凉，为蕃兵所劫，瑊狼狈遁而获免，崔汉衡已下将吏陷没者六十馀人。”这次会盟，唐朝是急于停止与吐蕃的纷争，而吐蕃却是蓄意除掉浑瑊、李晟等执掌唐朝重兵的将帅，精心设下圈套。浑瑊等人轻敌大意，不加防备，致使“瑊仅得免，辛荣兵尽矢穷，力屈而降。宋凤朝、判官郑弇，为追兵所杀；崔汉衡、中官俱文珍、刘延、李清朝……六十馀人，皆陷于贼。”（《旧唐书·浑瑊传》）据此墓志铭，我们有理由怀疑《旧唐书·浑瑊传》中记载的：“判官郑宾”

应该是“韩弇”之误。浑瑊曾任朔方行营兵马副元帅，与墓志铭中所称的“诏朔方节度使即塞上与之盟”的朔方节度使应该是同一个人。

韩弇在两《唐书》中并没有记载，就是记录了韩愈家族世系的《新唐书·宰相世系表》韩氏条下也没有韩弇的名字。看来他与韩愈可能不是同一个祖父。可是人们常把他搞错。上引《旧唐书·浑瑊传》中把他改成了郑弇是一例。《全唐诗》卷341《宿曾江口示侄孙湘二首》注中称：“韩湘，字北渚，老成之子，愈兄弇之孙”又是一例错误。竟把大名鼎鼎的八仙之一——韩湘子也当作韩弇的后代了。

实际上从墓志中已经可以看得很清楚，韩弇一不是韩愈的亲兄，二没有男性后代。志文云“殿中君又无嗣”，足以为证。《新唐书·宰相世系表》也记录得很清楚：韩湘父亲名老成，老成父亲名介，为韩愈二兄。可见《全唐诗》卷341《宿曾江口示侄孙湘二首》注中的韩弇，实为韩介之误。

从这里我们顺便谈到韩湘。他也是韩家的后代，想来生性中也会有几分孤介之气。实际生活中的韩湘并无多大建树，仍是走的进士及第的道路，长庆三年（823）中进士。正如清代学者俞樾在《茶香室丛钞》中指出的，韩湘“固功名之士，世传为仙，非其实也”。可是后人偏偏把他捧入了民间最受欢迎的八仙之中。追溯这个造神运动的源头，可能是唐代段成式的《酉阳杂俎》等晚唐时期的怪异传说。《酉阳杂俎》与《太平广记》卷54引《仙传拾遗》等处都记载了一个“忘其名姓”的韩愈外甥（或称族侄），这个青年不读书，好饮酒，行为怪异，修道求仙。韩愈劝说他，他便给韩愈显示了一手染花的绝技，使白牡丹花瓣上出现了“云横秦岭家何在，雪拥蓝关马不前”的字样。以后韩愈因劝谏奉迎佛骨得罪皇帝，被贬至岭南，途经商山，天降大雪阻碍行程。韩愈忽然见到外甥（族侄）拜倒在马前，方领悟到前日的预兆，遂赋诗一首，就是有名的《左迁至蓝关示侄孙湘》：

一封朝奏九重天，夕贬潮州路八千。欲为圣朝除弊事，肯将衰朽惜残年。云横秦岭家何在，雪拥蓝关马不前。知汝远来应有意，好收吾骨瘴江边。

这个故事后来又被人们加以铺陈，并依从了韩愈诗的题目，将主人公改成了韩湘。《唐才子传》卷 6 中的记述就是如此，并且加入了两首据说是韩湘作的、充满仙风道韵的诗，就是收入《全唐诗》卷 860 的《言志》与《答从叔愈》。这就有几分后人的杜撰了。

宋人刘斧的《青琐高议》前集卷九中记录的韩湘传说与《唐才子传》的记述大体相近，可能就是《唐才子传》的由来。从这里可以大概梳理出一条韩湘传说的发展脉络。而元人杂剧中的《韩湘子引渡升仙会》，明人杨尔曾的《韩湘子全传》等作品，更是加油添醋，将韩湘的神奇描绘得出神入化，故事情节曲折动人。韩湘在民间的影响自然遍及三教九流，顺水推舟地进入了八仙之中。

究其传说产生的原因，很有可能与韩愈谏迎佛骨、反对尊崇佛教的举动有关。韩愈在谏迎佛骨的上疏中说："佛本夷狄之人，与中国言语不通，衣服殊制。口不道先王之法言，身不服先王之法服，不知君臣之义，父子之情……乞以此骨付之水火，永绝根本，断天下之疑，绝后代之惑。"（《旧唐书·韩愈传》）不但公开指斥佛教是外来的邪教，而且要把佛教徒视为至高无上的佛骨烧掉，付之东流。这就把佛教界上上下下得罪苦了。而佛教中人颇为擅长的一种作法，就是利用因果报应学说去编排一些类似韩愈这样的谤佛者的征应故事。敦煌卷子中有唐代抄写的《冥报记》、《神异记》等佛教俗讲，其中记录了不少这样的故事。他们根据韩愈遭贬斥时自己做的诗加以发挥，编出这样一个故事来说明韩愈谤佛与被谪都是天命所定，不过一饮一啄而已，说明佛的不可侵犯。这种推测如果能够成立，那么，唐代那些传说中本来的主人公应该是韩愈。韩湘子不过是由于诗作才被拉上来作陪衬的配角。偏偏这位配角却因此名声大噪，从一介寒吏跃升为大罗金仙。看来八仙之一的韩湘却可能是佛教宣传的副产品，那真有一点"无心插柳柳成荫"的味儿了。

其实，让韩愈家中的后代里出一个修道的仙童，这也满合乎封建社会里知识分子思想嬗变的一般规律。就像曹雪芹只能给贾宝玉安排一条出家的道路一样，笃守儒道又在现实生活中碰得头破血流的正直士人，往往投身于求仙问道或者读经坐禅，以求精神上的解脱。如前所述，韩愈与韩昶，甚至韩弇都是饱读诗书，耿介寡合，仕途蹭蹬，不容于世。那么，在一般人的眼里，他们很容易走向求仙问道的遁世之路。韩愈自己也发出过"弃置人间世，古来非独今"（《全唐诗》

卷 340《从仕》）的感慨。看来，韩湘的仙人形象内核，在韩氏家族性格的延续中就已经形成了。

与韩愈们“居闲食不足，从仕力难任，两事皆害性，一生恒苦心”（《全唐诗》卷 340《从仕》）的艰难相比，那首大概是杜撰的韩湘的诗却显得那么飘逸潇洒，这也是唐代或唐代以后人士出世的思想对入世的最好否定吧。请看：

举世都为名利醉，伊予独向道中醒。他时定是飞升去，冲破秋空一点青。（《全唐诗》卷 860《答从叔愈》）

原载《中国典籍与文化》1999 年第 2 期

五花散作云满身

——看唐代考古文物中的马

近代以来，可能是由于西方古董收藏家们的喜爱与提倡，以唐三彩为代表的唐代陶马成为举世欣赏的著名古代艺术品。而在清代以前，中国社会是不太重视这类墓中出土的明器的。因为在中国古代的人们的意识中，地下代表的冥间是人在死后会去的另一个世界，那里充满着神秘与鬼怪，但是也像人世一样存在着日常生活。所以古人往往要把在生时能享受到的一切事物都带到另一个世界去继续享有，至少要带走一些具有象征意义的器物。这些被带到墓葬中随葬的象征性器物被称作“明器”。唐代墓葬中出土的大量三彩陶马俑与彩绘陶马俑就属于这样的明器。由于古人思想中一直畏惧冥世以及与冥世有关的事物，明器一般是不会有人收藏的。直到清末，人们在挖掘出墓中的陶明器后，还会把它打碎或丢弃。这也是传世古董中很少有唐三彩明器的缘故。现在有些电视剧、电影在古人的宫室中摆放三彩马俑，就纯粹是无知的杜撰了。

到了现在，三彩马等唐代陶马俑已经受到人们的普遍重视，有些高大华丽的精美唐三彩马甚至能在国外拍卖会上达到上百万美元的高价。这与它造型的高度艺术成就是分不开的。近百年间，在中原地区，尤其是陕西、河南等地的唐代墓葬中，出土了大量形式多样的陶马俑。这些马有些上面有各色各样的骑手，包括有乐师、妇女、士兵、胡人等。也有些马没有骑手，但配有全套的鞍鞯和马具。这些马的造型更是极其逼真，雄姿勃发。宽厚的胸部、肥壮的臀部、细长的脖颈、长长的马腿以及马耳、马眼、马鼻等细节都雕塑得精细生动，表现出千里良驹的神骏形象。

唐代墓葬中随葬大量陶马等明器，是当时社会礼制的明确规定，反映了文化昌盛的唐代社会高度发达的礼仪文化状况。根据现代大量考古发掘的成果，我们可以核实唐代历史文献，例如《新唐书·礼仪志》和《大唐六典》中关于丧葬礼仪制度的记载，从而更清楚地认识唐代社会。

在一般的唐代墓葬中都会随葬有一定数量的陶俑。官员等级越高，随葬的陶俑数量越多。按照唐代礼仪制度的规定，三品以上的官员可以达到90件。这些陶俑中包括仪仗队、鼓乐队、侍从奴仆以及商旅骆驼等等。象征着墓主人在世时所拥有的财富地位。地位较高或者财富较多的，会使用精致的三彩釉陶俑，其次就是没有上釉，仅在烧制后用颜色加以彩绘的陶俑。陶俑的大小不同，最高大的，高度将近唐代的尺度三尺，即70多厘米；一般的高度在二尺上下，即30至40多厘米；再小一些的只有20厘米左右。但不管是哪一种尺寸的陶马，它们的形象都十分逼真，给人们以高度的美感享受。

唐三彩是一种低温釉陶器，由于最早见到的这类陶器大多只有黄、白、绿三种颜色，所以被古玩家称作唐三彩。实际上唐代釉陶的颜色远不止这三种。在20世纪70年代的洛阳唐代墓葬发掘中就出土了上面有黑、蓝等色彩的釉陶器。只不过这些颜色的器物比较罕见，也比较珍贵罢了。从现在见到的唐三彩陶器分析，古人制作它们时大多采用模制加手工修整的方法做出陶坯，所以我们看到的各种唐代陶马形状基本上都很相似，应该是套用统一的范本模具制作的。陶坯制成后，要经过两次烧制，先在火温大约1000度左右的陶窑内素烧一遍。烧成形后取出冷却，然后上釉，再送入火温850度至950度的陶窑内烧制定型。由于釉料内分别含有铜、铁、锰、钴、锑等金属成分，在烧灼后就氧化成多种具有不同颜色的金属氧化物，如氧化铜显现绿色、氧化铁显现赭黄色、氧化锰显现紫色等等。加上工匠在上釉时的自由挥洒，使各种颜色混合，就形成了五彩缤纷、自由奔放的精美釉陶色彩。

在唐代墓葬中出土的陶马已经不胜枚举，我们这里介绍几匹引人注目的出土器物精品。

第一匹是在陕西省礼泉县昭陵附近的一座陪葬墓中出土的，身高60厘米。马身纯黄色，伫立昂首远眺。马鬃被修剪得很短，没有剪出花。马尾被紧紧地束成短小的尖髻，向上弯曲。马身上配好了鞍鞯、络头、胸带与后鞦带上悬挂着装饰的杏叶，显得十分华丽。昭陵是唐太宗的陵寝，附近陪葬着他的亲属与功勋卓

图1　西安唐墓出土三彩马

图2　西安唐墓出土三彩马

著的文臣武将，所以这座陪葬墓的主人在世时地位也比较高，才能拥有这么大型的精美三彩明器。

第二匹是在陕西省西安市附近的唐代墓葬中出土的。马身赭黄色。马鬃上端剪出一个花。马尾也是被束成向上弯曲的短髻。马身上配有鞍鞯、络头、胸带与后鞦带等，并且在马鞍上覆盖了一条绿色的鞍袱，用来遮挡尘土。马鞍下面还附有障泥。这是一条较长的褥垫，用来挡住马蹄带起的泥水，保持骑手衣服的整洁。这是官员乘马的主要佩具组合，可见这匹马是贵族官员出行时带在队伍中的备用乘马。（图1）

第三匹也是在陕西省西安市附近的唐代墓葬中出土的。马身白色。独具特色的是在这匹马的马鞍上覆盖着一条深色毛毯，作为鞍袱。这就让我们见到了唐代的另一种马匹用具。这种使用毛毯的习惯很可能是受到西北游牧民族的影响。（图2）

第四匹是在河南省博物馆中展出的一匹唐代三彩马。它的鬃毛没有修剪，长长地披在颈间。马头略低。马身以赭黄色为主。马鞍上覆盖着一条绿色、黄色杂间的鞍袱。（图3）

另外有很多唐代墓葬中出土的陶俑没有经过上釉烧制，而是采用比较简单的涂色彩绘工艺。它们被称作彩绘陶俑。这类陶俑在当时的制作成本应该比较低，使用的人身份可能也要低一些。但是它们的艺术水平并不低。如一匹在河南出土的彩绘陶马与上面说的几匹三彩马在造型上毫无二致。马右前蹄抬起，似乎正在前行，动态十足。充分表现了唐代制陶工匠们细致入微的观察能力。

图 3　河南唐墓出土三彩马

还有一件在陕西省礼泉县昭陵陪葬墓中出土的白陶马。也是难得一见的珍贵艺术品。它身高 46.5 厘米，通体雪白，长鬃下披，右前蹄高举，身体略向后坐，似乎是正在蓄势腾起。有人认为这是一匹诞马。因为它没有装备鞍鞯。据说《宣和卤簿图》上画的诞马就是没有马具鞍鞯的。但是按照《宋史·仪卫志》的说法，诞马也披有“金涂银闹装鞍勒”。那么就是两种情况都会存在。如果唐宋两代的制度没有什么根本区别的话。唐代的诞马或许也会装备马具。这样，上面列举的诸多马匹俑就应该都是作为诞马出现的。诞马就是在官员出行的礼仪队伍中尾随的备用马匹。这说明墓葬中随葬的陶俑是在完整地模仿在生时的实际礼仪队伍。这匹白陶马的鬃毛刻画手法比较罕见，将下垂的鬃毛刻成整齐规律的卷曲纹样。这如果不是逼真地描写实际马匹鬃毛，就可能是受到西方艺术表现手法的影响。

说到西方艺术的影响，就要看看当时流行的天马形象。在唐代帝王的陵墓前面有一条宽阔的大道叫作神道。夹侍在神道两侧，树立了大量的石像生雕像，包括文臣武将、老虎、狮子、鸵鸟、天马和乘马等众多形象。这些天马都是刻有羽翼的，与一般没有羽翼的乘马形成明显的对比。例如在陕西省乾县的唐高宗乾陵朱雀门神道两旁就树立着高大雄伟的一对有翼神马石像。那种雕刻精美逼真的宽大羽翼表现出明显的西方艺术风格。在一些唐代墓志盖的纹饰中、在唐代铜镜和金银器的纹饰里面，我们也可以见到长有飞翼的天马形象。说明天马应该是在唐代流行的艺术造型了。

唐代大诗人李白写过一首《天马歌》，其中有“天马来出月支窟，背为虎纹龙翼骨”这样的句子。美国学者夏弗在他《撒马尔罕的金桃——唐代的舶来品研究》一书中认为，李白诗中提到的“龙翼骨（双脊）”揭示了这种马表现出来的阿拉伯马成分。所谓双脊就是在马的脊椎两侧有两条肉脊，使人骣背骑起来十分舒服。另一方面，“虎纹”则表现了这种马的返祖成分，虎纹就是鳗纹，是马背下方的一种暗色条纹，是许多原始马所具有的共同特征。其实追溯一下李白的创作渊源，在汉代的《天马歌》中就有“天马徕，出泉水。虎脊两，化若鬼”的描述，说明李白是在按照汉代人的记述在描写大宛马。唐朝人将康国出产的马引进，作为繁殖战马的种马，他们确信这是最初的大宛马的种系。根据唐代文献的记载，在八世纪中期，拔汗纳国曾经向唐玄宗献过六匹真正的汗血马。通过这些进口种马的活动，唐政府不断改善了驯养马匹的品种。唐代时国力十分强盛，影响遍及今日的蒙古、西伯利亚与中亚各地，这与唐朝军队的强大有关。唐军主要由装备精良的骑兵所组成。由此可见，良马对于唐朝军队及唐代政权的重要性非同小可。所以《新唐书·兵志》中明确指出：“马者，国之武备。天去其备，国将危亡。”

正如美国学者夏弗所说的，唐代统治者在亚洲民族中的崇高地位及其广被天下的权威，在很大程度上依赖于他们能够得到的战马的数量。

唐代历史上，经常从西北草原民族那里交换与购买马匹。这种交换一直延续到宋代，称为茶马互市。例如贞观十七年，唐朝政府答应了薛延陀请婚的要求，薛延陀因此向唐政府贡献了五万匹青白杂色和黑鬃的薛延陀马以及大量牛羊骆驼。唐朝政府在观念上将马看作是外交政策和军事策略的工具，唐代马更可靠的来源是东北地区，奚、靺鞨、契丹曾献名马。突厥马也是唐代马的主要来源，有时一次有五千匹之多。西域大食、龟兹、吐谷浑等，也有贡马的记载。开元十五年，唐政权允许在边疆互市，购买马匹。唐代人非常喜爱外来的马，所以唐玄宗曾批准和六胡州市马。在唐太宗到唐高宗期间，唐朝政府在今陕西西部到宁夏一带上千里的土地上设置了八个马坊，共四十八个马监的养马机构来繁育马匹。以后由于马匹增多，土地容纳不下，又分设出八个马监，分布在今天的甘肃青海一带。再过几年，更设置了今陕西北部和山西西北部的十一个马监。官府拥有的马匹总数达到七十万六千匹。马匹的大量繁殖，使得社会上能够有更多的人骑乘马匹。马匹的价格也空前的便宜，据说最低时可以用一匹绢帛换到一匹马。

优良的马种与空前大量的乘马，使我们在唐代遗留下来的各种艺术品中能够看到很多逼真的雄骏马匹形象，显示出唐代马匹独特的英姿。到了唐朝灭亡之后，五代与宋朝时，中原和西方的直接联系被截断，西方骏马的种系逐渐消亡。元明时期蒙古矮种马大量涌入，使中国马匹的形象大大改观。所以在明清时期的艺术品中再也看不见唐代三彩马那样雄峻的高头大马形象了。

唐代墓葬中出土陶俑内，与人物结合的骑马俑数量最多，里面也有很多有重要历史价值的艺术品。例如：1971 年，在陕西咸阳市礼泉县发掘的唐代重臣郑仁泰墓中出土一件彩釉骑马乐俑。乘马身体粗壮，身上绘有花斑，可能就是唐代人推崇的五花骏马。唐代大诗人李白的名句“五花马，千金裘，呼儿将出换美酒，与尔同销万古愁”，说明五花马在唐代是极其贵重的珍稀骏马。杜甫更在《高都护骢马行》一诗中赞颂：“五花散作云满身，万里方看汗流血。长安壮儿不敢骑，走过掣电倾城知。”林梅村曾经考证唐代的五花马是来自于阗的花马。1901 年，英国探险家斯坦因在新疆和田丹丹乌里克遗址获得一幅于阗壁画，上面就绘有一匹全身花斑的花马。这匹彩釉马从内地的角度再次印证了于阗花马传入唐朝疆域，并大受欢迎的实况。

图 4　唐懿德太子墓出土绞胎釉骑马俑

还有一件 1972 年在陕西省乾县唐懿德太子墓葬中出土的三彩绞胎釉狩猎骑俑。（图 4）它使用了特殊的绞胎技术，就是在制作陶坯时，用两种不同颜色的陶泥搅在一起，然后成型烧制。经过上釉煅烧后，陶俑身上会显示出类似树木年轮那样的深浅不同的纹路，具有奇特的美感。这种制陶工艺对技术水平要求极高，成品不易，至今在考古发掘中也极为罕见。这件绞胎釉狩猎骑俑能够保存下来，让我们见到唐代工匠的精妙手工技艺，真是千古奇遇。

唐代画家笔下的马匹形象，也是具有同样高超艺术水平的文物珍宝。近代以

图 5　唐韦贵妃墓壁画驯马图

来的考古发掘工作，为我们保存下来一大批珍贵的唐代墓葬壁画。此外，还有敦煌石窟中唐代经变壁画、敦煌藏经洞中保存的唐代绘画卷子、传世的唐代画作等等。

1990 年，在陕西省礼泉县清理了唐太宗的妃子韦贵妃墓。墓室中的壁画里，有一幅描写驯马的精彩图画，（图 5）表现了两名马夫将一匹精壮的白马献给主人。其中一名马夫浓眉高鼻，一头卷曲的长发，身着胡服长靴，显然是一位来自西方异域的使者。他正用力抱住马的脖颈，拉住马头，似乎是刚刚制服这匹发怒的烈马。另一位马夫头戴幞头，身穿翻领胡袍，足着线履，小腿上缠着裹腿，这身衣着应该是唐朝子民的打扮。有人把他也误认为是胡人，那就不合适了。看来应该是表现胡人马夫与汉族马夫交接骏马的场面。值得注意的是画家把那匹烈马怒气未消的神情表现得非常出色，马面部的肌肉仍旧紧绷，鼻孔张大，口唇咧开，似乎还在急促地喘息。眼睛愤怒地瞪圆，透出一股凶悍的神色。如此精彩佳作，正说明了画家对于马匹之熟悉与观察之细致。

在新疆吐鲁番市的阿斯塔那有一处唐代墓葬聚集的古墓地。这里编号为 188 号的一座唐代墓葬中发现了一套当时使用的屏风，一共有 8 扇。每扇画面上都是表现放牧马匹的景象，其中的一扇表现一个牧民牵着一匹马放牧。（图 6）这匹马虽然身体肥壮，体现着唐代画家画马的习惯风格，但是头颈低垂，面目消瘦，皱纹丛生，似乎是一匹老马。特别是在马的眼神中流露出了哀伤迷茫的神情，让人不禁对它的身世产生众多猜想与同情。这种神形兼备的艺术品不仅表现了唐代画家深厚的艺术造诣，也反映出马匹在唐代社会生活中的重要地位。

历代传留下来的还有一些著名画家的大作，表现更为出众。例如保藏在故宫博物院的《牧马图》长卷，是一件国宝级的文物。它可以说是在中国古代绘画中表现马匹数量最多的一幅长卷，全长达 429. 8 厘米，宽 46. 2 厘米。画面上一共画了 140 多个牧马人和 1280 多匹马。马匹的毛色形体千姿百态。成队的骏马有的在纵情奔驰，有的伫立休息。马夫在溪水中为马匹刷洗。山水之间，无边无尽的马匹充分显示了当时官方马监的兴旺景象。据说这件作品原作出自唐代著名画家韦偃之手。现存的长卷是宋代画家李公麟根据原作所作的摹本。

图 6　新疆阿斯塔纳唐墓屏风画

中唐时期的画家曹霸、韩幹，是历代公认的画马名家。唐代大诗人杜甫的《丹青引赠曹将军霸》一诗中歌颂曹霸的画技时，用“斯须九重真龙出，一洗万古凡马空”这样的词语描写曹霸画的骏马气势非凡，可以与真实的千里马媲美。画成以后，呈在御榻上的画卷与庭院中的良驹玉花骢相向而立，宛如镜中的映像那么逼真。

图 7　唐韩幹绘照夜白图

可惜曹霸的作品现在已经无法看到了。而他弟子韩幹的真迹有幸得以保留。美国大都会博物馆中收藏了一幅韩幹所绘制的《照夜白图》，是世所罕见的唐代绘画真迹。（图 7）照夜白是一匹唐玄宗十分喜爱的骏马。画作中间画了一根柱子，马匹就拴在木柱上，正在不安地咆哮、跳跃，力图挣脱束缚。端立的木柱与拴在木柱上暴躁不安的烈马形成了一种明显的对比，很好地表现出这匹骏马强壮有力的体魄与暴烈不驯的性格。

表现骏马形象的唐代著名画作还有《虢国夫人游春图》。（图 8）它的原作是唐玄宗时期的著名画家张萱所绘。这幅《虢国夫人游春图》是描绘杨贵妃的姐

图 8 虢国夫人游春图

姐们在天宝十一载春天骑马踏青的画面。唐代大诗人杜甫曾经有一篇长诗《丽人行》，细致地叙述这种活动的盛大场面。画面上描绘了身着锦绣华服的虢国夫人、秦国夫人骑着高头骏马，在仆从、侍女的陪护下外出游玩赏青。八匹骏马毛色神态各不相同，表现出画家对马匹的体态活动掌握得极其细致准确。这件画作现在保存在辽宁省博物馆中，卷子前面有金章宗完颜璟写的题签，说这幅画是宋徽宗所作的摹本，曾经藏在北宋皇宫内府，金国攻破汴梁后，可能把这幅画作为战利品带回金都，后来收藏在金国内府中。

图 9 西安出土唐舞马银壶

在唐代涉及马的珍贵文物中，不能不提到那一件著名的舞马银壶。20 世纪 70 年代中，在西安市的何家村进行基本建设时，发现了一个深埋地下的唐代窖藏。经过细心清理，在这个不太大的地窖里，竟然出土了几百件精美的唐代金银器，这里面有盘子、杯子、盆、罐、酒壶等日用器皿，是中国考古史上最大的一批唐代金银器发现。这批金碧辉煌的珍宝中，有一个外形模仿皮囊样子的银壶。（图 9）壶盖与纹饰表面鎏金，灿烂夺目。壶腹上錾刻出一匹口中衔着金杯、后腿蹲坐、前腿踏舞的骏马，它长鬃披颈，下端可能经过梳理，系有带花结的彩带。从马匹的装饰与动作来看，这是一匹唐代宫廷中著名的舞马。

唐代宫廷中专门训练舞马，让它们在宫廷礼仪盛会中表演。这种活动在唐玄宗时最为盛行。据《新唐书·礼乐志十二》记载："玄宗又尝以马百匹，盛饰分左右，施三重榻，舞《倾杯》数十曲，壮士举榻，马不动。"这种舞马表演可能只是在庆祝皇帝的生日时才公开表演。参与观看的臣子会把它当作莫大的荣宠，留下过不少赞颂的诗篇。例如当时大臣张说的《舞马千秋万岁乐府词》三首："金天诞圣千秋节，玉醴还分万寿觞。试听紫骝歌舞府，何如騄骥舞华冈。连骞势出鱼龙变，蹀躞骄生鸟兽行。岁岁相传指树日，翩翩来伴庆云翔。圣皇至德与天齐，天马来仪自海西。腕足徐行拜两膝，繁骄不进踏千蹄。髼髵奋鬣时蹲踏，鼓怒骧身忽上跻。更有衔杯终宴曲，垂头掉尾醉如泥。"从诗中的描写来看，这些舞马在舞蹈时，会表演匍匐前行，下跪行礼，原地踏步，下蹲腾跃等动作，乐曲结束时，舞马会衔着酒杯，表现出醉酒的样子，真是精彩无比。上面所介绍的何家村出土舞马银壶上的纹饰，就是正在表演衔杯行礼的舞马形象，与张说诗篇的记载完全相符。

大量表现骏马形象的精美唐代文物，不仅是具有高度欣赏价值的古代艺术珍品，而且以丰富的文化历史内涵向我们展示着那个中国历史上最为兴盛的时代面貌。它们是中华历史文化宝库中最可珍视的一批瑰宝。

原载《大众考古》2014 年第 3 期

“二十四孝”在何时形成

记得鲁迅先生曾经在《朝花夕拾·二十四孝图》一文中感慨旧中国儿童读物的贫乏，由此提起了给孩子们看二十四孝图进行启蒙的儒家，可见孝义思想作为封建社会文化思想核心之一的重要地位。“二十四孝”这一伦理教材的影响，自然起了举足轻重的作用。其流行之普及，正如鲁迅先生所言：“那里面的故事，似乎是谁都知道的，便是不识字的人，例如阿长，也只要一看图画便能够滔滔地讲出这一段的事迹。”

二十四孝的形成，一般认为是在元代，著名孝子郭居敬首辑《二十四孝》，收入帝舜、郯子、老莱、仲由、闵损、曾参、汉文帝、董永、江革、黄香、姜诗、丁兰、郭巨、杨香、蔡顺、陆绩、王裒、孟宗、王祥、吴猛、庾黔、唐夫人、黄庭坚、朱寿昌二十四人的故事，“序而诗之，以训童蒙”。[1]以后，明清乃至民国初年还有过多种不同的二十四孝选本，收入的人物各有不同。如：清家秘本《二十四孝诗注》、《二十四章孝行录抄》等就以田真、张孝代替了江革与仲由。

以后又有内容更多的《百孝图》、《二百四十孝图》等作品。民国三十年郭立志《新辑二十四孝》序云：“元郭义祖性至孝，尝集虞舜以下二十四人孝行之概序而诗之，用训童蒙，流行于世，几于家喻户晓。坊间继出《后二十四孝》及《女二十四孝》，皆未知何人作。清道光中高月波别录二十四事。同光之际，俞诚甫广为《百孝图》。胡虎臣又广为《二百四十孝》。”

清代《三馀堂丛书》中收有南宋名儒朱熹的《二十四孝原》一书，提出了二十四孝的系统。这个系统的人物与元代郭居敬的二十四孝一致。但此书不见于《朱子大全集》等朱熹的著作中，未晓是否为后人伪托。民国二十二年北平古物陈列所影印宝蕴楼藏《二十四孝书画合璧》介绍了南宋末年画家赵孟坚书画的二十四孝图。其内容与上述郭居敬所辑者完全一致。但在现在国内各博物馆里收藏的古代书画中并未见到赵孟坚的二十四孝图（据《中国古代书画目录》），而且赵孟坚以画花卉著名，故宫博物院存有他画的《墨竹图》、《水仙图》等，未见其人物画存世，虽然影印本画上有明代大收藏家项子京的印章，但此二十四孝图的真伪尚需考辨。因此，仅凭文献与传世文物，尚不能确定二十四孝产生的确切时间，致使元代郭居敬首创二十四孝的说法长期以来成为定论。《辞源》、《中文大字典》等权威辞书都采用了这一说法。然而，文献无法证实的问题，近代以来出土的大量宋代墓葬壁画石棺等实物却可以证明。通过大量文物，可知二十四孝故事这一系统在北宋时已经广泛地于民间流行开来。其起源则更可以上推到唐代或更早时期。这对于了解二十四孝的缘起和研究中国血缘宗法社会孝义思想的巨大影响具有重要的意义。

上溯中国古代文物的浩瀚大川，孝义故事图画可能已在中国古代社会中流传了近二千年，是民间社会常见的伦理教材，也是民间画工常用的题材之一。早在东汉晚期的山东嘉祥武梁祠石室画像中就出现了曾子、闵子骞、老莱子、丁兰、董永、章孝母、忠孝李善等孝义人物像。四川乐山柿子湾 1 号东汉崖墓中也有董永事父与孝孙原谷的雕刻[3]。1931 年在河南洛阳翟泉村北邙山出土的北魏孝昌三年宁懋石室，现藏美国波士顿艺术博物馆。石室上刻有孝行图，包括董永卖身葬父、丁兰刻木母事亲、帝舜等画面。美国纳尔逊艺术博物馆所藏北魏孝子石棺，两侧用精美的线刻刻了蔡顺、董永、舜、郭巨、孝孙原谷等人的故事[4]。这些都说明在东汉到北朝期间，孝子故事一直是人们墓葬中艺术装饰上的常用题材。但这时的孝子题材，数量有限，不超过十种。值得注意的是，这些孝子人物是历代大量孝子中影响最大的，绝大部分直至各种二十四孝中依然存在。

百善孝为先，在源远流长的中国传统文化中，孝义始终占有相当重要的地位。这与中国社会以血缘家庭宗族为基础，历来看重种姓繁衍延续的传统观念是分不开的。代表中国传统文化的儒教，就是大力提倡忠、孝、节、义，把孝义作为治国的根本。而中国古代的各位君主，也都把孝当作首要大事来推行。这就使得孝义思想在中国深入人心，遍及社会各个阶层。从东汉到隋唐时期，文人士子编写了多种《孝子传》，如东汉刘向《孝子传》、晋陶潜《孝传》、刘宋王韶之

《孝子传》、隋萧广济《孝子传》与师觉授《孝子传》等，加以正史中的孝子传记，宣传了近百位各式各样的孝义人物。

虽然孝义思想是儒家的重要思想，也是历代封建统治者所大力提倡的，但它并非儒家的专利。佛教在中国传播时，为了适应中国传统文化，争取信徒，也吸收了儒家的孝义思想，为宣传佛教服务。所以，在当时佛教的经筵与讲堂上，在佛窟的壁画与雕塑中，都出现了宣扬孝义的题材，利用俗讲、变文、造像、壁画等宣传形式大力宣传孝道。其宣传之普遍，浸及各个阶层。它为把孝义思想深入人心做出了极大的成绩，对二十四孝的形成也起到了重要的作用。

尤其是在理学兴起后的宋代，有关孝的佛教造像、经变画等频频出现，四川的佛造像中便有非常精彩的代表。让我们来看一看四川大足县宝顶山的第 15 号窟中，这里有一幅雕于南宋年间的“父母恩重经变”。它位于龛内并列的七佛（毗婆尸佛、尸弃佛、毗舍婆佛、拘楼孙佛、拘那舍佛、迦叶佛与释迦牟尼佛）之下，全部画面分为十一组[5]。画幅中央，是第一组内容“投佛祈求嗣息图”，刻画了一对夫妇在佛像前虔诚地焚香礼拜，祈求子息。由此分别向左右排开十组图画，称作“父母十恩图”，并刻有诗句说明，依次是：

“第一：怀胎守护恩，禅师颂曰：慈母怀胎□，全身重如□，□黄如有病，动转亦□□。”雕像表现的是一位孕妇，身后有侍女侍奉，似乎是行动艰难，十分痛苦。

“第二：□□□□恩，慈觉颂曰：□□慈亲苦，□人眼泪流，知恩□□□，□取出胎时，□□闻将在，□惶不息持，□生都来□，□□皱双□。”画面上是一位孕妇临产的场面，她身后有使女扶持，面前有产婆照料。焦虑不安的丈夫站在一旁。整个画面生动异常，十分感人。

“第三：□□忘忧恩，慈觉颂曰：初见婴儿面，双亲笑点头，从前忧苦□，到此一时休。”画中有一位妇女与一位男子相对而立，妇女左手抱着婴孩，男子左手把握住女子手臂，相视而笑，表现出得子后的欢乐心情。

“第四：□苦吐甘恩，慈觉颂曰：□□儿子□，□□自家□，不世知恩少，他时报恩难。”画面表现母亲拥抱着孩子。孩子手中举着一个小饼送给母亲吃，可能是在表现母子的恩爱之情。

“第五：推干就湿恩，慈觉颂曰：干处让儿卧，□□□□□，抑谁□□□，诸佛亦何偏。"画中母亲侧卧于床，双手把住儿子臀部，置于床边让儿子小便。孩子还在沉沉酣睡，头枕在母亲右臂上。这是一幅动人的日常生活画面。

"第六：□□□□恩，慈觉禅师馈颂曰：□哺无时节，□中岂暂离，不愁脂肉尽，惟恐小儿饥。"这幅雕刻的是母亲给孩子哺乳。题目应该是慈母哺乳恩吧。

"第七：□□□□恩，慈觉大师颂曰：□儿□□□，□□□时干，儿身多□□，洗□□□□。"这幅题记文字残损过多。根据画中母亲在洗涤衣裳，后面是丈夫抱着小儿子玩耍的情景，推测它的题目是：洗涤照料恩。

"第八：为造恶业恩，古德颂云：养儿方长大，婚嫁是寻常，宴会多杀害，罪业使谁当。"这组图画表现了一次宴会的场面，表现父母为了儿子操办筵席，杀猪造下罪业的内容。

"第九：远行忆念恩，□□颂曰：□下为儿日，三年岂离后，□你千里□，出必□□□，恐依门□□，归来莫太迟。"画面表现一对老夫妻与即将远行的儿子离别。老夫妻面显忧容，谆谆叮嘱着儿子，情状感人。

"第十：究竟怜悯恩，颂曰：百岁惟忧八十儿，不合作鬼也忧之，观喜怒常不犯慈颜，非容易从来谓色难。"这一组雕刻是一对老夫妇并排坐着教训跪在面前的儿子。宣扬了"顺者为孝"的思想。

这样一套完整的精彩作品，从人的出生到老死，一层层揭示父母对子女的恩情，宣传孝顺父母、报恩承欢的中国传统思想，而它又是以佛教经变的形式出现的，说明孝在宋代已经成了中国化佛教的一个重要组成部分。

据《敦煌莫高窟内容总录》，敦煌壁画中也有四幅表现《报父母恩重经变》的作品，分别绘于吐蕃占领期间的238窟，晚唐建造的156窟，宋代的170和449窟。

在甘肃省博物馆中还保存有一幅形象生动的《报父母恩重经变》绢画。据题记它创作于北宋淳化二年（991），共分十五段，表现了怀胎、生养、哺乳、看护、怀抱嬉戏、让食、求妻、孝顺老年父母以及抨击不孝子女等内容，比大足石刻显得内容更为丰富。这幅绢画出自敦煌藏经洞中的宝藏。同出于藏经洞中的写经卷子中，还发现有宣扬孝道的《父母恩重经讲经文》和《孝顺乐》、《十恩德》等佛赞。

例如：《十恩德赞》（伯2843号卷子）中歌唱的十恩是"第一怀贪（指胎息）受苦恩，第二临产受苦恩，第三生子忘忧恩，第四咽苦吐甘恩，第五乳饱养育恩，第六回干就湿恩，第七洗浴不净恩，第八为造恶业恩，第九远行忆念恩。

第十究竟怜悯恩。”这与大足宝顶15号窟造像表现的内容就十分相似了。

为了适应中国的传统思想，佛家也注意到着重宣扬佛祖的孝行，推出《大方便佛报恩经》等讲求孝行、与儒家思想相接近的佛典。四川大足等地的佛教造像中，出现了精彩的佛报恩变，大足宝顶山大佛湾的17号龛中就有一件典型的代表作。在这个龛的中央主尊释迦像的两侧，共雕有《大方便佛报恩经》变相和佛本生变相共12组。画面中还刻写了有关经文，着重宣传了佛祖具备孝行、报答父母恩养的事迹。如："释迦因地行孝证三十二相图"、"释迦因地行孝剜眼出髓为药图"、"释迦因地鹦鹉行孝图"、"释迦因地目炎子行孝图"、"大孝释迦佛亲担天王图"等。

特别是"六师外道谤佛不孝图"，直接针对认为佛教出家不孝父母的说法加以反驳，这幅画面上刻了比丘形状的阿难，担着坐在筐中的老父母的孝子，攻击佛不孝的六师外道等人。图中附刻的经文记录了这一段故事：传说阿难随佛修行时，一次入城乞食，见到一个孝子担着父母乞食。阿难称赞他的孝行。这时，有一个外师的党徒遮尼乾攻击佛祖说："释迦舍去父母出家，是不孝人。"阿难听了后很惭愧，就去问佛："佛法中有没有孝养父母？"这时，"世尊微笑，放五色光，至十方如来所，彼国菩萨同音：'何缘有此光明？'彼国佛言：'有娑婆界佛号释迦，为大众说《大方便佛报恩经》，欲令众生孝养父母，故放斯光明。'尔时，如来身中现五趣身，一一身中现无量微尘数不思议形相，一切众生具足受身，以受身故，一切众生曾为如来父母。如来亦曾为众生作父母。故常修难行，苦行，难舍，能舍，勤修精进，具足万行，不休不息，心无疲倦，为教养父母故，令得速成天下菩萨，由孝德也。"

这便从根本上把孝纳入了佛教思想的范畴，使得佛教更易为中国社会所接受。也反映出了佛教在它的传播和发展中，是如何如同海纳百川一样吸收和容纳着各民族优秀的文化因素，扩展着自己博大精深的体系。在这种发展中，佛教也为孝义思想的更进一步普及与二十四孝的形成做出了极大的贡献。

从敦煌卷子中，我们可以找到佛教宣传促进二十四孝形成的极好例子。在唐代的壁画、线刻、绢画等艺术作品中，尚很少发现有关孝子的图画。但是，在晚唐至宋初的经卷文书写本中，却已经可以发现"二十四孝"的名称。敦煌卷子见有《故圆鉴大师二十四孝押座文》一种，共存三件，为斯7，伯3361，斯3728，内容基本相似[6]。《敦煌变文集》校记根据此文注有"左街僧录圆鉴大师赐紫云辩述"一句考云："斯4472有左街僧录云辩'与缘人遗书'，知云辩卒于广顺元年。启云：'云辩与杨凝式同时，曾居洛，与妓女作诗嘲讽，事见宋张齐贤《洛阳缙绅旧闻记》'……此押座文刻于云辩死后，已经是五代末或宋初了。"此件押座文虽然称为二十四孝，但文中只提到了舜、王祥、郭巨、老莱等人，没有列举完全。由于是佛教的宣传品，起首提到了"目连已救青提母，我佛肩舁净梵王"。可能是把目连和释迦牟尼也列入了二十四孝。这是在其他提法中未见的。这样，它既表明在唐代末年已经有了二十四孝的提法，又反映了一个与后代孝子图不同的二十四孝系统。从这样一种中原地区僧人创作的宣传品经刻印流传到敦煌地区，而且同出多件的现象来看，晚唐时期乃至五代，这种二十四孝的提法是非常流行的。

有意义的是，类似二十四孝押座文这样把佛教与中国传统的孝义思想结合起来的古代文物实证还可以找到不少。六十年代清理的重庆井口宋石室墓中，除发现有丁兰、郭巨、陆绩、仲由等人的故事画外，还刻有目连救母与六师外道谤佛不孝等佛教中有关孝的故事画[7]，恰与上述押座文互相对应。敦煌卷子中，还有当时寺院进行俗讲用的《舜子至孝变文》、《董永变文》等。这些与四川大足宝顶等地宋代石窟中的六师外道谤佛、父母恩重经变等同时证明着佛教在形成二十四孝过程中的作用，也反映了中国传统的孝义思想对佛教中国化的巨大影响。

唐代孝子故事已经形成类似二十四孝的系统，还可以在敦煌卷子中找到旁证。敦煌写本中共发现五卷《孝子传》，均为残卷，斯5776存故事六则，斯389存故事五则，伯3536存故事三则，伯3680存故事三则，伯2621存故事二十三则。后代二十四孝中主要的人物，在这里都有出现。如：舜子、姜诗、蔡顺、老莱、吴猛、曾参、闵子骞、董永、郭巨、江革、鲍出（山）、王祥、王褒（裒）、赵孝（孝宗）、刘明达、王武子妻、丁兰、郯子等[8]。而且由于这些卷子是用来在佛寺中宣讲的，所以将故事加工成变文俗讲的形式，故事文字生动，夹以韵文，可以边讲边唱。可以想见，这会多么有利于孝子故事在民间的普及和流传。

顺便提及，中国自古以来就有注重四、十二、二十四（源于四象〈四时〉，十二月，二十四气）这样数字规律的习惯。很早就有将人物、风景等集为四、十二、二十四等项的做法。如战国四公子、商山四皓、十二子等，又如《后汉书·梁鸿列传》载："仰慕前世高士，而为四皓以来二十四人作颂。"说明汉代已经有此种风气。由此推想，在这类《孝子传》的基础上集结出最有影响的二十四个孝义故事来，应该是很自然的事。特别是鲍出（山）、赵孝（孝宗）、刘明达等人，在宋以后的文献中很少看到他们的故事，而在敦煌写本《孝子传》中却有明确记载。又如原谷其人，唐宋以前均称之为原谷，宋墓中却多写作元觉。究其来源，似来自句道兴的《搜神记》。敦煌卷子斯 525、斯 6022、伯 2656、伯 5545 等卷均录有《搜神记》，其中一段为："《史记》曰：孙元觉者，陈留人也，年始十五，心爱孝顺。其父不孝。元觉祖父年老，病瘦渐弱。其父憎嫌，遂缚筐舆舁弃深山。元觉悲泣谏父。"[9]这正是原谷的故事。而在唐代的写本中变成了元觉，影响到宋代。由此说明下述的宋代墓葬中的二十四孝图与唐代孝子故事之间，存在着密切的沿袭关系。

这样看来，在唐代，甚至可能更早时期就产生了二十四孝的系统，应该是符合实际的。当然，那时的二十四孝可能有多种不同的题材选择，由于缺乏证据，我们还无法列举出那时的二十四孝名目。但可以肯定，舜、董永等出现最多的人物一定会包括在内。

降及宋代，则无可置疑地存在着二十四孝的系统。在近代发掘的宋代墓葬中，曾经发现了大量孝子图画。这里面有墓室壁画、石棺线刻，也有砖雕与石雕。其内容多为二十四孝故事，也有一些没有达到二十四位，但其人物包括在上述二十四孝之中。这是对二十四孝形成时间最有力的实物证明。我们将主要的几处宋墓孝义图内容列为下表，可为参证。

出处	林县城关	山西壶关	洛阳孟津	嵩县北元村	巩县西村	荥阳司村	洛宁大宋村	元郭居敬集
年代	熙宁至政和（1068—1117）	元祐二年（1087）	崇宁五年（1106）	大观年间（1107—1110）	宣和七年（1125）	待考	政和七年（1117）	
形式	砖雕	砖雕	石棺线刻	彩绘壁画	石棺线刻	彩绘壁画	石棺线刻	
数量	24	20	24	15	24	19	22	24
人物	董永	同左	同左	同左	同左	同左	同左	同左
	杨香	同左	同左		杨香		杨香	同左
	陆绩	同左	同左		陆绩	同左	同左	同左
	姜诗		姜诗		（姜）诗妻	姜诗	同左	同左
	王裒							王裒
	曾子	同左	同左		曾子	同左	同左	同左

出处	林县城关	山西壶关	洛阳孟津	嵩县北元村	巩县西村	荥阳司村	洛宁大宋村	元郭居敬集
	郯子	同左	同左	同左	同左	同左	同左	同左
	丁兰	同左	同左	同左	同左	同左	同左	同左
	蔡顺	同左	同左					蔡顺
	大舜	同左	同左	同左	同左	同左		大舜
	老莱	同左	同左	同左	同左	同左	同左	同左
	郭巨	同左	同左	同左	同左	同左	同左	同左
	王祥	同左	同左	同左	同左	同左	同左	同左
	孟宗	同左	同左	同左	同左	同左	同左	同左
	王庭坚							
	曾（鲁）义姑	同左	同左		鲁义姑	同左	同左	
	韩伯瑜		韩伯瑜	同左	同左	同左	同左	
	刘殷	同左	同左	同左	同左	同左	同左	
	原谷	同左	孙悟元觉	元觉	同左	同左	同左	
	邓攸							
	鲍山	鲍山	同左		鲍山	同左	同左	
	曹娥	曹娥	同左	同左	同左		曹娥	
	姜肱							
	乌鸦反哺							
		田真	同左	同左	同左	同左	同左	
			赵孝宗	同左	同左		赵孝宗	
			刘明达		刘明达		刘明达	
			王武子妻		武妻	王武	同左	
			闵损		子骞（闵损）	闵子骞	同左	同左
				汉文帝				汉文帝
					蔡母			
								仲由
								江革
								唐夫人
								吴猛
								朱寿昌
								庾黔
								黄庭坚

由此可见，在宋代已经流行开了一套定型的二十四孝故事。与郭居敬编辑的二十四孝相比，这套二十四孝没有王裒、汉文帝、仲由、江革、唐夫人、吴猛、朱寿昌、庾黔和黄庭坚，而多出了韩伯瑜、田真、刘殷、赵孝宗、刘明达、王武子（妻）、鲁义姑、鲍山、原谷、曹娥等人。

这些多出的孝义人物事迹是怎样的呢？

河南洛宁宋乐重进石棺线刻　韩伯瑜

韩伯瑜　《历代孝子图汇编》载：“（韩）伯俞，亳州人，少时有过，母笞之，泣。母曰：‘吾他日笞之，未尝泣，今泣，何也？’对曰：‘往日杖痛，知母康健，今杖不痛，知母力衰，是以悲泣。’”又见《太平御览》卷四一三引《说苑》，作韩伯逾。

田真　周景式《孝子传》云：“古有兄弟，忽欲分异，出门见三荆同株，接叶连荫，叹曰：‘木犹欲聚，况我兄弟，而欲殊哉！’遂还相为雍和矣。”又作：西汉人田真兄弟三人，欲分家财，堂前紫荆树枯死，引起田真劝说兄弟宜合不宜分的故事[10]。

刘殷　《十六国春秋·前赵录》曰：“刘殷七岁丧父，哀毁过礼……梦人谓殷曰：‘西篱下有粟。’寤而掘之，得粟十五钟焉，铭曰：‘七年粟百石，以赐孝子刘殷。’”

山西壶关宋墓砖雕　田真

赵孝宗　事见敦煌卷子中的《孝子传》写本：“（首缺）义将军，司马赵孝，字长平，沛国人也。”其故事不甚完全，由此推测，应该是《后汉书·赵孝列传》中记载的赵孝其人。传曰：“赵孝字长平，沛国蕲人也……及天下乱，人相食。孝弟礼为饿贼所得。孝闻之，即自缚诣贼，曰：‘礼久饿羸瘦，不如孝肥饱。’贼大惊，并放之，谓曰：‘可且归，更持米糒来。’孝求不能得，复往报贼，愿就亨。众异之，遂不害。”[11]从河南洛宁出土宋乐重进石棺上的刻图来看，画面上是一个将军，握剑端坐，面前拱手站立二人，表情恐惧，与此故事情节相符。

刘明达　事同见于上述《孝子传》：“（首缺）由不足，更被孩儿减夺，老母眼见消瘦，遂于将儿半路卖于王将军。其（妻）见儿被他卖去，随后连声唤住，肝肠寸断，割妳身亡。诗曰：明达载母逐农粮，每被孩儿夺剥将。阿□卖却孩儿去，贤妻割妳遂身亡。”

王武子　故事亦同见于《孝子传》：“王武子者，河阳人也。以开元年中征涉湖州，十年不归。新妇至孝，家贫，日夜织履为活。武母久患劳瘦。人谓母曰：‘若得人肉食之，病得除差。’母答人曰：‘何由可得人肉？’新妇闻言，遂自割股上肉作羹，奉送武母。母得食之，病即立差。”[12]

鲁义姑　事见《说苑》：“齐遣兵攻鲁，见一妇人，将两小儿走，抱小而挈大；顾见大军且至，抱大而挈小。使者甚怪，问之。妇人曰：‘大者妾夫兄之子，小者妾之子。夫兄子者，公义也；妾之子者，私爱也；宁济公而废私耶？’”[13]

鲍山　应为鲍出，见《三国志·魏书·阎温传》注引《魏略·勇侠传》：“鲍出，字文才，京兆新丰人也……贼数十人已略其母……出复追击之，还见其母与比舍媪同贯相连，出遂复奋击贼。贼问曰：‘卿欲何得？’出责数贼，指其

嵩县北元村宋墓壁画　刘殷

母以示之，贼乃解还出母……出以舆车历山险危，不如负之安稳，乃以笼盛其母，独自负之，到乡里。乡里士大夫嘉其孝烈。”敦煌写本《孝子传》所载略同。

原谷　《孝子传》载：“原谷者，不知何许人。祖年老，父母厌弃之，意欲弃之。原谷年十五，涕泣苦谏。父母不从，乃作舆舁弃之。谷乃随，收舆归。父谓之曰：‘尔焉用此凶具?’谷云：‘后父老不能更作得，是以取之耳。’父感悟愧惧，乃载祖归侍养。克己自责，更成纯孝。谷为孝孙。”[14]在汉代的孝子故事中，仅用孝孙来称呼其人，还没有原谷的名字。山东嘉祥武梁祠石室画像中已经有了孝孙的雕刻。画面上，左侧坐着一个老人，榜题为“孝孙祖”。右侧站着一个伸手召唤的男子，榜题为“孝孙父”。中间站立一个孩童，回首与父应答，伸手欲去拿取长方形的舆。美国纳尔逊艺术博物馆中收藏的北魏孝子石棺上也有孝孙原谷的故事画。

曹娥　《会稽典录》载：“孝女曹娥者，上虞人。父盱能弦歌为巫，五月五日，于县溯江涛迎婆娑神，溺死，不得尸骸。娥年十四岁，乃缘江号哭，昼夜不绝声，旬有七日，遂投江而死。”[15]嵩县北元村壁画、宜阳石棺、乐重进石棺等处的曹娥，都是同样的一个妇人在哭泣，旁边有江水与水中的曹娥父亲头骨。

这些人物在宋代的影响显然大于后世改动的江革、唐夫人、吴猛、朱寿昌等人，这一套人物应该是我们现在能见到的最早的完整的二十四孝。

在中原广泛流行的二十四孝故事，作为中国古代社会伦理的重要组成部分，不仅存在于宋的疆域中，还流行于北方的辽、金地区，直至元代的北方地区仍然存在。在山西、河南、北京、辽宁、甘肃等地的辽、金、元墓葬中曾经多次发现过彩绘壁画与石雕线刻的二十四孝（包括不完全的孝子图）。如：

《考古通讯》1955 年第 4 期《山西绛县裴家堡古墓清理简报》介绍的砖室壁画郭巨行孝、孟宗行孝、韩氏节孝、董永行孝四图，根据墓中出土的买地券上残留的“大金国”字样可以判断为金代壁画。

《文物参考资料》1957年第3期《兰州中山林金代雕砖墓清理简报》介绍的砖雕孝子图有孟宗、王祥、郭巨、闵子骞（原简报有误，根据画面判断，应该是孝孙原谷）。

《考古》1960年第2期《辽宁辽阳县金厂辽画像》介绍的石雕孝子故事。

《考古》1960年第2期《锦西大卧铺辽金时代画像石墓》介绍的六面浮雕孝子图。

《考古》1960年第8期《山西芮城永乐宫旧址宋德方、潘德冲和“吕祖”墓发掘简报》介绍的石椁线刻二十四孝图。它的组成与巩县西村宋代石棺上的二十四孝完全相同，仅题榜多假借字，如：陆绩作陆稷，丁兰作丁拦，郭巨作括拒，刘殷作刘鹰等，似乎反映了它从宋代一直传留下来的悠久传统。大量的假借字，既说明了民间工匠文化水平的低下，也说明了这些内容完全靠世代口头流传下来的状况。

《文物》1979年第8期《河南焦作金墓发掘简报》介绍的金代邹瑍画像石墓中的孝行故事图。据该文介绍，在焦作新庄、林县城关、沁阳木楼等地金墓中也出现过彩绘或砖雕的孝行故事图。

《文物》1981年第7期《北京市斋堂辽壁画墓发掘简报》介绍的墓中彩绘壁画。简报根据同墓出土的辽天庆元年陀罗尼经幢推测其为辽代晚期的作品。壁画无题榜，根据其内容判断为丁兰、蔡顺、原谷等人。另据日人鸟居龙藏记录，三四十年代，在鞍山也出土过辽代的砖雕孝子图〔16〕。

这些孝子图画，与宋代墓中的孝子图在构图、人物形象、基本组合等方面都十分相似，应该是从同一来源传衍发展而成。这个源头可能就是唐代或者更早时期在中原形成的二十四孝体系。它的影响，甚至跨越了国界，随着汉族居民散布到北方各少数民族政权统治的疆域中。这种孝子思想，如此历史悠久，又如此广泛普及，它在中国封建社会中所起到的伦理约束与道德教育作用是不可低估的。正如《孝经》中所言：“子曰：‘夫孝，德之本也，教之所由生也。’”自然，封建社会宣扬孝的目的是为了巩固其统治，如（孝经）云：“子曰：‘夫孝，始于事亲，中于事君，终于立身。’”但是，认真研究古代孝义思想的作用及其影响，取其精华，去其糟粕，用于今天的精神文明建设，还是有现实价值的。

〔1〕见《新辑二十四孝》序。

〔2〕见傅惜华《汉代画像全集》。

〔3〕见唐长寿《乐山崖墓和彭山崖墓》。

〔4〕见 Willam Watson《The Arts of China to A. D900》,《中原文物》1984 年第 2 期《邙洛北魏孝子石棺考释》及沈从文《中国古代服饰研究》。

〔5〕见胡文和《四川道教佛教石窟艺术》。

〔6〕〔8〕〔9〕均见《敦煌变文集》。

〔7〕《文物》1961 年第 11 期《重庆井口宋墓清理简报》。

〔10〕《太平御览》卷八一引。

〔11〕〔12〕均见《敦煌变文集》。

〔13〕今本《说苑》不见此文,据《太平御览》卷四二二引。

〔14〕《太平御览》卷五一九引。

〔15〕《太平御览》卷四一五引。

〔16〕见鸟居龙藏《Sculptured Stone Tombs of The Liao Dynasty》。

原载《中国典籍与文化》1998 年第 1、2 期

宝丰香山寺《大悲观音菩萨传碑》

河南宝丰香山寺宝塔，根据碑石等有关记载，可知它重建于北宋熙宁元年(1068年)，是一座八角九级密檐式砖塔，塔体用素面青砖平铺砌成。据说妙善的舍利被安葬在这座塔下，而妙善又是在传说中被称作大慈大悲观世音菩萨的化身，所以这座塔一向被人们称作大悲观音塔。由这座宝塔与寺中的碑刻上，我们可以看到一个非常有意思的佛教传说，它对于了解中国古代文化发展的特点，了解汉化佛教中具有中国民族特点的新创造都具有十分重要的参考价值。这就是有关观音化身的妙善传说。

佛教中有关佛及菩萨的种种本生故事里，都用神仙幻化的形式介绍了佛与菩萨在修成正果以前经历的种种磨难与考验。这些本生故事曾经是佛寺宣传的主要题材，像石窟中雕刻与绘制的佛本生经变画，俗讲中的本生经变文等。而在这些普及宣传的佛教文化中，汉民族的传统文化与思想意识表现得最为明显，很多与印度佛教有所不同的汉化佛教因素都是在这些与民间社会结合最紧密的佛教宣传中逐步形成的。妙善传说就是其中一个典型的例子。

妙善的传说，是一个描写妙庄严王的三公主妙善一心修道，历经灾难，终于点化世人，成千手千眼大悲观音身相的故事。在佛经中，我们无法找到与此完全相同的原本，但是在《妙法莲华经》中，有一些与这个传说故事大致相似的细节，可以加以对比。例如：《妙法莲华经·药王菩萨本事品》中写有药王菩萨得道前在收藏日月净明德佛舍利的塔前焚臂致敬，并发誓："我舍两臂，必当得佛金色之身，若实不虚，令我两臂还复如故。"于是，"作是誓已，自然还复，由斯菩萨福德智慧淳厚所致，当尔之时，三千大千世界六种震动，天雨宝华，一切人天得未曾有”。这种情节，与妙善传说中妙善舍去双手双眼为父王制药疗疾的情节颇有相似之处。又如《妙法莲华经·妙庄严王本事品》中不仅有妙庄严王的名字出现，而且叙述了一个不信佛道的国王，在他两个笃信佛教的儿子引导下率众皈依佛法的故事。这就与妙善传说的大致结构相同了。此外，还有不少妙善传说中的名物与词语可以从佛经中找出来。这就使人们得出一种推测，妙善的传说是佛教传入中国后，人们利用佛经中的一些情节与人物，再加入适合中国文化传统的一些内容综合而成的。

而这一传说的原产地在哪里呢？它很可能就产生在宝丰香山寺中，现在仍保存在香山寺内的一件重要碑石——《大悲观音菩萨传碑》是追寻这一传说的最好途径。

《大悲观音菩萨传碑》以往并不大为人们注意，过去的金石著录中也很少提及，仅在清嘉庆二年（1797 年）《宝丰县志》等方志中有所记载。首先对它进行深入研究并由此探讨妙善传说起源及演变的，是一位著名的英国汉学家杜德桥教授，他的著作《观音菩萨缘起考——妙善传说》于 1990 年在台湾出版。由于交流不便，大陆能见到此书的人不多。我是在 1996 年才读到杜德桥教授送给我的这部著作的。这里就把杜教授的部分研究简要介绍如下。

《大悲观音菩萨传碑》原石应该刊刻于北宋元符三年（1100 年），撰文人是当时著名文人翰林学士兼侍读蒋之奇。他在碑文中叙述了他到香山寺游玩时，从该寺方丈怀昼那里看到一卷《香山大悲菩萨传》的经过；并且把这卷《香山大悲菩萨传》加以修改编次，附在碑上，首次公开了这个流传在当地的《妙善传说》。杜教授认为：这说明了妙善与她在香山寺显灵的故事在这之前显然不广为人知，而怀昼为了宣传香山寺中已有的千手千眼观音像，设计了这么一卷《香山大悲观音传》，希望打动蒋之奇，借助他的名声扩大香山寺的名望。

蒋之奇果然被香山寺和有关的妙善传说征服了。他不但亲自撰写碑文，还请蔡京书丹，元符三年，这件碑石树立在香山寺内。三年多以后，这篇碑文再次刊刻上石，树立在杭州上天竺寺，从而将妙善的传说介绍到东海之滨，观音的身世与形象也由此产生了重大的改变。

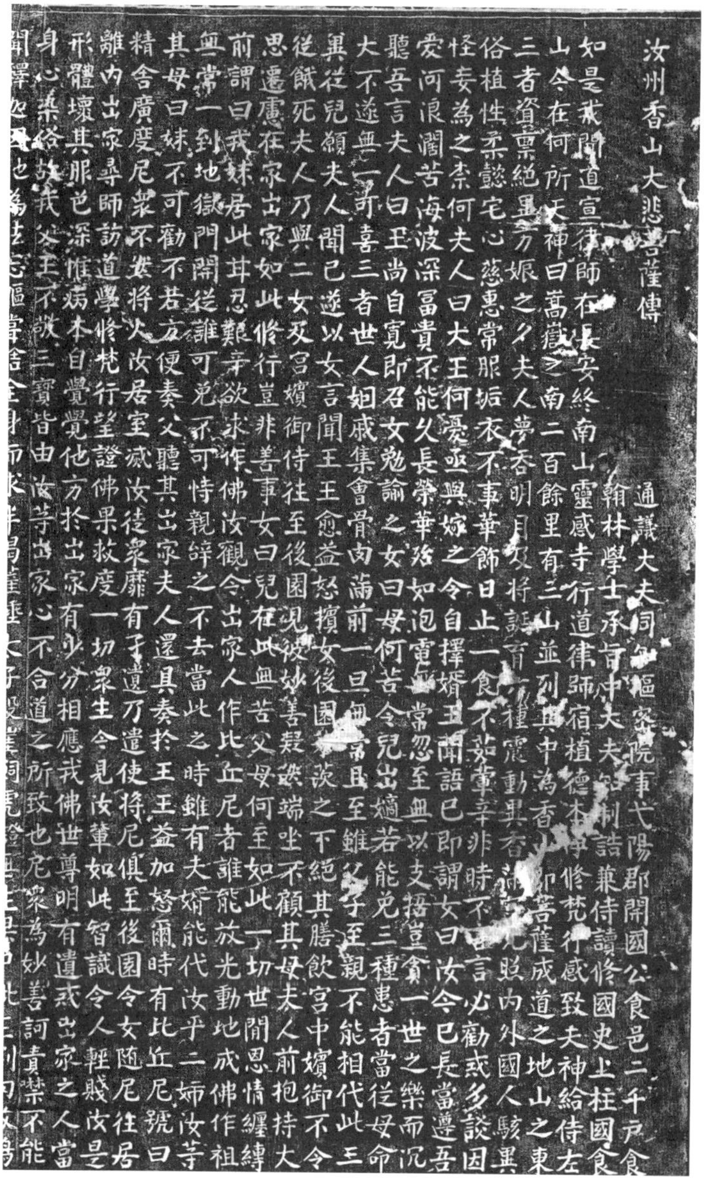

宝丰香山寺《大悲观音菩萨传碑》

现在有不少人认为，观音菩萨缘于妙善的说法是元代初年一位女书法家管道升编造出来的。这种说法来源于清人俞正燮的《癸巳类稿》《观世音菩萨传略跋》。俞正燮在这篇跋文中介绍了管道升书写的《观世音菩萨传略》。这部传略后来又以《观音大士传》的名义传留下来。以后这个传说被改写成《宝卷》的形式，在民间广为流传，并衍生出了《南海观音全传》等话本小说。这些传记故事的内容与妙善的传说基本相同，只要将它们与《大悲观音菩萨传碑》对比一下，就可以看出它们都是来源于《大悲观音菩萨传碑》。所以，追本溯源，观音菩萨是妙善三公主的传说还应该说是由蒋之奇在怀昼提供的民间传本基础上加工而成的。对于这一点，当时的人应该比我们看得清楚。南宋初年文人朱弁在《曲洧旧闻》中曾写道："蒋颖叔（之奇）守汝日，用香山僧怀昼之请，取唐律师弟子义常所书天神言大悲之事，润色为传……而今香山乃大悲成道之地，则是生王宫，以女子身显化。考古德翻经所传者，绝不相合。浮屠氏喜夸大自神，盖不足怪；而颖叔为粉饰之，欲以传信后世，岂未之思耶?"可以证明宋代妙善传说开始流行之时，人们就已经把它归于蒋之奇的加工创造了。

如此重要的《大悲观音菩萨传碑》，却长久地"养在深闺人未识"，不仅很少能见到它的拓片，就连这件碑石是否仍存在也一度不为外界所知。去年初夏，我曾专程到宝丰去寻访这件碑石。承河南省文物研究所李秀萍同志、平顶山市文管会贺全法同志和宝丰县文物管理所王黎明同志的协助，我们驱车直奔香山寺所在的龙山脚下。遥望山顶巍巍屹立的九级宝塔，虽然并不像古人所说的"势若插天"，但也足以令人叹为观止。沿着山南坡修起的 120 级石阶，缓缓上行，便可直达修饰一新的香山寺山门。据说这里的殿宇曾经沦为废墟，现在的寺中建筑除了宝塔以外，大多是近年新建成的，附近的香客与远道而来的游人络绎不绝。

可惜的是，我们来得不巧，仍然未能一睹久已渴望见到的《大悲观音菩萨传碑》。因为这块碑石早已被镶嵌在香山宝塔下的一孔砖窑内，由于礼拜的人过多，寺中便将砖窑门换成铁门，牢牢上锁，钥匙由主持掌管，每月初一、十五香客云集时才开门展示。偏偏当日主持又外出未回，我们只好抱憾而归。但在这遗憾中又有一丝欣慰，那就是看到这块碑石得到了这样的重视与保护，使它的原貌能长久地保存下去。

感谢宝丰县文管所的同志让我看到了他们保存的《大悲观音菩萨传碑》的拓片，弥补了这点遗憾。从拓片上看，这件碑除了上端略有残缺外，其他部分都保存得很好，字迹清晰，有如新刻。细审碑文，发现这是香山寺后来的主持在元代至大元年（1308 年）重刻的，原来的北宋刻石当时已经由于"风雨残故"而无法辨识。重刻碑石问世后，原来的北宋碑石便不知下落。自然，现在所能见到的碑石字迹也就不是蔡京的真迹了。从字体上看，它端正严谨，也很像元代人的书法作品，应该是重刊时重新书写的。

漫步寺中，看到这里还保存有不少历代碑刻。它们大多是有关香山寺历次重修的碑记。从金代、元代至明、清时期，洋洋大观。可惜的是这些碑刻并没有得到像《大悲观音菩萨传碑》那样的良好保护，散布在寺中空地上，有些碑石旁还堆上了杂物、煤炭。有所残缺的碑石就更容易让人忽视。例如另一件重要碑石《重建汝州香山观音禅院记碑》，是金国广平郡开国侯驸马都尉乌林答天锡和妻子唐国公主刊立的。仅由于上端残缺，就被埋在砖堆旁边，如果不认真寻找，真还不容易找到。这样下去，碑文很快就会残泐不清了。

由于寺院的管理权按照宗教政策已经交给僧尼，文物管理所也没有办法管理这些碑石。那么，我们就在这里吁请香山寺的管理僧尼们，仅从这些碑石在佛教史上的珍贵价值这一点出发，也应该重视它们，保护它们，让它们永远作为观音菩萨传说的见证树立在香山寺中。

原载《文物天地》1998 年第 5 期

妙善传说与观世音造像的演化

中国佛教造像中，释迦牟尼佛与观世音菩萨是最主要的崇拜对象。特别是观世音菩萨，除在寺庙、石窟中雕塑造像供人礼拜以外，还有种种绣像、瓷像、铜像、玉像等由信士们请至家中案头祝拜。中国古代文物中，尤其是宋元以后的佛教文物中，不乏观世音菩萨造像的各种丰姿。

但是，人们往往会针对所见到的观世音菩萨造像提出一个疑问，那就是，为什么南北朝、隋、唐时期的观世音菩萨形象，与宋、元以降的观世音菩萨形象有着明显的不同。宋、元以下，人们完全是按照善良妇女的形象来雕刻与绘制观世音菩萨。而南北朝隋唐时期，观世音菩萨虽然头戴花冠，身披璎珞，体态丰腴，姿势优美，但仍只能说是一位英俊青年，无法判定是男是女。在新疆克孜尔石窟与敦煌莫高窟等处，还有描画上须髭的菩萨形象，那就更可以确定他并非女性了。

不仅如此，观世音菩萨的衣着也在不断改变。阎文儒先生《中国石窟艺术总论》一书中概括南北朝时菩萨的造像特点时说：

> 菩萨像：头载忍冬纹、莲花纹的花鬘冠，宝缯向外飘扬。上身内着衫襦，外披帔巾，由两肩下垂交叉于胸、腹之间，然后作硬角或圆形上卷，面相与佛相同（云岗第 5、6 号窟）。成熟阶段时，帔巾不是交结压在两肘下（莫高窟 438、439 窟），而是着斜披通肩式的大衣（莫高窟 437 窟）。由麦积山到千佛崖的菩萨像，有的作扇面形髻，有的作螺旋形高髻（麦积山 83、84 窟、广元千佛崖 72 窟），还有的上身着衫，外为宽袖袍，帔巾外披（麦

积山81、92窟)。有的帔巾在肘内下垂，有的由肩垂下一飘带，在肘外下垂，有的腰际系一璧与带饰（麦积山84窟)。有的在裙带旁系下一带，中系璧，璧下又作结下垂（麦积山84窟)。还有的帔巾外，加上粗而长的璎珞，在身的侧面裙带下系璧，璧下作结下垂（麦积山122、127窟)。[1]

隋唐时期，观世音菩萨仍是经常穿着这样一套菩萨装，身披薄帛，胸垂璎珞，头戴嵌有阿弥陀佛的宝冠。而在宋、元以降，逐渐出现了白衣观音、杨柳观音、鱼篮观音等衣着改为当时汉族袍衫，朴素无饰的新造像形象。福建省泉州市文物管理委员会收藏有一尊国宝级的佛教文物——由著名明代民间瓷塑大师何朝宗制作的德化窑瓷塑精品渡海观音[2]。这尊造像作女相，仪态大方、面容丰腴，五官端正，双耳长垂，头发梳成高髻，中间插一枚如意发钗，上披头帕，身穿直领对襟长袍，袖子肥大，衣裾飘飞，仅胸前挂一串珠饰，显得素雅洁净、清逸脱俗。可以说，这尊明代嘉靖、万历时代的观世音造像，代表了当时普遍流行的观世音菩萨形象。穿袍衫、戴头巾或风帽的衣着打扮，在民间代替了菩萨装的传统佛教造像。

根据《华严经》中“有勇猛丈夫观自在，与诸大菩萨围绕说法”的说法，观世音菩萨本应是男身。通过造像中反映出的变化规律来看，观世音菩萨的形象从北朝起就有了向女性转化的迹象，但真正完全以中国女性的面貌出现，还是宋、元之间的事。至于这变化为什么会产生？通过什么影响产生的？至今仍是一个未完全解开的谜。

很多研究者都推测这一变化与佛教争取大量妇女信徒有关，认为佛教崇拜对象中基本上都是男子，需要有令女性感到亲近的佛教造像。这种说法是有一定道理的。中国古代社会中具有严格的男女界限，所谓“男女授受不亲”的思想笼罩了社会近三千年，至宋代理学兴起后，这种界限更加森严，佛教在中国传播中，曾经不断地向中国传统思想（如孝义、贞节、忠君等思想）作出让步。观世音菩萨形象的变化可能也是其中一例。

我认为在佛教造像之风的广泛流布中，从西域传来的菩萨造像本身特点造成的误解，也是使之转化为女相的原因之一。

上引有关北朝菩萨造像特征的分析中，可以看出：身着披帛，佩挂璎珞，头戴花冠等是菩萨像的基本特征。在古代印度及中亚地区，这种衣饰是男、女都可以穿用的，而中国男子恐怕就与之无缘了，加上佛教造像是在贵霜王朝希腊艺术的影响下产生的，具有强调人体、动作姿态曲折多变的特点，很容易使较为保守、习惯于遮掩人体又不熟悉人体解剖的中国人产生误解，把菩萨看作女性。北朝时期个别菩萨像的面容、姿态、衣着接近女子，唐代时流传的“菩萨如宫娃”实际上都反映出了当时人们的这种看法。相比之下，端庄趺坐的佛像与剃度后身披僧衣的弟子像，就不会使人产生误解。工匠们世代相传，创作出一代比一代更富女性特征的菩萨造像，引导人们的概念日复一日地转向菩萨是女性这种模式，这应该是一种合理的解释吧？

另外，观世音菩萨本身具有的大慈大悲精神，也颇具母性色彩。《妙法莲华经·观世音菩萨普门品》云：

若有无量百千万亿众生受诸苦恼，闻是观世音菩萨，一心称名，观世音菩萨即时观其音声，皆得解脱。

加上观世音菩萨有三十三化身，其中就有不少女身。《楞严经》云：

观世音尊者白佛言：“若有女人好学出家，我于彼前见比丘尼身、女王身、国王夫人身、命妇身、大家童女身，而为说法。”

《妙法莲华经，观世音菩萨普门品》亦云：

佛言：“观世音见比丘尼身，优婆夷、长者、居士、宰官、婆罗门妇女身，童男童女身，而为说法。”

种种原因汇合起来，观世音菩萨演化为女相，应该是水到渠成的事。

水在什么时候流来的呢？

有人曾经把这一功劳归结于元代大书法家赵孟頫的夫人管道升，说她编造了一部观世音的家谱，将观世音菩萨说成是古代一位女子妙善的化身。实际上这一说法是很不彻底的。

有关妙善传说的深入研究，应该首推一位英国著名汉学家——牛津大学中国研究所所长 Glen Dudbridge 教授（中文名字杜德桥）。他的大作《妙善传说——观世音菩萨缘起考》于一九九〇年在台湾翻译出版。书中详细考证了妙善的传说在中国是怎样形成并不断演化的。这一传说对观世音菩萨完全改变为女相，起了极大的推动作用。有意义的是，这一传说现在所能追溯的最早证据也是在北宋时期。这就与中国古代佛教造像中的变化规律基本相符了。为此，有必要将杜德桥教授的考证结果详尽地介绍一下：

杜德桥教授首先注意到位于河南汝州（今河南省宝丰县境内）的一座著名古刹——香山寺以及寺中保留的一通著名碑石——《香山大悲观音菩萨传碑》，这座碑至今仍基本完好地保存下来。原碑刊立于北宋元符三年。一九九七年，我受杜德桥教授的嘱托，去宝丰香山寺考察这座碑石，细读碑文，发现现存的碑并不是北宋的原刻，而是元代至大元年的翻刻。尽管如此，这座碑原刊立于北宋的事实是不会错的。因为它不仅有杭州天竺寺北宋崇宁三年建立的《大悲成道传赞》（即《香山大悲观世音菩萨传》，后移至绍兴，今已佚）作证明，还有宋人朱弁在《曲洧旧闻》[3]一书中提及此事的记录为旁证。

碑文作者是北宋著名文人蒋之奇，字颖叔，当时以龙图阁直学士、翰林学士兼侍读贬至汝州，一个月后又被改任庆州。但在这匆匆流徙之间，他仍能来香山寺一游，并撰文立碑，可见当时香山寺观世音菩萨香火之盛、名誉之隆。而早由寺人拟定的妙善传说，也由于蒋之奇的宣传而风行天下，极大地影响了对观世音菩萨性别与身世的说法。

蒋之奇的《香山大悲观世音菩萨传》，是我们现在所能见到的最早的有关观音化身妙善的完整传说。传中说：

赞曰：香山千手眼大悲菩萨，乃观音化身，异哉！

元符二年仲冬晦日，余出守汝州，而香山实在境内。住持沙门怀昼遣侍僧命予至山，安于正寝，备蔬膳，礼貌严谨，乘间从容而言："此月之吉，有比丘入山，风貌甚古，三衣蓝缕。问之，云居于长安终南山，闻香山有大悲菩萨，故来瞻礼。乃延馆之。是夕，僧绕塔行道达旦已，乃造方丈，谓昼曰：

‘贫道昔在南山灵感寺古屋经堆中，得一卷书，题曰《香山大悲菩萨传》，乃唐南山道宣律师问天神所传灵应神妙之语，叙菩萨应化之迹。藏之积年，晚闻京西汝州香山即菩萨成道之地，故跋涉而来，冀获瞻礼，果有灵踪在焉。’遂出传示昼，昼自念住持于此久矣，欲求其传而未之得。今是僧实携以来，岂非缘契。遂录传之。翌日，既而欲命僧话，卒无得处。乃曰：‘日已夕矣，彼僧何诣？’命追之，莫知所止。昼亦不知其凡耶？圣耶？”

因以其传为示予，读之，本末甚详，但其语或俚俗。岂义常者少文而失天神本语耶？然至菩萨之言，皆卓然奇特，入理之极谈。予以菩萨之显化香山若此，而未有碑记此者，偶获本传，岂非菩萨付嘱欲予撰著乎？遂为纶次，刊灭俚辞，采菩萨实语著于篇。噫！天神所谓“后三百年重兴”者，岂在是哉！岂在是哉！

以下记录的妙善传说，与至今仍有流传的各种香山观世音传说本的主要内容相同，即叙述古代有一位妙庄严王，他的国土位于香山附近。他有三个女儿。小女儿妙善自幼斋戒修行。当妙善长大后，国王要给她招驸马时，妙善表示要出家修行，不愿婚嫁的志向。国王大怒，多方设法，仍无法改变妙善的志愿，就派军队诛杀妙善。妙善却被龙神摄至香山隐居。以后国王患重病，无人可医。有一异僧献上奇方，需要用无嗔人的手、眼合药，并指示国王去寻找香山仙人（即妙善）索取手、眼。使者找到妙善，索求手、眼。妙善发念：我父不敬三宝，毁灭佛法，招此疾报，吾将手、眼以救王厄。便自抉双眼，令使臣断其两手。国王以之合药后，恶疾痊愈，便入山来拜谢仙人，却认出仙人为自己的女儿妙善。国王大哭，“将以舌舐儿两眼，续儿两手，愿天地神灵令儿枯眼重生，断臂复完”[4]。于是，“尔时天地震动，光明晃耀，祥云周覆，天乐发响，乃见千手千眼大悲观音身相端严，光明晃耀，巍巍堂堂，如星中月”[5]。

这就形成了一个完整系统的妙善女子为观世音化身的佛教故事，使人们对观世音菩萨为女相的说法坚信不疑。在此故事广泛流传的基础上，才产生了元代管道升书写的观世音菩萨传。

根据杜德桥教授的深入考察，在蒋之奇的碑文问世以后，社会上陆续流传开多种有关妙善的传说，可以见到的材料有：《从容录》，作者行秀，公元1156至

1236 或公元 1166 至 1246 年间在世；《新编醉翁谈录》，作者金盈之，成书大约在公元十三世纪；《大唐三藏取经诗话》，作于公元 13 世纪。这时，妙善的传说已经广泛传播，正如杜教授所言："在这未经刻意雕饰的早期小说刊本中（指《大唐三藏取经诗话》），香山故事已经为人熟悉到含糊一提就知所以的地步。"[6]

而后，在民间流行的一种佛教俗讲——《宝卷》中，这类民间文学"包括宗教科仪与宣道经典宗教故事以及其他涉及宗教主题之作，还有就是较晚期的改编自一般民间故事的作品"[7]。而香山故事就是最早的宝卷题材之一，其中如《观世音菩萨本行经》又名《香山卷》。又如《南海观音全传》，是一本在明代十分流行的坊间小说。再如《搜神大全》中提及的观音故事。这些故事都十分明显地表现出源于蒋之奇叙述的香山妙善传说。这些故事在明、清时期普遍流行于民间，尤以东南沿海地区为甚。普陀山观世音道场的日益兴旺，女性观音造像的大量出现，应该都是这些故事普遍流行的结果。

妙善的故事进入戏剧舞台以后，其影响更加深远。杜德桥教授找到了明代万历年间的剧本——《香山记》，为南京书林富春堂刻本。它是经过文人加工搬上舞台的妙善传说戏剧。很可能在此之前民间已经有了类似的戏剧演出。因为中国古代的小说、戏剧，大多是在民间传本的基础上加工而成的。根据河南宝丰一带的社会调查，直至近代当地还有观世音身世的戏剧上演。当地人将香山寺的大悲观世音称作"三皇姑"，是源于妙善为妙庄严王三女儿的传说。现在河南省戏剧研究所还存有旧抄本剧本《三皇姑出嫁》，或称为《观音得道》。

由此我们展现出了一条比较清楚的演变脉络，其源头可以追溯到北宋时期的蒋之奇《香山大悲观音菩萨传》。那么，蒋之奇从方丈怀昼那里见到的《香山大悲菩萨传》原本是什么时候的创作呢？

据蒋之奇记录怀昼的话，认为是唐代名僧律宗始祖道宣的作品。这当然有可能是附会之言，中国古代将某一伪作称为某名人所作的风气是很流行的，但它显然不大可能是怀昼的原作。首先，宋代文人多精于金石书画收藏，当代的写本与旧抄本应该是能够区分开的。其次，蒋之奇读后说："其语或俚俗，岂义常者少文而失天神本语耶？"可见它原来是一个民间流传的俗讲本。这种佛教俗讲在唐代、五代至宋代广泛流传在民间，敦煌藏经洞宝藏中就有不少这类俗讲卷子。因此，在无法得知原本状况的情况下，我们推测《香山大悲菩萨传》是宋代早期或者更早时期的抄本，应该不算过分吧。

《香山大悲菩萨传》这样的俗讲本，虽然是在民间流传的传说，但是它的内容由来还是有所根据的，并非空穴来风。《妙法莲华经》应该是《香山大悲菩萨传》改编的源泉。

杜德桥教授曾分析《香山大悲观音菩萨传碑》中记载的故事情节，找出与之相近同的佛典出处。他指出：香山仙人舍手、眼，而后复生手、眼，显示千手千眼观音形象的故事叙述，与《妙法莲华经·药王菩萨本生品》中以下一段在故事情节乃至某些语句上都十分相似：

> “我舍两臂，必当得佛金色之身；若实不虚，令我两臂还复如故。”作是誓已，自然还复，由斯菩萨福德智慧淳厚所致。当尔之时，三千大千世界六种震动，天雨宝华，一切人天得未曾有。

杜德桥教授还指出：《妙法莲华经》二十七品妙庄严王的故事，是形成妙善传说的基础。“两者均触及故事的主要情节：一信仰外道之国君在孝顺的子女引导下而得成正果；他弃绝他所统治的尘世国度，率众浩浩荡荡地走向仙佛所在地，与家人和随从一同皈依佛法。简言之，《妙法莲华经》妙庄严王本事这一品为妙善传说提供了宗教的主题，部分人物，以及故事的高潮与终结之形式。”“故事内另外少数外来的成分亦可在其他佛教或印度材料中找到根源。”[8]

通过以上的介绍，我们看到了杜德桥教授在探讨妙善传说的形成与发展这一重大课题上所做出的杰出成绩。这一研究给予我们的启发是多方面的。通过它可以更好地深入分析汉化佛教中很多具有民族性的新创造，了解印度的宗教意识是如何与中国的民间社会相结合，了解这些文化因子是如何融合与发展的。至于我们开始提到的中国观世音造像的演变问题，我想，也可以从妙善传说的产生、流传、普及等诸阶段中得到有力的旁证，证实北宋初年是这种演变正式开始的时期。

---

〔1〕阎文儒《中国石窟艺术总论》142 页，天津古籍出版社 1987 年。

〔2〕梁白泉主编《国宝大观》204 页，上海文化出版社 ，1990 年。

〔3〕朱弁《曲洧旧闻》卷六，学津讨原本。

〔4〕〔5〕陆增祥：《八琼室金石补正》770 页，文物出版社影印本，1985 年。

〔6〕杜德桥（Glen Dudbridge）《观世音菩萨缘起考——妙善传说》42 页，（台北）巨流图书公司，1990 年。

〔7〕同上，51 页。

〔8〕同上，93 页、95 页。

原载《中国佛学》第一卷第一期

大肚能容

现在佛寺中常常单独供奉的弥勒佛像，据说是按照五代后梁时布袋和尚的形象塑造的。他丰颐巨腹，笑容可掬，令见到他的人也往往忍俊不禁。伴随他左右的通常是一副对联：“大肚能容，容天下难容之事；开口常笑，笑世上可笑之人。”虽然浅显，却是哲理十足，意味悠长。

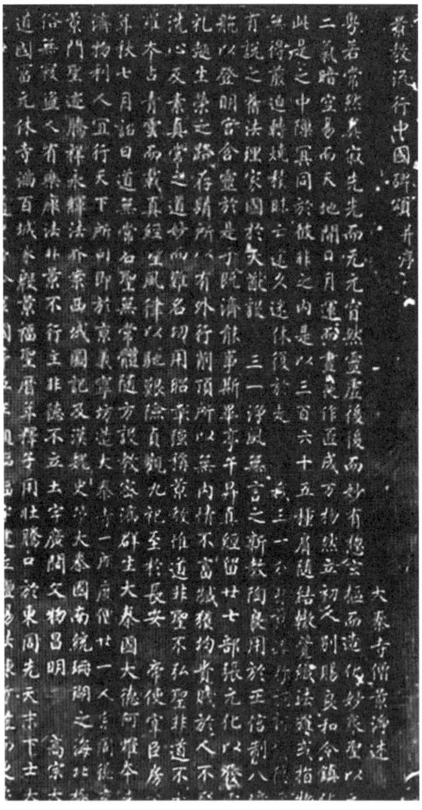

大秦景教流行中国碑（局部）

大肚能容，历来是一种难得的美德，也是一种修养的功夫。华夏古国中不乏有关的种种传说。掠影古代石刻，也经常能让人兴起不少与此有关的联想。

陕西省西安市的碑林博物馆中，静静地立着一座名闻遐迩的唐建中二年大秦景教流行中国碑。多年来，它默默地隐没在无数精工雕刻的丰碑中。直至近代才由于西方的重视而引起人们的兴趣，成为古代中西交往的一件重要物证。景教碑是明天启五年（1625）在西安附近出土的。当时，地方当局把它安放在西安西郊外的金胜寺，并没有引起国人的多少注意，却使当年已经进入中国传教的外国传教士如获至宝。首先，曾与著名耶稣会传教士利玛窦有过交往的岐阳举人张赓虞得到景教碑的一个拓本，将它送给自己的一位挚友李之藻。而李之藻是利玛窦的第一个中国信徒。他得到拓本后，写了一篇文章《读景教碑书后》，指出，景教应该就是耶稣教。不久，法国神甫金尼阁来到陕西，成为第一个见到景教碑的外国人，并将碑文译成拉丁文寄往欧洲。三年后，另一位传教士鲁德昭也到西安开设教堂，并对景教碑进行了详细的考察。这样，在景教碑出土几年后，欧洲就知道了它的存在。

1907 年，一丹麦记者何尔谟（Frits Holm）来到了西安，他在所著《我为景教碑在中国进行的探险》一文中介绍，他认为景教碑是世界上四大著名石刻之一。这四大石刻是 1799 年发现，现存大英博物馆的古埃及罗塞塔石碑；1868 年在死海以东发现，现存罗浮宫的古膜拜国摩押碑；现存墨西哥国家博物馆的古阿兹特克授时石刻与景教碑。因此，将这件碑运到西方，就成了他此行的目的。为了将景教碑偷运走，他竟雇人用同样的石料仿造一件，准备将真品运走，以仿制品留在原地。但是在他的计划进行中，引起民间极力抗议，奋起保护，官府得知消息，将景教碑运入碑林保管，使这件珍贵的石刻得以保存下来（参江文汉《中国古代基督教及开封犹太人》）。

西方对这件碑石的重视，是源于研究基督教史的需要，梵蒂冈甚至给何尔谟颁发了最高奖状。而在我们看来，这座碑石的意义要比仅研究基督教史更为重大，它可以说是中华民族博大胸怀的见证。我每次看到它时，都会由此浮想联翩，感到一千多年前的祖先们有过的那一份难得的宽容。

大秦，是中国古代对东罗马帝国的称呼。景教，据近代学者的考证，就是古代基督教中的聂士脱利教派，原在今叙利亚等地有大量信徒，后来向东传播，进入波斯等地，唐代初年进入中原。大秦景教流行中国碑就是它在中国早期历史的宝贵证据。

这座碑上刻写道："太宗皇帝光华君运，明圣临人，大秦国有上德曰阿罗本，占青云而载真经，望风律以驰艰险。贞观九祀，至于长安。帝使宰臣房公玄龄，总仗西郊，宾迎入内，翻经书殿，问道禁闱。深知正真，特令传授。贞观十有二年秋七月诏曰：'……所司即于京义宁坊造大秦寺一所，度僧廿一人。'"

"高宗大帝克恭缵祖，润色真宗，而于诸州各置景寺，仍崇阿罗本为镇国大法主。"

“玄宗至道皇帝令宁国等五王亲临福宇，建立坛场……天宝初，复令大将军高力士送五圣写真寺内安置。”

“肃宗文明皇帝于灵武等五郡重立景寺。”[1]

如此辉煌的传教历史，的确显示了景教在唐代林林总总的社会宗教中占有一个可观的位置。唐代博大而开放的文化氛围，使景教在中原得以传播发展。我们知道，唐代的国际交往十分频繁，外国来华经商、通使、定居的人士数以万计，因此，唐代外来宗教开始大多是在外国来华居民中流传。但是，随着传教事业的发展，也会逐渐有汉族信徒加入。从这件碑文由朝议郎前行台州司士参军吕秀岩书写这一点上来看，汉族人士中也可能有信仰景教的。也有学者认为，景教主要是在来华的西方人士中流行，教徒均为在华的西域各民族居民，唐代末年以后景教在中原的衰落便是外来人口急剧减少的结果。针对这种看法，我们需要指出，在敦煌藏经洞中还曾经出土过七种有关唐代景教的中文写本，如伯希和掠走的《大秦景教三威蒙度赞》和《尊经》、日本京都大学富岗谦藏收藏的《一神论》等[2]。通过这些景教中文写本的发现，可以说明景教也向中原汉族进行过宣传，那么可能也有部分上层汉族人士接受了景教。唐代各州都一度设立景教寺的现实大约就可以说明这一点。

那么，聂士脱利教派在当时的基督教中占有什么样的地位呢？糟糕之至。它竟是一支饱受教皇与东罗马帝国的排斥、迫害，被视作异端的少数教派。根据威尔斯顿·沃尔克的《基督教会史》记载：聂士脱利是安提阿的长老和隐修士，428 年，他被任命为君士坦丁堡宗主教。他强调耶稣基督神性与人性的真实与完整，以及两者之间在意志上的结合。这种观点受到亚历山大宗主教奚利耳为首的一派势力的攻击。在教皇塞勒斯廷一世和东罗马帝国皇帝西奥多希厄斯二世等人的支持下，奚利耳获胜。聂士脱利被革职，最后被流放到上埃及。幸而他的支持者分布在叙利亚一带，继续他的教派，并且把这种教派向东方传播过去，通过波斯，进入了中华。

然而，就是这样一支异端教派进入中国以后，却能自由地布道设坛，四处传播。近代以来，在扬州、泉州等沿海地区也多次发现过唐代至元代的景教徒墓碑，可见景教在中国长期延续下来。大概除了唐武宗灭佛那样特别时期的限制以外，对景教的流传没有过任何干扰。像西方教会实行宗教裁判所迫害异教以及对新教徒的圣巴脱罗缪大屠杀等等残酷无情的宗教迫害流血惨案就更没有发生过了。中原人民和中国文化应该是以极大的宽容，容纳了这个被基督教视作异端的思想流派。

景教是一个例子。而犹太教的传入又是一个例子。开封市博物馆中保存了三件明清时期有关当地犹太教寺庙情况的碑文。即：明弘治二年《重修清真寺记》、正德七年《尊崇道经寺记》及清康熙十八年《祠堂述古碑记)。其中明弘治二年《重修清真寺记》与正德七年《尊崇道经寺记》是刻于同一碑石的正反两面上。另外还有一件清康熙二年刻的碑石，已经遗失，但罗马教廷还保存着它的拓本。这里所说的清真寺，实际上是犹太教堂，由于中原人士不清楚回教与犹太教的区别，又见他们都不食用猪肉，所以统称为清真。而犹太移民也就迁就了这种汉语的称呼。这些碑文中记载了信仰犹太教的中东人士来到中国定居的宗支源流以及犹太教的教义，极富历史价值，引起了国际上的重视。如弘治二年《重修清真寺记》云："噫，教道相传，授受有自来矣。出自天竺，奉命而来，有李、俺、艾、高、穆、赵、金、周、张、石、黄、李、聂、金、张、左、白七十姓等。进贡西洋布于宋。帝曰：归我中华，遵守祖风，留遗汴梁。宋孝隆兴元年癸未，列微五思达领掌其教。俺都喇始建寺焉。"[3]根据这些记载，在宋代孝宗隆兴元年（1163），开封就建立了犹太教礼拜寺。寺中保存的犹太经卷，虽然经历多次水、火灾害与人为破坏，但仍有一些遗存到清末。根据清代末年外国传教士的调查，直至19世纪初，开封还有数百名犹太人后裔。他们仍然保持着犹太民族的习俗，信奉犹太教。从宋代到清末近千年间，定居开封的犹太人一直平和地生活在汉族人民中间。此外，正德七年碑上说："业是教者不止于汴。"根据这些碑文的记载，在宁波、杭州、宁夏、扬州等地都曾有犹太人居住。1926年，法国人普瑞浮发表了他在洛阳得到的三块希伯来文碑志照片。它表明在洛阳也曾有过犹太人居住[4]。

结合近年对犹太人入华历史的研究，起码在公元8世纪，已经有犹太商人在敦煌居住。伯希和掠走的敦煌P1412号文书，是一篇用希伯来文抄写的祈祷文(参林梅村《犹太人入华考》)。关于它的年代，虽然国外学术界还有产生于6世纪与产生于8世纪的不同看法，但它是当时入华犹太人书写的文书这一点，则是毫无疑义的。这些都可以表明：唐代曾经是一个多么开放，又多么宽容的时代。

犹太教与犹太民族的历史，就是一部被迫害的历史。自公元132年罗马皇帝哈良（Hadrian）镇压了犹太人的起义，迫使他们“大疏散”以来，犹太人浪迹天涯，在世界各地大多受到歧视与迫害。从上古埃及到近代的希特勒，对犹太人的杀戮不绝于书。然而只有在中国，犹太移民从未受到歧视与迫害，而且还一代又一代地传教、繁衍，最终融入了中华民族之中。中华民族宽容的天性与博大的胸怀，在这些石刻中又一次体现出来。

不仅如此，中国古代历史上，还存在过外部传来的祆教、摩尼教、伊斯兰教等多种重要的宗教，更不用说已经中国化的佛教了。这些宗教的传入、普及，也就是这些宗教思想被中国文化大度包容的过程，便一一在古代石刻中留下了或多或少的遗迹。像北魏墓志纹饰中有祆教的宗教图像，“身披火焰的拓仰诸神是拜火教诸多神祇中的成员。他们是鲜卑和汉人心目中的胡天火神”。（参施安昌《北魏冯邕妻元氏墓志纹饰考》）其例见于正光三年（522）冯邕妻元氏墓志，还有正光五年（524）二月三日元谧墓志、正光五年（524）三月十一日元昭墓志、孝昌二年（526）十月十八日侯刚墓志、永安二年（529）四月三日笱景墓志等。比较典型的是笱景墓志盖下边的中央部分绘有花卉，花中升起火焰，火焰中有一个方形祭坛。这种图案是在中国传统纹饰中找不到的，很明显是在表现拜火教的宗教崇拜内容。

泉州有被认作是摩尼教佛像的石刻火焰光佛，反映出宋代以来南方摩尼教的流行盛况。在北京、西安等地的大量回教清真寺中，有相当数量的元代以来的回教碑刻。至于佛教的刻经、造像、塔铭、碑刻，上起东汉末，下至当代，数以万计，遍及全国。可称作世界文化史奇迹的房山佛教石经，延续刻造近千年，共计14620件经版，刻写了大藏经卷1100多种，3500多卷。这种各种宗教文化并存，而且由同一种文字石刻——中国石刻保存下来的现象，在世界上也应该是十分罕见的。不能不说它得益于我们祖先的宽容精神。

宽厚包容，兼收并蓄，应该是黄土大地孕育出的华夏子孙的胸怀。它应该是来源于儒家学者大力提倡的治身之道。儒家的宗师孔子多次在言谈中宣扬这种精神。如《论语·里仁》记载：“子曰：‘参乎，吾道一以贯之。’曾子曰：‘唯。’子出。门人问曰：‘何谓也？’曾子曰：‘夫子之道，忠恕而已矣。’”又如《论语·阳货》：“子张问仁于孔子。孔子曰：‘能行五者于天下，为仁矣。’请问之。

曰：‘恭、宽、信、敏、惠。’”孔子学派形成以后，真正秉承儒家思想的学者，始终注意保持着宽容的胸襟。这是我们至今仍然可以在老一代知识分子身上看到的可贵精神。

不知从什么时候，宽容越来越难得见到，纷争与倾轧越来越多地出现。我想，可能是在宋、明、清以来，皇权日益扩充，专制日益加强，思想禁网日益严密带来的结果吧。这就导致了学术上的唯我独尊，门户之见，停滞不前。也造成了思想上的保守禁锢，党派纷争，顾盼维艰。即使对于景教流行中国碑这样一件珍贵的历史实物，有些清代学者也要横加批驳，极力否定。钱大昕的《景教考》中先把景教认为是与祆教、摩尼教相等的邪教，然后说：“所谓景教流行者，则夷僧之黠者稍通文字，膏唇拭舌，妄为之词。而非果有异于摩尼天神也。”在今人看起来，这种歧视与武断不是很可笑吗？

---

〔1〕王昶：《金石萃编》卷102，扫叶山房本。

〔2〕朱维之：《大秦景教三威蒙度赞及尊经考》、《景教经典一神论》、《文艺宗教论集》。

〔3〕潘光旦：《中国境内犹太人的若干问题——开封犹太人》，北京大学出版社，1983年。

〔4〕W. C. White：《Chinese Jews》1966年。

原载《中国典籍与文化》2000年第4期

《孝子传》的两件日本古抄本

忠孝思想是中国古代儒家思想的核心组成部分，也是中国古代社会重要的精神支柱。长期以来，中国周边的古代东亚各国深受中国古代思想、文化的影响，同样接受与宣传着中国儒家思想所提倡的忠孝理念。记述有关思想的中国古籍也流传到这些国家，并且在这些国家一代又一代地传抄下来。时至今日，很多有关中国古代文化思想的古籍在国内已经亡佚不存，但是却能够在海外流传的古籍中找到它们的踪影。这类发现，往往成为文化史上的佳话。在日本传留的两种古代抄本《孝子传》，就是这样的珍贵材料。

古代日本深受中国文化影响，汉字曾经是日本广泛使用的书写手段。《古逸丛书》中影印的藤原佐世所撰《日本国见在书目》里，按四部体例记录了上万卷的日本所藏中国古代典籍。基本上应该是唐代与唐代以前的抄本[1]。迄至今日，很多中国古代典籍都有手抄本在日本流传，其中包括相当于唐代甚至更早时期的抄本，极其宝贵。清代末年，杨守敬出使日本时，曾经为那里存留的宋、明刻本与古代抄本之丰富而震惊，加以大力收集，在他的《日本访书志》等著作中介绍了他所见的古代刻本、抄本[2]。在《日本访书志》的“缘起”中，他写道：“东来日本……不一年，遂有三万馀卷。”“日本收藏家除足利官学外，以金泽文库为最古，当我元明之间。今日流传宋本大半是其所遗。次则养安院，当明之季世，亦多宋元本，且有朝鲜古本。此下则以近世狩谷望之求古楼为最富。虽其枫山官库、昌平官学所储亦不及也。又有市野光彦、涩江道纯、小岛尚质及森立之，皆储藏之有名者。余之所得大抵诸家之遗。”同出使日本的黎庶昌曾编印《古逸丛书》，收入多种日本流传的古代刻本与抄本。罗振玉也曾在他编辑出版的《吉石盦丛书》中收入一些中国古籍的日本抄本，如《秘府略》等[3]。后来，日本又编印过多种汇集予以介绍，如京都帝国大学文学部影印的《京都帝国大学文学部景印唐钞本》[4]、大阪美术馆编印的《唐钞本》[5]等。这些古抄本可与敦煌卷子、传世古籍等互相印证，以反映唐代等历史时期里古代典籍的具体面貌与流行情况，是中国古籍整理与研究中值得重视的一批原始资料。

近年来，日本学者研究古代孝子思想的成果纷纷涌现，他们把孝子思想及有关文献作为中日文化交流历史上的一个重点，同时着重研究孝子思想在日本古代思想与当时社会风俗中的地位。在这一文化研究中，他们自然要注意到在日本传留的古代文献材料。两种以往未被予以足够重视的日本古代抄本《孝子传》，就在这种学术背景下受到了普遍的关注。从上一世纪五十年代起，日本学者西野贞治、吉川幸次郎、一海知义、东野治之、黑田彰等人先后对这些材料做了介绍、注释、校正与有关研究。特别是佛教大学的黑田彰教授，除一系列有关论文外，还在近年出版了《孝子传的研究》，参与编集了《孝子传注解》等专著[6]。从而将这两种古代抄本做了详尽的介绍说明。因为我以前做过一些涉及古代孝子壁画的研究，承黑田教授将他的大作先后寄赠，得以略知有关这两种抄本的研究情况。现依据黑田教授的著述，将日本的两种《孝子传》大致介绍于下。

在日本传留的古代文献中保存有两种《孝子传》的抄本。一种是在阳明文库收藏的，被称作阳明本，书写时代不详。原书题签已经剥落，用墨在封面上写有“孝子传”的字样。里面题名为《孝子传》。上下两卷，装订为一册。册高24.7厘米，宽19.2厘米。内容抄写在印有竖格的纸张上，共25页。汉字墨书。文字书体端正，但有相当多的俗字别体。另一种被称为船桥本（或清家本、清原本），该书最后有清原枝贤的题记：“右孝子传上下，虽有鱼鲁焉马之误繁多，先令书写毕，引勘本书，令改易之可者乎。此书每诵读，涕泣如雨。呜乎！夫孝者仁之本哉。天正第八秦正二十又五。孔徒从三位清原朝臣枝贤。”由此可知这个本子抄写于天正八年（1580）。该本曾为船桥家旧藏，现存京都大学附属图书馆，为日本重要文物。它的封面题写《孝子传》的书名，首页书写“孝子传并序”。上下两卷，装订为一册。册高23.6厘米，宽20.3厘米。内容抄写在素纸上，共25页半。汉字墨书直行。有些文字旁注有片假名字母。书上盖有“船桥藏书”、“东”等印章。根据《图书寮丛刊·书陵部藏书印谱》（上）里收入的印章对照[7]，“东”是清原宣贤的藏书印，后来他的后代、清原枝贤的儿子清原国贤也沿用这个印。书封面上墨书“青松”二字，也是清原国贤的字号。

据考，清原枝贤在世年代为公元1520—1590年。该卷的末尾有补记：“此序虽拾四十五名，此本有三十九名，漏脱译，以正本可补入焉。”由此可见抄写时还存在着一个流传的正本《孝子传》。吉川幸次郎曾认为，这个正本是六朝时期的传本[8]。也就是说，清原枝贤的抄本源于中国古代六朝时期的《孝子传》抄本。后来西野贞治认为清原本依据的本子是在中唐时期修改过的，而阳明本是六朝至隋代之间形成的，比较早。船桥本（清原本）与它属于同一个系统[9]。东野治之、黑田彰则认为船桥本（清原本）要早于阳明本，应该是唐代初年的修改本，东野治之甚至将船桥本传入日本的时间确定在公元700年以前[10]。

这两种抄本所收入的孝子故事数量均为45个，但是船桥本中将“慈乌”的故事抄录到东皈节女的故事里面，又将谢弘微的故事接续到刘敬宣的故事后，易误认为一体。除此之外，两种抄本收录的孝子人物相同，排列顺序与分卷情况也完全一致，只是存在着一些文字叙述上的差异以及由于抄写错误造成的不同。由此可见，认为它们源于同一种古本的意见是可以成立的。所收录的孝子依次为：1. 舜，2. 董永，3. 邢渠，4. 韩伯瑜，5. 郭巨，6. 原谷，7. 魏阳（船桥本误作槐阳，据《太平御览》卷三五二引萧广济《孝子传》当为魏阳，东汉武氏石室画像石中题榜作魏汤），8. 三州义士，9. 丁兰，10. 朱明，11. 蔡顺，12. 王巨尉，13. 老莱之，14. 宋胜之（阳明本误作宗胜之，据《太平御览》卷五〇八引皇甫谧《高士传》当为宋胜之），15. 陈寔，16. 阳威，17. 曹娥，18. 毛义，19. 欧尚，20. 仲由，21. 刘敬宣（阳明本误作刘敬寅，据《宋书》卷四十七当为刘敬宣），22. 谢弘微（阳明本、船桥本均误作谢弘徵，据《宋书》卷五十八当为谢弘微），23. 朱百年，24. 高柴，25. 张敷，26. 孟仁，27. 王祥，28. 姜诗，29. 叔先雄（阳明本误作升光雄，据《后汉书》卷八十四、《太平御览》卷六十九等处引文当为叔先雄，为字形相近所讹），30. 颜乌，31. 许孜（阳明本、船桥本均误作许牧，据《晋书》卷八八当为许孜），32. 鲁义士，33. 闵子骞，34. 蒋诩（船桥本作蒋章训，据《东观汉记》卷二一作蒋诩），35. 伯奇，36. 曾参，37. 董黯，38. 申生，39. 申明，40. 禽坚，41. 李善，42. 羊公，43. 东归节女，（船桥本作东皈节女，《太平御览》卷三六四引《列女传》作京师节女，东汉武氏石室画像石中题榜作京师节女。或疑东归为京师二字之讹变）44. 眉间尺，45. 慈乌。它们的排列有序，显然是一种比较完整的古代《孝子传》的原来面貌。

中国现存的古代文献中已经没有一种完整的六朝时期的《孝子传》，现可见的清代茆泮林所编《孝子传》主要是从《太平御览》等古代类书中辑佚而成。它收集的内容，包括了汉代至南朝期间编写的十种《孝子传》的佚文。它们是：刘向《孝子传》、萧广济《孝子传》、王歆《孝子传》、王韶之《孝子传》、周景式《孝子传》、师觉授《孝子传》、宋躬《孝子传》、虞盘佑《孝子传》、郑缉之《孝子传》、逸名《孝子传》等[11]。由于是后人摘录后重新编辑，所以里面的内容、顺序都与各《孝子传》书原来的面貌有所不同，无法在整体上与上述日本传本加以对比。但是，对比现存的十种《孝子传》佚文，除刘向《孝子传》（有人认为原书名应为《孝子图》[12]）以外，各种佚文里均有这两种日本传本里面没有收录的孝子内容。如萧广济《孝子传》佚文中有杜孝、隗通、辛善等二十多个日本传本里没有的人物，宋躬《孝子传》佚文中有夏侯䜣、韦俊、伍袭等十多个日本传本里没有的人物，其他几种保存佚文比较少的《孝子传》中也大部分是日本传本里没有的人物。而刘向《孝子传》是汉代作品，日本传本中收有晋与六朝时期的人物，如王祥、刘敬宣、谢弘微等人，显然其成书时间要晚到六朝后期以降，与刘向的作品无关。由此可见，日本传本不是茆泮林搜集的以上十种《孝子传》中的任何一种。

将这十种《孝子传》收录的人物与日本传本逐一对比，可以看到：逸名《孝子传》中收录的内容与日本传本重合率最高。日本传本中收录的人物有22人出现在逸名《孝子传》中。当然，由于是摘自各种古籍、类书之中的佚文，我们无法确定逸名的《孝子传》佚文原来是出自同一部书，还是出自几部同名的书。如果确实是同一部书，那么，或许可以推测逸名《孝子传》就是日本传本的原始本。日本传本可能是在逸名《孝子传》的基础上再加以选择、排列、精简成的一个新本。这样，它能保留下来一种比较完整的古代《孝子传》的原来面貌，使我们可以大致了解六朝时期《孝子传》的编纂体例。这对于古籍校勘与集佚工作应该是颇有裨益的。

古代《孝子传》的编排顺序，应该与正史中《孝义传》的编排不同，不是依照时间顺序或名气大小，而往往是按照其故事内容或人物身份来编序。从晋代陶潜的《孝传》起就确定了按等级分类排列的体例。它将孝子分为天子、诸侯、卿大夫、士、庶人五等，影响到后来的孝子书都把舜放在第一位。日本传本的编序与之不同，黑田教授发现日本传本中所收录的人物基本是按照内容关联来排列，如董永故事是孝养父亲，它后面的邢渠故事也是孝养父亲，韩伯瑜故事是侍奉母亲，接下来的郭巨故事也是奉养母亲……这应该是六朝以来孝子传类型书籍的一个基本编纂体例。

更为珍贵的是，日本传本里保存了一些不见于其他古籍中的佚文。如关于朱明、伯奇等人的一些记载，在中国传留的有关孝子文献中已极为罕见。这些记载，不仅保存了当时流传的《孝子传》本来面貌，还可以对了解当时流行的有关孝子图画题材起到重要的旁证作用。

例如日本传本《孝子传》中的有关朱明的记载：船桥本作“朱明者，东都人也。有兄弟二人。父母没后不久，分财，各得百万。其弟骄慢，早尽己分，就兄乞求。兄恒与之。如之数度，其妇忿怒，打骂小郎。明闻之，曰：‘汝，他姓女也。是吾骨肉也。四海之女，皆了为妇。骨肉之复不可得。’遂追其妇，永不相见也。”（原文中有误字、脱字处，不一一说明，下同。）在东汉武氏石室画像石中就有关于朱明的画像，题榜为：“朱明、朱明弟、朱明儿、朱明妻。”以往考证中均不明其所出。有关文献记载，仅见于唐代《初学记》卷十七：“朱明张臣尉赞：诗咏张仲，今也朱明。轜财敦友，衣不表形。寡妻屏秽，棠棣增荣。臣尉邈然，丑类感诚。”但是言词简括，具体故事一直不得而详。另外在唐陆广微《吴地记》中记录吴县朱明寺，曾叙述了朱明的生平，但是在世年代有异，而且没有涉及孝友之事。只有通过这里的记载，才使我们得知有关图像表达的故事。朱明这种孝子故事，有文物材料表明它曾在汉代非常流行，但在唐代就已经近乎湮灭，由此正可以说明日本传本原本的成书时代应该是在六朝或唐代初期。

又如伯奇的故事，日本传本中记录得非常详细，黑田教授把它分为六个部分：关于蛇、关于蜂、关于伯奇流离、关于伯奇变鸟、关于鸱鸮、诗云[13]。其船桥本中关于蛇的一部分是：“伯奇者，周丞相尹吉甫之子也。为人孝慈，未尝有恶。于时后母生一男，始而憎伯奇。或取蛇入瓶，令赍伯奇遣小儿所。小儿见之，畏怖泣叫。后母语父曰：‘伯奇常欲杀吾子，若君不知乎，往见畏物。父见瓶中，果而有蛇。'”这些记载也不见于其他传世古籍。

在唐宋以前的文献中，对于伯奇故事的记载有几种不同的传本。早在汉代的《说苑》中，已经记载了伯奇的故事，但今传本中却已佚失。我们只能看到向宗鲁《说苑校证》“佚文辑补”里根据《文选》、《汉书》、《后汉书》等古籍注文补入的伯奇故事，里面已经没有了关于后母藏毒蛇的这一段文字。其后《太平御览》所引《列女传》、《贪恶鸟论》等也没有具体提及有关毒蛇的故事，有些传本甚至只简单地叙述伯奇冤死后化鸟的传说。日本所传《孝子传》记载的故事最为完整，与其相近的描述仅见于《类林杂说》。而唐代以来，有关图像也不再出现。幸亏有了日本传本中保存的伯奇继母在瓶中装蛇陷害伯奇的一段内容，我们才能识别山东武氏左石室中的一幅伯奇画像。

这幅画像位于武氏左石室后壁小龛的东侧。画面正中地面上放有一个容器，器身盘有一条蛇，昂首向上。器左侧，有一人似欲伸手取器，右侧一人举手伸向前者，他们的后面各有两人，执笏而立。郑岩曾将它解释为“随侯珠”的故事[14]。现在看来，这幅画也应该是伯奇的故事。画中的人物形象、动作所能表现的内容，都与“随侯珠”的故事不符，而与伯奇的故事相合。画面上壶左侧一人，头上的饰物虽然已有残缺，但仍可以确认不是男子的冠帽，很可能是表现妇女的帼，说明她是伯奇后母。右侧男子举手的动作，可以解释为伯奇接受后母交付的壶，也可以解释为伯奇故事的下一段情节：“于时母密取蜂，置袖中。至园，乃母倒地，云：‘吾怀入蜂。’伯奇走寄，探怀入蜂。”[15]原石没有题榜，上引《孝子传》中的记载是对它最适宜的解释。

此外，像日本传本中的羊公故事、王巨尉故事等，在以往的中国古籍中大多语焉不详，甚至产生过一些误解，如把羊公理解成晋代的羊祜。在《抱朴子·内篇》中有：“羊公积德布施，诣乎皓首，乃受天坠之金。”王明在注释时就误认为：“羊公，晋羊祜。”[16]而实际上，羊公是汉代的一个行善老人。在《史记》、《汉书》中记录的雍伯应该就是他的原型。山东武氏石室画像中也有题榜为“义浆羊公”的图画。这里对他的记载比较完整，可供参照。

上面已经大略说过日本学者对这两种《孝子传》原本时代的考证结果。他们主要是根据文字、词语中所反映的时代特征来做判断，如用船桥本里的“阿孃”一词多见于中唐以前的敦煌卷子、阳明本羊公故事中出现明显的佛教福田思想等来说明它原本是中唐以前的作品。我们还可以提出一些证据来说明日本传本原本的成书时代上限应该是在六朝或唐代初期，如书中收录了六朝时期的孝子人物与朱明这种在唐代就已经近乎湮灭的孝子故事等。同时，我们还注意到这两种抄本中使用的异体字情况。相比之下，阳明本中使用的异体字更多一些，这或者说明它的抄写时间在先，或者说明它的抄写者更注意保持原本的本来面貌。例如阳明本中出现的“最、修、凡、杀、丰、号、所、灵、诣、逢、辞、葬”等大量文字的异体写法，都是典型的南北朝隋唐时期写法，而罕见于宋代以下的文字材料之中。日本使用汉字的情况也应该与之相应。在船桥本抄写时，已经不流行这些异体字写法了。这方面的特征，对于判断抄本的原来时代应该是有所帮助的。

由此看来，大约在唐代甚至更早的时期，作为孝子思想的载体，中国的孝子故事就传入了日本。在日本广泛流传的《孝子传》对日本古代思想的形成曾发挥过相当大的影响。现存很多日本古代的传说、故事中都可以看出中国孝子故事的痕迹。日本古代还流行一些将中国孝子故事加工后形成的说唱形式，见于《孝行传》、《童子教谚集》等。正如日本学者指出的：古《孝子传》一类的书籍在中国、朝鲜、日本等古亚洲汉字文化圈的国家中作为儿童的教科书被广泛使用着，体现了东亚社会相通的人际关系概念与伦理思想〔17〕。这应该是古代思想研究中值得注意的一个方面。而从古籍研究的角度来看，日本传本《孝子传》也同样具有宝贵的参考价值，值得我们去进一步考证与比勘。

---

〔1〕黎庶昌：《古逸丛书》四十五册，清光绪十年日本东京使署印本。

〔2〕杨守敬：《日本访书志》，清光绪丁酉（1897年）刻本。

〔3〕罗振玉：《吉石盦丛书》，上虞罗氏景印本，1913—1916年。

〔4〕《京都帝国大学文学部景印唐钞本》，京都帝国大学文学部影印，1921—1935年。

〔5〕《唐钞本》，大阪美术馆，1980年。

〔6〕黑田彰：《孝子传研究》，（日）思文阁，2001年版；幼学会：《孝子传注解》，（日）汲古书院，2003年版。

〔7〕《图书寮丛刊·书陵部藏书印谱》（上），（日）明治书院，1996年版。

〔8〕吉川幸次郎:《“孝子传”解说并释文》,(日)京都大学附属图书馆,1959年版。

〔9〕西野贞治:《阳明本孝子传の性格并に清原家本との关系につぃて》,(日)《人文研究》七卷六号,1956年。

〔10〕东野治之:《那须国造碑と律令制——孝子说话の受容に关联して》,见《日本律令制の诸相》,(日)东方书店,2002年版。

〔11〕茆泮林:《古孝子传》,道光十四年刻本,十种古逸书本。

〔12〕黄任恒:《孝子汇传》,自刻本,1925年。

〔13〕黑田彰:《伯奇赘语——孝子图和孝子传》,《说话论集 第十二集、今昔物语集》,(日)清文堂出版株式会社,2003年6月。

〔14〕郑岩:《武氏祠隋侯之珠画像》,《文物天地》,1991年2期。

〔15〕据日本船桥本《孝子传》,《说苑校证》《佚文辑补》引《文选》注为:“后母欲令其子立为太子,说王曰:‘伯奇好妾。’王不信。其母曰:‘令伯奇于后园。王上台观之,即可知。’王如其言。伯奇入园。后母阴取蜂十数,置单衣中,往过伯奇边,曰:‘蜂蛰我。’伯奇就衣中取蜂杀之。王见,让伯奇。”

〔16〕王明:《抱朴子内篇校释》,中华书局,1980年版。

〔17〕三木雅博:《孝子传注解》后记,(日)汲古书院,2003年版。

原载《中国典籍与文化》2004年第3期

中国考古发现中的古代简牍与石刻

我这里向大家介绍一下中国考古发现中的古代简牍与石刻。

邓小平同志讲过："科学技术是第一生产力。"这说明今天一切发达的现代文明能够有这样伟大的成就，科学技术的飞速发展是最根本的因素。我们作考古的习惯追溯人类历史的根源，那么追溯科学技术发展的根源，就应该归结到古代的人类发明文字。很明显，有了文字，才能够把文化知识与科学技术记载下来，通过不断的积累与创新，发展科技，推动社会生产力的迅速发展，才能达到今天的文明程度。

在中国古代的传说中，创造文字的是一个叫仓颉的贤人，汉代的《淮南子》一书中记载，在他造字时，"天雨粟，鬼夜哭"。就是说，创造文字的时候，天上往下掉粮食，鬼神在夜里痛哭流涕。这种记载是很有意思的。可见文字的创造是一件惊天地、泣鬼神的壮举。我想这表示古人就已经深刻地了解到：创造文字后，人类就能逐渐掌握自然，成为世界的主人了。

文字创造出来后，必须书写下来，才能传播与流传，这就要有良好的书写材料。今天我们使用的纸张是比较方便的书写材料。但是造纸术是比较晚的发明，它是我们祖先经过长期实践后才创造出来的。在这之前，在全世界主要的古代文明中，例如我们常说的四大古代文明中，由于人们所处的生存环境与自然条件不同，记载文字的材料也是多种多样，例如古代埃及人使用的纸草，它是尼罗河流域生长的一种植物，把纸草的茎经过切割、捶打，制成薄片，用来书写。其他像古代亚述人使用的泥版，古代印度僧侣使用的贝叶，古代西亚与欧洲人使用的羊皮等，都是取自自然的产物。这些有世界各地的考古发现所证明。

而在古代中国，竹子和木材制作的简牍是主要的书写材料。通过出土的实物，我们可以看到古代简牍是窄长的，一般不到 1 厘米宽，长度从十余厘米到六十余厘米，一般是 20 多厘米。每支简书写的字数有限。所以古人们就把一支支单独的简用绳索编连起来，于是便形成了“册”这个字。它是表示文书的字。在现存的商代甲骨文中，我们就能看到“册”字。它的形状就是把简编起来。中国最古老的典籍《尚书》的《多士篇》中记载：“惟殷先人有册有典。”表明在商代已经有了用简记录的文化典籍。这是中国古代使用简牍书写的最早证据。那么大约就是在距今三四千年之间已经有了简牍。直到汉代发明了纸以后，简牍才逐渐地被取代了。这一过程，今天有大量的考古发现加以证明。

当然，简牍不是古代唯一的书写材料，中国是丝绸的故乡，古代也有用丝帛来书写的文书。考古发现中也出土过古代的帛书，例如二十世纪三十年代在湖南长沙子弹库楚墓中发现的战国帛书、七十年代在著名的长沙马王堆汉墓中出土的帛书等。但是丝帛价值昂贵，不能普遍使用，日常用来书写的还是简牍材料。所以说简牍曾经是中国古代文明的主要载体。

很早以前，中国就有过简牍的发现。2000 多年前，汉武帝末年，鲁恭王要扩建自己的宫殿，他的封地在今天的山东曲阜，正是孔子的故里。所以建筑时就把孔子家的宅院拆毁了。这时，在孔子宅第的墙壁夹层中，人们发现了一批古代简牍书籍。有古文《尚书》、《礼记》、《论语》、《孝经》等几十篇。当时孔子后人孔安国在朝廷做文学，他对这批简牍进行了整理与研究。经过对比，这些书籍与当时流行的同种书籍有一定的区别。像出土的《尚书》比当时流行的《尚书》要多出 16 篇，有七百多个字不同，还有几十个脱漏的文字。后人将孔安国整理出来的《尚书》叫作《古文尚书》，并由此形成了汉代经学中“今文”、“古文”两大学派。

晋武帝太康二年（281），汲郡（今河南汲县）出土了几十车重要的简牍书籍。这是当时一个叫不准的人盗墓时挖出来的。这个墓有人说是战国时的魏襄王的墓，也有人说是魏安釐王的墓。这批简牍整理出的书籍被后人称为“汲冢竹书”，是我国历史上一次重要的古代文献出土。

根据《晋书·束晳传》的记载，当时有一个名叫不准的人去盗墓，盗挖开了战国时期魏襄王的墓（有人说是魏安釐王的墓），从墓中挖出了几十车竹简，竹简上有漆写的蝌蚪文字，即战国文字。另外还有一枚铜剑。由于盗墓者用竹简点火照亮，寻找宝物，造成这些竹简大多被烧残，篇章次序也混乱难寻。官府没收这批竹简后，送到中央。晋武帝命令秘书整理，当时著名的学者束皙、荀勖、和峤、傅赞与秘书丞卫恒、东莱太守王庭坚等人都参加了整理。共整理出古代书籍 75 篇，其中有《纪年》13 篇，它大约是魏国的史书，从夏以来到西周被犬戎所灭，然后记述魏国历史，有很多记载与《春秋》经传的记载不同。有《易经》2 篇，与《周易》相同。《易繇阴阳卦》2 篇，《卦下易经》1 篇。《公孙段》2 篇、记载公孙段与邵陟论《易》。《国语》3 篇，记载楚国、晋国的历史。《名》3 篇，像《礼记》，又像《尔雅》。《师春》1 篇，记《左传》中有关卜筮的情况，师春可能是写书的人名。《琐语》11 篇，记载各国的卜筮、占相、妖怪等。《梁丘藏》1 篇，记载魏国世系与墓中所藏金玉。《缴书》2 篇，讲射箭。《生封》1 篇，讲帝王所封。《大历》2 篇，记邹子谈天。《穆天子传》5 篇，记录周穆王四海游行的故事。《图诗》1 篇，是画赞一类的文章。此外还有杂书 19 篇等，里面有《周食田法》、《周书》、《论楚事》等。

但是这些简牍都没有能保存下来，根据它们整理的古代书籍，有很多也亡佚了。以后有些零星的简牍出土，但是都没有引起注意。直到二十世纪初，西方探险家对新疆楼兰、尼雅，甘肃敦煌、内蒙古居延等西北地区进行考察，在古代的城市和屯戍遗址中发现了大量汉晋简牍材料。这些发现，在当时是给予学术界非常大的震撼，使学者们从全新的角度来研究与认识古代社会，在很大程度上推进了新研究方法与新学术思想的深入普及。

从那时起，古代简牍的出土成为二十世纪最重要的考古发现之一。可以说，每一次重要的简牍发现，都引发一次国际汉学界的地震。在近一百年的时间中，已经发掘出土了 100 多批古代简牍，它们都得到了很好的保护与研究。这些从春秋战国时期直至晋代的简牍材料，反映了近千年的古代历史。有人统计过，到二十世纪末，出土的简牍总数大约有二十万枚。这里面有很多内容丰富、影响巨大的发现，我们这里只能很简略地介绍一下。

例如五十年代在河南信阳长台关楚墓中出土的竹简，湖北随县曾侯乙墓木椁中发现的竹简，还有在湖北江陵望山楚墓和九店楚墓出土的竹简、在湖北荆门郭店楚墓和包山楚墓出土的竹简，都含有丰富的文字资料。

有第一次出土秦代文书的湖北云梦睡虎地秦墓竹简，包括秦代地图的甘肃天水放马滩秦墓简牍，著名的湖南长沙马王堆汉墓竹简。

在湖北江陵张家山汉墓竹简里面有最早的《算术书》，安徽阜阳双古堆汉墓竹简里面有《周易》、《诗经》等古籍。从山东临沂银雀山汉墓竹简中第一次发现了《孙膑兵法》。在江苏东海尹湾汉墓竹简中发现了汉代东海郡官员名籍、武库兵器登记簿等档案材料。

还有数量巨大的内蒙古居延汉代简牍、甘肃敦煌汉代简牍、湖南长沙走马楼古井出土的三国简牍以及新疆古楼兰、尼雅遗址出土的汉代至晋代简牍等。

我们可以看到，出土的大量简牍材料，都是古代人们在日常生活中实际使用的，它们的内容非常丰富。这里面有文人儒生学习用的书籍，从开蒙识字用的《仓颉篇》、《急就篇》，一直到《诗经》、《论语》、《仪礼》等主要儒家经典；还有诸子百家的思想著作，如《老子》、《易经》、《孙子》、《晏子春秋》、《文子》等。特别引起人们注意的是，还有不少早已经佚失了的古书，像在郭店楚墓中出土的《唐虞之道》、《五行》等。

还有实用的书籍，有关方术卜筮、天文历法、医药养生等方面。例如在睡虎地秦墓、放马滩秦墓、江陵王家台等处出土的《日书》，在居延、敦煌等地发现的《历谱》，在张家山汉墓中出土的《脉书》、《引书》等。

在出土的简牍中还有大量实用的法律、诏书，有各种官方文书、档案、簿籍、地图。民间百姓平常生活中使用的契约、书信、账簿、名刺、笔记等，也都能够在简牍中找到。此外，还有相当一部分丧葬专用的遣册，这是放在墓中，记录随葬品的目录。

这样，大家就很清楚，出土简牍是真实地反映古代思想、政治、经济、军事等社会状况的宝贵历史资料。特别是这些实用材料反映的内容，大多在现存古代历史文献中是见不到的，这就更增加了它的研究价值。

比如说古代的官方行政与法律文书，这在西北居延、敦煌等地的出土简牍中见得非常多。整理这些材料，可以看到当时的行政司法规章是非常严格、十分完备的，通过它能了解古代中国的法统，看到它对于东方以及世界的影响。学术界曾经讨论过中国的封建社会为什么延续那么长。中国古代的行政管理有自己的特点和一定的合理成分，可能也是一个原因。直到十七、十八世纪，欧洲的启蒙主义学者，像法国的伏尔泰，还把中国的社会行政看成是一种优秀的典范。

在发现简牍以前，这方面的材料只能从石刻中找到很少的例证。现在，丰富的简牍材料给我们提供了非常全面的古代实用文书。这里举一个具体的例子。

1959 年，在甘肃省武威县城南面一个叫磨嘴子的地方，清理了一座汉代单室土洞墓，出土了缠在鸠杖上的 10 枚木简，木简上抄写了西汉宣帝、成帝时关于优待老人的诏书，给老人授予王杖的文书，还有几个犯不敬罪的罪犯案例，处罚这些罪犯是由于他们不尊敬持有王杖的老人。1982 年 9 月，甘肃省武威县的一个农民交出一批简牍。内容和在磨嘴子出土的简牍相似。上面是五份诏书，记载的内容也是有关尊老，抚恤鳏寡、孤独、残疾者和授予老人王杖的。简册的后面还写着“右王杖诏书令”，说明这是一套关于王杖的法令文书。

通过这些材料，我们可以看到汉代官方文书处理的程序，更重要的是了解了汉代有关尊老、养老的法律制度。诏书上记载：对七十岁以上的老人授予王杖，从出土的实物看，王杖是一枝顶端刻成鸠鸟的手杖，又叫作鸠杖。古人讲食斑鸠，吃饭不会被噎住，所以用鸠杖来祝福老人身体健康。被授予这种鸠杖的老人，可以享受相当于六百石官员的待遇。如果有人欺负了这些老人，就是犯了大逆不道的罪，要杀头的。在汉代画像石里面，也刻有手持这种鸠杖的老人形象。可见在汉代这是普遍实行的一种制度。说明尊老成为中华民族的传统美德，是有悠久的历史根源的。

现在数量最大的一批古代官方文件是在湖南长沙走马楼出土的吴国简牍。这是二十世纪最后的一次简牍发现。1996 年 7 月至 11 月，湖南省长沙市文物工作队在这里作抢救发掘，在一座编号为 J22 的古井中发现了大批三国时期吴国的纪年简牍，据他们估计，这批简牍的数量要超过十万件。总字数可能达一百五十万字。

为什么在古井中出土简牍呢？推测可能是当时的人利用早已废弃的仓井来堆放这些用过的简牍文件。这些简牍主要是吴国长沙郡等地的官府档案，里面有罕见的大型木简，长达 54.3 厘米。里面包括有券书，就是现在说的合同契约。像租田地的券书，官府之间各机关调拨钱粮器物的交接券书。还有官府文书与司法文书，有户籍登记，还有名刺、账簿等很多材料。这对于了解当时社会的经济活动、行政管理体制等都是非常重要的。如从交纳租税的文书中可以看到，当时一亩田的租米要高达一斛二斗。农民的租税负担是十分沉重的。

简牍的考古发现可以说是越来越多，刚进入21世纪，就又有一次重要的秦代简牍发现，这是在湖南里耶出土的大量官方文书。这些材料还正在整理中。对中国古代简牍的研究，可以说是任重而道远。

王国维指出："自汉以来，中国学问上之最大发见有三，一为孔子壁中书，二为汲冢书，三则今之殷虚甲骨文字，敦煌塞上及西域各处之汉晋木简，敦煌千佛洞之六朝及唐人写本书卷，内阁大库之元明以来书籍档册。"可见古代简帛文字材料的发现，在20世纪初就曾被誉为改变学术界认识的四项重要考古发现之一。它的可靠性与其包含的丰富史料，使之成为20世纪中考古学与古文字学、历史学等学科的重要研究课题。

由于时代久远，我们能够看到的古代文献大多经过历代的传抄、改动，以往很难有证据确认它们的记载是否完全属实。而且，距离我们越远的古代，所能保留下来的文献材料就越稀少，给我们了解古代社会造成了很多困难。这就是光依靠现存古代文献资料进行研究所存在的重大缺陷。相形之下，那些通过发掘出土的或者历代保存下来的古代文字材料就比文献材料更具价值，是了解古代社会最直接的证据。

如果说简牍具有中国特色，那么石刻，就是一种全世界都曾经使用过的文字载体了。我们先不考虑在几万年前就出现的岩画这样的图画石刻，只看有文字的石刻。那么，古代埃及在大约5000年前已经有了这种石刻。相对来说，中国大量使用石刻的时间要晚一些，从现有材料看是在汉代才开始，但是后来居上，中国的石刻不仅数量多，而且使用的范围十分广泛，成为中国古代文化的又一个重要载体。

有文字的石刻大多都是有固定的外形和用途。例如常见的碑，有龟形的或者长方形的底座，有螭龙组成的碑首等。人们常用它歌功颂德，标志墓葬，记录典籍文章等。墓志大多是覆斗形的，专门埋在墓里，记录死者的生平。造像题记附在佛教、道教等造像上，记录造像的原因。另外还有摩崖、题名、画像石、舍利函、经幢等很多种类的石刻。石刻与简牍不同，实用性比较少。人们不可能背着一块石头文书到处跑。很多石刻都是具有纪念性的，或者是为了永久保存而制作的。有很多种石刻原来就是立在地面上的，像碑、摩崖、石窟题记等，一直传留到今天，我们国家很多地方的博物馆中都有所收藏。这里面有很多珍贵的文化遗产，比如历代名人书写的碑石，我们现在学习书法用的字帖都是来自这些碑石，大家应该比较熟悉。又如北京房山云居寺的石经，是世界上最完整的石刻大乘佛经。还有山西大同云冈石窟、河南洛阳龙门石窟等处优美的佛教造像和题记等。可以说是数以万计。它上面保留下来的古代文字资料一直是了解中国古代社会的重要证据。

而在考古发掘中大量出土的古代石刻，特别引人注意。因为这大多是前所未见的重要资料。这里面主要包括在墓葬中出土的历代墓志、建筑墓室的画像石、塔基中的舍利函等等。就拿墓志来说，近五十年中公布的材料就接近两千件。如果把历来被盗掘出土的也算上，可能达到七八千件。这上面记载的史料是一个什么样的概念呢？一件墓志的文字，从三百字到一两千字不等。如果按照八百字估算，七八千件墓志上就记录了六百万字以上的古代史料。一部《史记》，加上后代的注解，也才有二百多万字，可见石刻是一个多么丰富的文化宝藏了。

考古发现的古代石刻首先有利于考古学本身的研究，例如在一座墓葬中出土了有纪年的石刻，就可以协助我们确定墓葬的年代，帮助我们进行对出土器物、墓葬的分期研究。另外，它所记载的史料还可以帮助历史学、文字学、宗教学等各方面的社会科学研究。而且不仅仅是文字记载重要，就是石刻的外形与图案纹饰等，也具有很高的研究价值。在认识古代社会上，它的作用是无法取代的。

这里举一个通过墓志外形去了解古代思想史的例子。世界上很多国家都使用墓志。但是中国的墓志具有自己的特点：第一、它是埋在墓里面的；第二、从南北朝以来，大多墓志都是做成一种盝顶形的，像一个翻过来的斗。为什么中国的墓志这样特殊呢？这里面实际上蕴涵了中国古代人的宇宙观念。

现在针对高科技的现代化社会存在的种种问题，像环境恶化等，世界上有很多学者开始重视中国古代“天人合一”的思想。这种思想与中国古代人们的宇宙观是分不开的。古代对于宇宙自然的认识，比较典型的一种是“盖天说”，就是把地看作一个方形的平面，把天看作一个半球形的圆盖，覆盖在大地上。在这种认识的基础上，人们把一切活动都与这个宇宙模型联系起来。就像《老子·道经》中说的：“人法地，地法天。”这是先秦时期就已经形成，在汉代得到广泛普及的一种社会概念。

这种模仿天地的意识渗透到古代人们的一切社会活动中来，比如设计城市、建筑宫室，在丧葬礼仪中表现得更明显。

在古代人们的思想中，认为人死了以后就要到地下的另一个世界去，那个世界与人活着的时候所在的世界大同小异。所以建造墓葬时，就模仿人生在世时的宇宙概念来营造一个缩小了的象征性的地下宇宙。由于建筑材料与建筑技术的限制，人们用覆斗形的墓顶来代表穹顶。这样的墓葬在西汉末年到南北朝时期逐渐流行起来。在具有壁画的这种墓葬中，我们可以看到覆斗形墓顶上画有代表四方的四神：东方青龙、西方白虎、南方朱雀、北方玄武，有些墓葬顶上还画有天空中的星象图。说明一座小小的砖室墓体现了产生于阴阳五行理论基础上的宇宙模型。

这种概念在古代葬俗中一直延续着。近代发现了很多汉代的画像石墓。我们分析墓葬中全部画像石的分布情况，可以看出汉代人们在建筑画像石墓时，是有意识地把它布置成一个完整的宇宙模型。墓室的顶部表示天穹，一般安排星图、四象、天神、仙人等表示天境的图画。墓室四壁表示地面上的人间，装饰着宴乐图、出行图、历史故事和表现庄园、农耕渔猎等活动的图画。

古代的墓葬中还出土过式（式盘）。这是一种古代重要的占卜工具。它实际上也是古人有关宇宙模型的一种体现。例如 1977 年在安徽阜阳双古堆 1 号墓出土有漆木式，它由上、下两盘组成，上盘为圆形，象征天，下盘为方形，象征地。式的天盘一般都是在中心画北斗，四周写上十二月、干支和二十八宿的名称。地盘上也写有天干、地支、二十八宿等。

我们在墓志中能看到一个很好的证据，就是在洛阳出土的隋开皇二十年马穉墓志，在它的志盖四周刻了八卦符号，四杀（斜面）上刻写了天干地支。这种布局与现存的两件刻有八卦、干支的古代式是完全一致的。这两件式，一个是 1925 年在朝鲜乐浪遗址王吁墓出土的漆木式。它的年代大约在东汉明帝末年或者章帝前后（约 75—88），另一件是上海博物馆收藏的六朝晚期铜式。

这样一对比，我们就很清楚了。覆斗形墓志的外形，就是一件放大了的式，又像一个缩小了的墓室。那么它的含义也和墓室、式盘相同，具有宇宙模型的概念。很多墓志的四杀上刻有青龙白虎等四神图案，志身上刻有十二地支，就是象征天地的证明。这种墓志长期使用，可能表现出这种概念长期占据着古代人们的思想，也是中国古代宇宙观长期停滞不前的体现。

这是从石刻的形制上来探讨古代文明。而从石刻的文字内容中能够说明更多的问题。比如著名的汉魏石经，它是指东汉灵帝时刻制的熹平石经和曹魏时制作的正始石经，先后树立在当时首都洛阳的太学中。关于它们的文献记载不很确切，一般认为汉石经有46座碑石，刻了7种儒家的经书。魏石经有25座碑，刻写了2种经书。但是这些碑已经完全被破坏了，人们对它的认识是很模糊的。近代以来，在河南偃师汉魏故城的太学遗址中陆续出土了一些石经的残石。1922年在这里发现的一块魏石经残石上曾保存了1800多个字。二十世纪八十年代，中国社会科学院考古研究所又在这里发掘出661块石经的碎块。

通过这些残石就能够比较清楚地了解当时石经的规模和形制，推断这些碑石的排列情况，从而认识汉魏时期太学教育的盛况。特别是可以通过残留的文字内容看到当时的经典内容，与现在传下来的本子对照研究。这在古代学术史的研究中是很重要的。

石刻上的记载，大多是确凿的历史事实，对于考证古代的历史、宗教、社会风俗、交通、政治疆域等都是可靠的证据。例如1990年，西藏文物普查队在西藏吉隆县发现了一件大唐天竺使出铭，是唐代初年著名的外交家王玄策出使天竺时途经此地留下的题记。王玄策曾多次出使西域、中亚、南亚各国，对稳固唐朝的边疆，加强中外文化交流做出很大贡献。这件题铭可以证实唐代确实有王玄策出使天竺的历史，它还提供了当时唐朝经过今尼泊尔通向天竺的古道路位置。它对于了解中外交通的价值是无法估量的。这件石刻发表后，立即引起了国际学者的高度重视。

古代简牍石刻中包含的内容太丰富了。这里只能给大家描绘一个轮廓。在现代人的眼里，简牍石刻的研究可能是很冷僻、很艰深的学问。但是我们仍希望有更多的朋友来研究它、利用它，让我们祖先留下的这批文化珍宝发出更灿烂的光芒。

中央电视台10频道《百家讲坛》讲座

漫步于石刻丛林

可能我们的祖先最了解石头与人的亲密关系。先民相传的神话中，有女娲炼石补天的优美遐想，有禹妻化石躲避追赶，而后裂开诞生了夏启的怪异传闻。而后的文学家们又创造了灵石变成的孙悟空、衔玉降生的贾宝玉……这是不是都在隐喻着在人类发展的历程中，石头是关乎生死的决定因素呢？

伊朗波斯波利斯宫殿遗址石雕

不是吗？石头是原始人首先使用的工具之一。我们知道，使用工具，是人类告别动物界的根本标志。当原始人类把石块打击成刀斧，用燧石敲击出火花时，便揭开了人类社会的历史篇章。没有石头，能有今天的世界吗?

考古学者对石头有着更为深厚的感情，因为它们记载着无数来自远古的信息。各种各样的石制工具，告诉我们那个制造它们的时代中生产与生活的状况。而稍晚些时期产生的各类文字碑铭与艺术石雕，则更直接地向我们展示出历史的原貌。遍布世界各个角落的古代石刻，是人类最可珍视的文化瑰宝之一。能在集有各个文化特色的石刻珍品宝山中漫游，该是一种多么难得的艺术享受。

1996、1997 年冬春之际，我趁在英国牛津大学做访问学者之机，尽情浏览了英国各大博物馆和法国等地的丰富收藏，尤其是这里的宝贵石刻文物，给我留下了难以磨灭的印象。

由于历史的原因，直至 20 世纪中，古埃及和北非考古、两河流域考古、古希腊罗马考古一直是英、法等欧美大国的专利。从拿破仑率军远征埃及开始，埃及、希腊、两河流域、伊朗等地的大量文物就纷纷流入英、法、德、美等大国的博物馆和私家收藏室内。仅英国大英博物馆（The British Museum）一处，就收藏了 600 馀万件各地文物和古代文献资料。其数量之庞大，内容之精美，无一不令人惊叹万分。

伊朗波斯波利斯宫殿遗址石雕

我们现在知道的历史最悠久的纪念石刻，要算古代埃及的雕像、界碑和方尖碑等。古埃及人对石料的加工能力真让人叹为观止。且不说分布在埃及大地上的无数金字塔与神庙等石建筑，仅从欧洲博物馆中收藏的埃及古代石刻上，就已经足以使人认识到古埃及人的高度文明、高超的加工技艺与顽强坚韧的毅力了。

在大英博物馆与牛津大学的阿士莫伦博物馆（Ashmolean Museum）中，陈列着数以百计的古代埃及石刻；有巨大的石棺，上面雕出精美逼真的人物和装饰纹样；有各式各样的石碑，刻写着古埃及文的长篇铭文；还有各种人物雕像、神像、神庙及陵墓上的浮雕画等。这些人物和神灵的雕像都刻绘得精细入微，大的有几米高，小的才几十厘米；法老和王后们的雕像仿佛都十分相似，不是手拉手站立着，就是端庄地坐在各自的座椅上，两眼前视，面目平静，显出一副目空一切的神情。雕像造型准确，发丝、胡须、衣纹和饰物的刻画都十分细致，表现出极高的艺术水平。大英博物馆埃及馆中有一件大理石质的法老头像，看来是从全身雕像上打断下来的，全长在 1 米以上，它不仅形制巨大，而且石质细腻，加上精工雕刻打磨，堪称石雕中的上乘佳作。

古亚述守门石雕

埃及馆中还有一件在考古史上享有盛名的重要文物——罗塞塔石碑。这件看似不大显眼的石碑却是打开古埃及学大门的金钥匙。它是 18 世纪末年，法国皇帝拿破仑占领埃及时，军人们在无意之中发现的。拿破仑进军埃及时，带去了一批学者，这批受到拿破仑特别照顾的学者对古埃及文化遗址与文物进行了大量的调查与收集工作。罗塞塔石碑也被他们带回了法国。以后又转来英国。这件石碑上同时刻有古埃及象形文字、公元前 7 世纪左右开始使用的埃及世俗体文字和古希腊文字三种字体。古埃及学的奠基人商博良博士（J. F. Champollion）就是利用这三种字体的对照成功地释读了古埃及象形文字，揭开了古代埃及的神秘面纱。

公元前 1567 年至前 1085 年期间的埃及新王国时代，是碑石大量流行的重要时期。方尖碑、圆首和平首的大小石碑，都用古埃及象形文字刻满了它们的表

古希腊神庙石雕

面，给我们保留下了大量的古代文献材料。这儿有一件埃及 19 王朝（约公元前 1200 年以前）的圆首墓碑。它的形制与中国最早的石碑可说是惟妙惟肖，但是比中国最早的石碑要早一千多年。由此推想，在中国古代石刻形成的道路上，会不会有外来文化因素的影响呢？

在西亚两河流域诞生的另一个辉煌的远古文明是巴比伦与亚述帝国。自公元前2000年至前539年，这里兴建了宏伟的建筑，形成了发达的农业与手工业，造就了灿烂的古代文化。在19世纪以来欧美学者对阿苏尔、尼尼微、尼普尔、巴比伦、乌尔等一系列遗址的大规模发掘中，不仅发现了大量宫殿、神庙和住房，还出土了大量泥版文书、雕像，印章、金属制品、金饰、彩色玻璃制品等，各种石刻更是这一文明中重要的代表文物。

存放在罗浮宫中的稀世珍宝——汉穆拉比法典碑，就是在巴比伦的苏萨城址中发现的。这座高2.25米的黑色玄武岩石碑，碑文基本完好，刻得十分精致。它好像是用一块扁圆形的石料加工成的。这一点很像中国早期的刻石如石鼓文、守丘刻石等。看来世界各地的石刻，大都沿着从利用天然形状的石块，到有意识地把石头加工成固定的形状这样一条道路发展而来。

汉穆拉比碑的碑首部分，用精美的高浮雕手法刻出了坐在神位上的夏马西神和恭敬地站在夏马西神面前的汉穆拉比王。碑身上刻有楔形文字的碑文。据介绍，碑文中叙述了神授予汉穆拉比王权的意义，夸耀了汉穆拉比的功绩，并且用大量篇幅公布了当时的法律条文和案例。这无疑是一部了解古巴比伦社会的宝贵经典，对于了解世界古代史具有极为重要的意义。

站在这座距今3700年以上的石碑面前，你会感到时间的飞逝，感到历史的贴近。更令人惊讶的是这座碑保存得是那么完好，精细的胡须、衣纹、棱角与转折都毫无损伤。乌黑光亮的碑面仿佛是新完工的一般。这种对古代文物的保护手段的确值得我们学习。

亚述帝国的巨大石雕像与宫殿的巨型浮雕带，更是令人受到莫大心灵震撼的石刻巨作。在大英博物馆的亚述展室中，陈列着多组原立于亚述帝国王宫、城堡等处大门两侧的守护神兽。这些用整块花岗岩雕刻出来的巨像一般高达4米以上，有的狮身，有的牛身，身有鹰翼，头部却是威武的男子形象。来到这里的参观者，无不在此伫立良久，为它们神奇怪异的外貌和摄人心魄的气势所慑服。

这里还有大量宫殿厅堂中装饰的浮雕带，同样是在大块的花岗石板上雕出形形色色的人物、神祇、野兽、宫城、车辆等，表现了古代亚述的战争、宫廷生活、帝王狩猎等大规模的活动场面，是公元前9世纪至前7世纪间亚述帝国历史的生动反映。能用简单的青铜工具创作出如此巨大又如此细腻逼真的艺术品，该是多么令人惊叹的成就啊!

古代西方的艺术水平，确实令古今中外的人们钦羡不已。对人体和动物体结构的准确掌握，对细节的生动描绘，对感情和神态的表现，至今仍可称作艺术创作的典范。古代希腊与罗马的造型艺术，尤其是石雕与石建筑，便是这种典范的突出代表。

在欧洲各地，都可以见到大量栩栩如生的古代雕像，有建筑物上的装饰、墓地的纪念像、纪念碑……在大英博物馆中，陈列着希腊古典时期雅典卫城巴特农神庙中主要的雕刻组像，个个动态俨然，宛如生人。这里还有大量神庙中的浮雕装饰带，甚至有一座完整的神庙建筑。虽然这些白色大理石的精美雕刻已受到历史风雨的剥蚀，但其中蕴藏的艺术感染力却毫无减弱。这正像在罗浮宫中静静地含笑伫立的维纳斯像一样，那残缺的双臂却给它增添了神秘的魅力，给参观者提供了无限的遐想天地。

古希腊的石雕艺术，通过贵霜帝国影响了佛教造像，从而传入中国。虽然我们在中国化了的佛像身上已经很难直接找到与古希腊雕刻相似的地方，但是这种文化上的传播演化，却是已有大量证据证明的事实。因此，当我们在大英博物馆中看到一尊据说是北洋政府赠送的北朝大石佛时，不禁为这种东西文化的互相影响、相映成趣而浮想联翩，一时四方烟云、万古青史纷纷涌上心头，久久不能平静。

在大英博物馆的中国展室内，我看到一群天真可爱的小学生围坐在中国的石刻拓片——龙门的魏灵藏造像题记前，认真地描写着上面的汉字。我打开相机，留下了这幅动人的情景。这是一幅多么令人深思的画面啊！千百年前的人们，把石头变成了记录历史与文化的工具，显示出人类的伟大创造力。千百年后的今天，石刻又以它们携带的文化信息，超越了地域与民族的界限，传播着人类文明的因子，呼唤着人类的理解与和平。

石刻，值得我们永远珍视的朋友。

原载《文物天地》1997年第6期

中国石刻学的奠基之作

——介绍《语石》和《语石异同评》

《史记·秦始皇本纪》中记载了秦始皇巡游天下、刻石颂功的详细情况。其中琅琊台一石铭文中称：

“刻于金石，以为表经。”

这就表明在秦代时，石刻已经被大量地应用于铭功纪德之中了。马衡先生曾说：“刻石之风流衍于秦汉之世，而极盛于后汉。逮及魏晋，屡申刻石之禁，至南朝而不改。隋唐承北朝之馀风，事无巨细，多刻石以纪之。自是以后，又复大盛，于是石刻文字，几遍中国矣。”时至今日，全国各地仍保留有数以万计的历代石刻，形成了一个内容丰富的中国古代文化宝库。

对古代石刻的著录与研究也可以说是从秦汉之世开始的。到了宋代，好古之风兴起，收藏著录古代器物（主要是钟鼎彝器与石刻拓本）的热潮与证经补史的研究方法相结合，形成了一门具有中国传统文化特色的学问——金石学。自宋代至民国初年，金石学一直是国学研究中的一个重要组成部分，对古代青铜器、玺印、货币、石刻等铭刻文字的研究，极大地推进了历史学、经学乃至社会科学各学科的发展。

金石学研究的主要对象，是一切古代器物上的铭刻文字。清代以来，地不爱宝，大量地下埋藏的铜器、甲骨、墓志、简牍等古代文物陆续出土，随着学者访求的深入，许多原来不为人知的碑碣摩崖等石刻也纷纷被发现。这一切都使金石学的研究内容不断扩大。据前人统计，清代著录的青铜器已达7143件，其中尚不包括货币、玺印、铜镜等类器物。而石刻的数量，仅清代中期孙星衍、邢澍合编的《寰宇访碑录》一书就收入了8000馀种。后来，人们又把碑、志、造像之外的石阙、井栏、买地券、刻经、桥柱、石盆等各种石刻文字都纳入石刻研究的范围。在这种情况下，铜器研究与石刻研究逐渐分离，形成具有各自特点的独立学科。恰似朱剑心在《金石学》一书中所言："三代之间，有金而无石；秦汉以后，石多而金少……故欲究三代之史莫如金，究秦汉以后之史莫如石。"铜器与石刻研究的时代不同，器物形制各异，文字文体也各有区别，随着材料的增加，它们分别成为自成体系的完整学科，可以说是水到渠成的事情。

清代是金石学的鼎盛时期，涌现出了大批有重大贡献的金石学者，出版了大量水平较高的金石著作，尤其是石刻方面的研究更为突出。清代学者陆增祥为《金石续编》所作的序言中说："著录之家，本朝极盛，荟萃成书，奚啻百数……综括而考证之者，亦不下数十家。"据不完全统计，清代有关石刻的著作达223种，其中尚不包括地方志中的金石志。这些著作中，有专门编目的，如钱大昕《潜研堂金石文字目录》八卷，吴式芬《攟古录》二十卷与《金石汇目分编》十卷，孙星衍、邢澍合撰《寰宇访碑录》十二卷等；有进行题跋考证的，如顾炎武《金石文字记》六卷，朱彝尊《曝书亭金石文字跋尾》六卷，钱大昕《潜研堂金石文字跋尾》二十八卷等；有对石刻文字加以考释的，如顾蔼吉《隶辨》八卷，邢澍《金石文字辨异》十二卷，翟云升《隶篇》十五卷（续十五卷、再续十五卷），赵之谦《六朝别字记》等；有专门校勘辨伪的，如方若《校碑随笔》等；有对石刻材料汇集著录的，如胡聘之《山右石刻丛编》四十卷，毕沅《中州金石记》五卷，毛凤枝《关中石刻文字新编》四卷等；此外，还有汇集目录、铭文、考证、校勘于一体的大型资料总纂——王昶《金石萃编》一百六十卷及陆耀遹《金石续编》二十一卷，陆增祥《八琼室金石补正》一百三十卷等重要著作。

尽管清代关于石刻的研究取得了这样大的成绩，但它们仍沿承自宋代欧阳修、赵明诚以来一贯的金石著录考跋方法，并没有哪一部著作能从石刻本身的形制、铭文格式、书体、制作工艺、分布、演变过程等有关体例上去作综合考查。也就是说，还没有一部著作能站在学科的高度对石刻整体进行分析和概括，阐述出发展规律，总结研究方法，使之成为系统化的独立学科——石刻学。

直至清代末年，才出现了这样一部重要著作——《语石》，完成了中国石刻学的奠基任务。

《语石》的作者叶昌炽，字颂鲁，号鞠裳，晚年号缘督，江苏苏州人。他在少年时就打下了深厚的国学基础，曾就读于群贤毕集的正谊书院。成人之后，他笃爱石刻，勤力访求，与当时金石名家潘祖荫、吴大澂、缪筱珊、陆润庠、梁杭叔、沈曾植等多所交往。任职外地时，也对当地的石刻加以调查，收集拓本，“访求逾二十载，藏碑（案：多为拓本）至八千馀通”（《语石·自序》）。对于他所见过的石刻，他都深入考查研究，积毕生之学力，终于完成了这部“二百数十年间无人荟萃之创作”（《缘督庐日记钞》）。

《语石》全书共十卷，以分条举证的方式系统阐述了中国古代石刻的主要内容。第一卷中，按照自古至今的时代顺序，介绍了历代石刻的概况与各个朝代的重要石刻名目。特别注意到十六国、五代十国、伪齐、西夏、吐蕃等以往不大受重视的短暂朝代的石刻。叙述之中，还夹有必要的考证和作者的见解。如前汉一则中称：“是则冢墓碑自后汉以来始有也。”晋二则中称：“世传墓志始于颜延年，晋以前无有也。”都是就某一种石刻形制产生的时代加以考查，从纵的方面探讨石刻的发展过程。这一点，对于石刻的研究是很重要的，恰恰也是前人所忽视的。由此充分显示了叶昌炽的独到眼光。

第二卷中，按照石刻分布的地理区域来进行论述。在分省介绍之前，叶氏首先撰写了“总论各省石刻”和“求碑宜因地”二则，不仅就全国石刻的分布作了概括，而且提出了注重核实原石所在地的观点。他指出：“关中为汉唐旧都，古碑渊薮。其次则直隶、河南、山东、山西……又其次则陇蜀、吾吴……此外闽粤诸省，隋以前无片石贵州……不独无隋唐名迹，即宋元两朝亦无一字可著录。”在分述各省的石刻分布情况时，他还对各地由于历史、政治原因而造成的石刻特点及兴衰作了分析。如直隶四则中云：“燕为辽宅京之地，金为中都，元为大都路，亦唐以后神皋奥区也。然自晋以后，沦为左衽。唐之中叶，又为安史窃据。辽金递嬗，下逮元初，文物衣冠，远谢南服，其碑文字多猥鄙，书法亦无士气。”河南二则中称：“巩洛之郊，古之崤函。中州碑刻，荟萃于此。其次则河北三郡。”山西三则中云：“大抵晋碑皆萃于蒲、绛、泽、潞四属，绛州以闻喜为盛，泽州以凤台为盛，蒲州以永济、虞乡为盛，潞安以长子、屯留为盛。凤台之硖石山、青莲寺、琵琶浤，吉州之锦屏山，尤为题名渊薮。”浙江四则中云：“造像始于北朝，隋唐极盛。天宝以后，此风稍替。”……都是经过实际考查后的精辟之论。叶昌炽一向注重实地调查，他任甘肃学政时，曾亲自寻找到方志中记载的西夏黑河建桥敕碑。这就使他的研究能超越前人，其论述与记载也更科学可信。叶氏还尽其所闻，对滇贵、东北、新疆、和林等边疆地区的石刻以及朝鲜、日本、越南、埃及等外国的石刻作了介绍，形成了一个“上溯古初，下迄宋元，元览中区，旁征岛索”的完整体系。

第三卷至第五卷，是叶昌炽建立石刻形制研究的重点内容。以往金石学者们研究石刻，往往仅限于铭文内容，很少涉及石刻的外形特点及各种类型。叶昌炽在《语石》中将石刻根据形制划分为：碑、墓志、塔铭、浮图、经幢、刻经、造像、画像、地图、桥柱、井栏、柱础、石阙、题名、摩崖、买地莂、投龙记、神位题字、食堂题字、医方、书目、吉语、诅盟、符箓、玺押、题榜、楹联、石人题字、石狮子题字、石香炉题字、石盆题字及石刻杂体等具体类型。这种划分，不仅使石刻研究的方法有了改变，也大大扩展了传统石刻研究的范围，使金石学向古代器物学的方向转变，为纳入近代考古学的系统打下了基础。文中关于碑、墓志、塔铭、经幢等类型的起源、演变过程、外形纹饰上的时代特征，铭文主要内容等都作了详细的分析介绍。

第六卷介绍石刻铭文的文例，主要针对碑文中的各种文体格式加以归纳。早在元代，即有潘昂霄作《金石例》，汇集铭文义例，以后又有明代王行《墓铭举例》、清代黄宗羲《金石要例》、梁玉绳《志铭广例》、李富孙《汉魏六朝墓志纂例》、王芑孙《碑版文广例》、鲍振方《金石订例》等专门谈铭文体例的著作。叶昌炽与之不同之处，在于不仅仅限于文章义例中，而是从所见的碑志实物出发，归纳石刻的特点与刊刻中的体例。如他总结了历代碑志上撰、书人的署名现象，指出：“宋元以后，撰书、篆盖，始皆大书特书于首，且系结衔，至今以为通例云。”又如他归纳石刻文体时，指出：“石刻诗文，有不经见之体。”并列举了实录碑、行状碑、疏、遗属（佛教宗门语录）等在文章分类中罕见的石刻文体。此外如总结碑刻中一石两文、书碑之例、撰书位次、画人、石工、古碑先立后书等问题，都是经过实物考查后的结论，不是仅靠翻阅文献、拓本所能得出的。在本卷中，他还专门提出了碑版有资考证的重点，如官职、年月、舆地、族望世系等。此外，他对石刻中的种种纪年方法也细心加以说明。碑刻中的纪年形式很多，如东汉永寿二年韩敕碑用“涒叹、霜月”等古代太岁纪年，金大安七年蔚州石佛寺经幢用"蓂生七叶"这种佛教计数方法计日，叶氏都予以注意，并准备作《碑版岁时月日例》一书以释之，可惜未能完成。

第七卷至第九卷着重分析石刻中的书法、字体、书写格式；并对各个朝代的书法家及其石刻作品加以介绍。叶昌炽在研究古代的书法艺术时，注重石刻的作用，认为石刻书体状况最能反映书法源流，所以他不是像前人那样从史书记载中去评价历代书人，而以所见石刻书法进行评议。如他认为："隋以前碑版，有书人名可考者，南朝以陶贞白为第一，贝义渊次之。北朝以郑道昭为第一，赵文渊次之。其馀南之徐勉，北之萧显庆、王长儒、穆洛、梁恭之，皆人能品。郑道昭……唐初欧虞褚薛诸家，皆在笼罩之内。"由于有实物映证，其立论确乎不移。因此，他对书法家的评论均有独到之处。如唐代张怀瓘《书断》中称："薛延陀学欧阳询草书，微伤肥钝，亦通之亚也。"叶昌炽却根据薛氏砥柱铭等石刻给薛延陀"天挺伟表，如太华三峰，壁立千仞"的高度评价。此外对于立政、窦怀哲、畅整、王绍宗、裴漼等书家的介绍，都显示了他的卓绝见地。对他认为名不符实的名家，他也直加针砭，如："然有三人焉，循名核实，不无遗憾。一为王行满，一为吴通微，一为苏灵芝。王书如病痿痹，麻木不仁。吴书轻纤，靡若无骨。苏书圆熟，如脂如韦。其为俗书则一也。"对于宋代书学的凋敝，宋代书人的师承源流等，叶昌炽也都有精辟的议论。特别是他不囿于前人之见，把书法史的研究拓广到一向不为人注意的普通人士书迹中，如：武人、奄人、妇人、缁流等，甚至留意到 外国人。他介绍所见石刻"若中国石刻而异域之人书之，惟房山雷音洞石经，有高丽僧达牧书。长清灵岩寺让公禅师碑，据《寰宇访碑录》，但云至正元年，日本国僧印元撰行书……"可以说是最早注意这一问题的中国学者。

历代石刻中包含有丰富的各种书体，是研究中国书法和文字演变的重要资料。《语石》中将石刻内出现的各类书体都举了例证加以说明，着重介绍了石刻中特有的集名人书体（如集王羲之书的圣教序、集各家真行书的杨承源碑、集欧阳询书的上清官牒……）、飞白书、篆籀文字等。叶昌炽还注意到了石刻中的各种少数民族文字，如契丹、西夏、女真、蒙古、畏吾儿、唐古忒等文字，并就有关文字知识作了介绍。他收集的感通塔碑、黑河建桥祭神敕、宴台国书碑、居庸关佛经题刻等少数民族文字石刻都是很珍贵的资料。这也是较早认识到少数民族石刻的重要性并对它进行研究的论述。

第九卷末尾数则与第十卷着重分析了碑书写中的一些特殊格式、碑拓的各种形式、工艺、保护方法以及其他一些与石刻有关的杂记。指出："原石已亡，海内又无第二本，是谓孤本。"强调孤本碑拓价值珍贵，在宋拓以上。又指出："收藏家重旧拓，惟在烜赫巨碑，而不知小唐墓志尤可贵。"他还强调了收集残石与碑阴的重要，这些都是针对传统金石收藏家的不足之处提出的重要改进意见。此外，叶昌炽还对拓本的拓制工艺、装裱方法、当时著名的碑贾、书商等一一作了介绍。

由于当时所见材料、研究方法等方面的局限，《语石》也存在一些不足之处。如采用笔记形式，显得比较零散，有些观点不够集中，体例不够统一，有些叙述过于概括，甚至有记载失实、判断不当的地方。但这些缺点，并不会影响它对后世所起的重大作用，无损于它对石刻所作的全面性的综合论述。

由此可见，《语石》一书之可贵之处，就在于它以渊博的内容、严密的体系和新的研究角度为石刻学发凡起例，奠定了学科的研究范围、研究方法等基础，进而形成了石刻学研究的立体框架结构。在《语石》之前，千百年来的数千种金石著录一直进行着编目、集录、校释、考证等初级工作，始终没有能上升到较深层次的综合研究。《语石》较好地完成了这一任务，不仅为石刻学奠定了基础，也为传统的金石学研究开辟了新的研究局面。所以，《语石》在1909年正式出版后，立即受到学术界的重视。顾燮光《梦碧簃石言》第五卷中赞誉《语石》一书："其书学博思精，融合修洁，非数十年读书、读碑之功，未易臻此……精博详赡，体例完善，实为金石书中空前绝后之作。"正是恰如其分的评价。

叶昌炽的《语石》问世以后二三十年间，正是近代中国发生巨大变革的时期，随着西方考古学的传入，新的考古发现不断涌现，仅就新出土的石刻材料及有关研究而言，其成果也是叶昌炽当年所难以想象到的。何况叶昌炽当时限于条件已有部分实物无法得见，他的著作中虽然大力征引，仍有不少遗漏，所作结论自然有失当之处。有鉴于此，近代学者柯昌泗在1943年撰写了《语石异同评》一书。它仿照《语石》的体例，对叶昌炽的观点逐条加以补充和订正，指出异同，提出自己的新观点。其内容丰富准确，学术价值不在《语石》

一书以下。

柯昌泗是清末民初著名学者柯劭忞的儿子。柯劭忞字凤荪，光绪年间进士，曾任翰林侍读、京师大学堂监督，民国初年曾任清史馆总纂。柯昌泗受家学熏陶，功力深厚，又笃好金石之学，为罗振玉私淑弟子，其才学一度曾与容庚、唐兰等罗王弟子齐名。虽然他一生厕身仕途，并曾任伪职，晚行不修，又没有多少著作传世，但从《语石异同评》一书中，已经可以看出他在石刻研究上的高深造诣。

《语石异同评》由于沿袭《语石》的体例，也采取分条立论的笔记形式，按柯昌泗自己的说法："意在补苴罅漏，网罗放失。"（《语石·语石异同评》叙）主要从三方面对《语石》的内容加以补正。

第一是补充实例，对叶昌炽没有谈到或叶氏之后问世的新发现加以介绍，补充证明叶氏的论点。如：卷一前后蜀一则谈及"前后蜀石刻，近来著录屡增。……多造像、题名、刻经三类"，并且介绍了柯氏收藏的前蜀乾德四年许璠墓志和陆续问世的孟蜀石经。又如卷一辽金五则后柯氏补充了近代辽宁等地出土的刘继文墓志、张正嵩墓志、张思忠墓志、贾师训墓志、宋匡世墓志等有关史实的重要石刻。对1931年出土的辽陵诸石刻，如辽圣宗哀册等，柯氏也作了详细的记载。又如卷二中详述北京和河北等地现存的重要石刻；卷四中将二三十年代中各地出土的墓志一一加以说明，并由此论及墓志形制的定型；卷四中补充大量新出土塔铭等。这些补充均为柯氏所见所闻，其来龙去脉叙述得详细准确，极大地丰富了《语石》的内容。有些材料还附有细致全面的调查记录，如卷四刻经八则后面，柯氏附录了北平研究院对南北响堂寺刻经的调查结果，《山东通志·艺文志》和《金石汇目分编》中对邹县四山刻经的记录等，增加了该书的学术价值和实用性。

第二是在叶昌炽观点的基础上加以发挥提高，补入柯氏自己的观点和评议。如卷二求碑宜因地一则中，叶氏提出求碑应找到其所在地的重视实践观点。柯昌泗引用吴式芬《金石汇目分编》和缪荃孙《艺风堂金石目》的访碑方法，并介绍了民国初年顾燮光等人踏访石刻的情况，说明实地考察寻访石刻的重要性。柯氏还根据社会变化的情况，提出了寻碑固当藉以往金石著录之力，但也要注意历史沿革，审明石刻迁徙，辨别讹传误载等注意事项，将寻访碑石的实践工作规范化，完善了叶氏的观点。又如卷三论碑之名义缘起一则，叶昌炽只引用了《仪礼》、《释名》等古代文献来说明碑的起源。柯氏则大量补充了古代的各种早期刻石，像坛山刻石、石鼓文、群臣上寿刻石等，来说明早期刻石与碑没有直接关系，至东汉中叶刻石纪事的风气兴起，才出现碑刻，"而丽牲引绋之石，无不大书深刻，为前此所未有"。

第三则是在新发现石刻资料的基础上对叶昌炽的不足之处或讹误加以补正，或提出自己不同的看法。如卷一隋四则中叶氏认为："隋碑上承六代，下启三唐，由小篆八分趋于隶楷，至是而巧力兼至。"柯昌泗则根据新出土磁县开皇十七年造像残碑等石刻认为："隋碑楷法虽工……而气体终嫌于不振。……分书沿北齐之流，而失于舒缓。"表达了不尽同意叶氏观点的看法。他还根据隋碑的题名，得出"出撰人名者，必为艺苑有声之士"的结论。又如卷五画像五则后，柯氏详细介绍了20世纪初罗振玉等人收集调查汉画像石的情况和主要的画像石内容。并且补充说："叶君历举汉以后石刻有画像者，其言甚详。然未及典午一朝，以当时未闻有画像石也。壬戌，洛阳出晋当利里社残碑，……予塞上得代王猗卢碑额，阴刻田猎之像，细浅生动，亦晋画像之类也。"他还列举了成都万佛寺等处造像碑、梁安成王萧秀碑阴等南朝画像、元昭冯邕夫人墓志盖等北朝画像、雁塔石刻画像等唐画像以及宋、元画像的例证以补充叶氏所未举。并提出北朝画像中反映出"印度画法初入中土，石刻中可以窥见"的新见解。再如卷三立碑总例一则中，柯氏指出《语石》"列目不无阙漏，举例间有未合。述德有旌孝之目，其表章节烈者，若元王烈妇碑等，亦当立一目。郡邑长官德政碑，名称极繁，此亦未赅"。并举了大量实例说明叶氏分类有失。如王稚子石阙不应列入述德之类；孝敬皇帝睿德纪既非铭功，亦异述德等等，都表现了柯氏自己的分类观点。

柯昌泗的《语石异同评》篇幅不亚于《语石》，我们这里只能简要地举几个例子说明一下它的体例。至于它里面包容的丰富学术资料和大量有价值的观点，只好请读者在应用中去细细领略了。在《语石异同评》的璧合下，《语石》这部关于石刻学的基本著作更加充实、更加完备，在石刻学的研究中会始终起着指导性的作用。

《语石异同评》一书以前从未刊行。中国社会科学院考古研究所图书室在

1953 年购入它的原稿，共十卷六册，加以珍藏，其中后八卷都是涂改多次的手写稿，很难阅读。经过张明善先生的认真誊录与编排，陈公柔先生的精心点校，始得付梓。这是一件有益于传统文化研究，有功于学术界的好事。中华书局将《语石》与《语石异同评》合并出版，必将极大地推动中国古代石刻的研究工作。

你想了解中国古代石刻这个文化宝库吗？那就来读一读《语石 · 语石异同评》吧。

原载《书品》1996 年第 2 期

从考古文物谈服饰文化和礼仪

时间：2007 年 11 月 24 日晚上 7 点至 9 点。

地点：北大

同学们好！

今天很高兴来这里跟同学们聊聊天。研究生会的同学一再要求我来做个讲座。我这个人最怕作讲座。我的老师张政烺先生 50 多年前也在北大教学。听过他当时讲课的老学长们传说，张先生第一次上讲台的时候，说的第一句话是："兄弟不会讲课。"我也想说"兄弟不会讲课"，也只能够来这里跟大家聊聊天。记得有本书上讲西方人谈演讲的技巧时说：你要把听众当成一无所知，才能讲好。我可不敢把听众当成一无所知，尤其在北大，坐着的都是当代精英，所以今天来这里，也是战战兢兢。说错了的地方请大家多批评。

关于古代的服饰，大家知道现在刮起一股国学风，有点复古的风气。结果打着国学的幌子，很多东西都随之而来了。实际上与真正的古代文化往往差得很远。研究古代文化，服装的确是非常重要的一部分。研究古代的服装文化，最直观的是通过实物来看，比如考古工作者发掘出来的大量的考古文物资料。从考古文物来做古代服装的研究，现在应该说是比较有条件的。但是相对来说，研究古代服装的人还不是太多。著名学者沈从文先生可以说是这方面研究的开路先锋。他写过一本《中国古代服饰研究》，产生了很大影响，开辟了古代服饰研究领域。我们做这个研究也是从一些考古文物的资料建立起来，对古代服装的历史发展作一个梳理。我今天就讲讲古代服装和礼仪的关系。

服装在当代社会经济中占有一个很重要的地位，日常的经济生活有很大一部分都是围绕服装来转的。大家可以设想一下，如果没有服装，没有服装行业，当代社会会变成什么样。可是，从另一方面来看，服装对于生物的生存来说是最没有用的，只有人才有衣服，哪有动物会做出服装来穿的？其实大自然孕育出万物，天生就有服装在里面，像动物的皮毛、羽毛，只有人类才创造出服装这种东西。那为什么会产生服装，产生服装起到一个什么作用。这就涉及我今天要讲的问题，服装和礼仪文化之间的关系。

什么是文化？现在这个词很热门。中国古代有一本很有名的字典叫《说文解字》，里面讲到“文”字的造字原意，那“文”是什么意思呢？《说文解字》说：“文”是指错画。交错地在人身上画出各种花纹，各种图画，这就叫“文”。大家如果看中国古代文字，甲骨文或者金文，可以看到“文”字是这样写的，画一个人，人身上画一些花纹、符号。“文”就是在人身上刻的烙印、印记。“化”是教化，通过教育提高人的知识能力。那么连起来，“文化”就是通过教育在人身上打下的印记。服装文化就是服装在人身上打下的印记。什么印记呢？即是古代礼仪制度的印记。服装一产生，就标志着人的社会区别：性别上的区别、等级上的区别……服装和礼仪、社会文化是始终非常紧密地联系在一起的。古代有各种不同的官服，不同等级的人穿不同的衣服，有着颜色、式样上的区别。到现在，服装式样上似乎已经没有很明显的等级上的区别了，但实际上，日常的服装还是在表现着人们身份的差异。有人讲名牌，穿名贵的衣服，就是为了显示一种身份，显示他拥有财富、地位的特征。所以至今服装还是标志着人的区别。而在古代，礼制的本质就是要表现人的区别与等级，表示不同的血缘、宗族。可以说中国古代服装中始终很明显地表现了等级制度。

这是中国新石器文化时期属于马家窑文化的陶盆（图1）。从这个陶盆上可以看到，内壁一圈画了一些人物图像。这是我们能看到的中国古代比较早的服装。可以看到这些服装带着一个小尾巴，有尾饰。从那时候起，古代人的服装已经比较完备了。

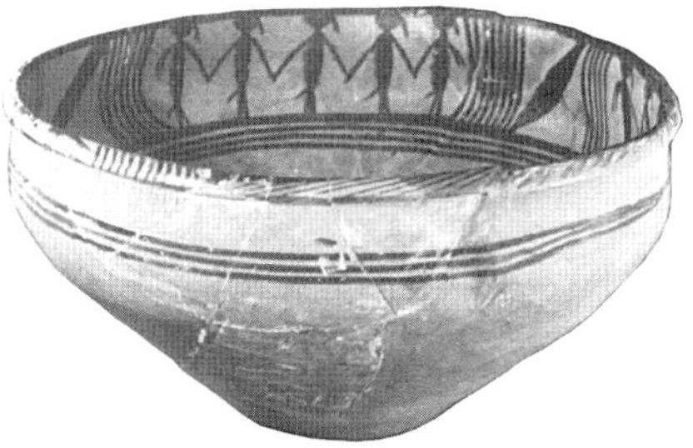

图1　马家窑文化彩陶盆

到了商周时期，服装就完全的系统化了，而且有很明显的等级和阶级身份的区别。传说西周时，周公制礼，叫周礼。这是中国礼制比较完备的时期。周代服装已经形成了符合当时礼制的系统性的服装体系。这是保存在美国哈佛大学弗格美术馆的西周时期的一个玉人（图2）。可以看到这个玉人的服装很好地表现了商周时期比较完备的服装。头上戴着帽子，身上穿着长袍，下面有裤子、靴子。大家主要要看腰前垂下来的斧头状的饰物，这就是上古时期表现贵族、官员、身份比较高的人的服饰，叫“黼黻”。这是非常明显的表现服装礼制的一个饰物。我们现在看到的藏族妇女身前系的彩色带裙，跟这个黼黻很相像。这个黼黻的来源，应该是人类最原始的一种服装，就是在身体前面保护下身的一条带子。到了商周时期就成了礼仪的象征。这种黼黻一直延续下去，到后来帝王的正式成型的服装都保持着这种饰物。

图2　西周玉人

下面这幅图是《历代帝王图》中隋文帝的形象（图3）。大家看他服装下面的饰物，跟西周玉人前面的黼黻是很像的。这是当时服装的一个组成部分。也是古代封建帝王和高级官员服装上的一个重要特征。由此可以看出服装在很早就被纳入了礼仪文化体制中，成为表现身份等级制度的工具。我们知道周公制礼的传说，他建立了一套完整的以血缘家族观念为基础的宗法等级制度。从那以后，历朝历代，都是把服装，尤其是帝王和官员的服装，作为一个很明显的表现礼仪制度、表现官员身份等级的标志，并专门规定下来。我们看到很多正史里面都专门有《舆服志》一类的章节记录当时服装，记载历代官服、礼服的形式和变迁，给我们留

图3　历代帝王图

下了很好的研究古代服装的原始资料。同时，我们也可以对照文献来看考古实物，把它们对上号，看看原来的实物是什么样子的。

商周时期形成了一套很完整的帝王官员的服装礼仪制度。《春秋左氏传·桓公二年》有记载，对当时诸侯王穿的服装主要组成部分作了一个很简短的概括。宋国的一个大夫臧哀伯说过一段话，描述了帝王穿的服装包括的成分有：衮、冕、黻、珽、带、裳、幅、衡、舄、紞、纮、綖等。他说的这些东西都可以和实物来对比。比如对照着这幅帝王图来看。衮，就是绘制有各种图案的上衣；冕，就是头上戴的冠帽；黻，就是刚才说的腹前悬挂的饰物；珽，是玉板，拿着它来表示尊敬的；带，就是腰带，用皮革或丝线编织的；裳，就是短裙，以前说的古人上衣下裳；幅，缠在腿上的布带。古代的服装是没有裤子的，裤子出现得比较晚，早期只有长袍或裙子，所以腿上要绑上幅，起到保护和防寒的作用；舄，就是帝王穿的厚底鞋，金线或红线编织的。以前在朝鲜的古墓中曾经发现过这样的文物，形状保存得很好；衡是用来固定冠冕的头饰；紞是冠冕上垂下来的彩色丝带；纮，是把冠冕系在头上的丝绳；綖，是冠顶上平覆着的长方形板。这些就组成了当时帝王、诸侯衣服的礼仪成分，所以臧哀伯说“昭其度也”。在西周青铜器上的铭文中经常出现周王把他自己的礼服赏给臣下的记录，例如有玄衣、黼屯、赤芾、朱黄、銮旗等。玄衣是黑色的上衣，赤芾是红色的带子，銮旗是系在车上的銮铃、旗子。这些在当时都是一种身份的标志，只有身份比较高的诸侯才能用，平民百姓没有这个资格。商周社会具有比较严格的礼仪制度，这种礼制一直到春秋时期才有所破坏。到了秦汉以后，对服装都有比较严格的规定限制。对平民百姓的服装都有规定。西汉时候是重农抑商的社会，当时就有明显的规定，商人穿的衣服，裤子的两条腿要有两种颜色，他们不能穿纯一色的衣服，因为当时商人的地位是比较低的。汉代曾经明确规定商人不许穿锦绣、罗绮等丝织品服装，不许奴婢穿丝绸服装。可以看到，古代服装始终是用来维护社会等级制度的，为统治阶级服务的。到汉代就有一种比较流行的服装，叫深衣。皇帝的礼服也不是每天都穿的，只有在大的仪式典礼上才穿。日常生活穿的衣服，包括平民和贵族，相对还是比较随便一点。从现在看到的考古材料来看，从战国晚期一直到汉代，比较流行的服装就是深衣。深衣就被后人用来研究礼制，尤其清代的儒家学者拿深衣做很多文章，认为它是古代很重要的礼服。清代的学者都做了很多专门的研究，比如江永写过《深衣考误》、任大椿写过《深衣释例》等，可是他们考了半天，对于深衣的形状，它是什么样的，怎么做的，还是没彻底讲清楚，因为他们看不到实物。我们现在比他们幸福得多，我们能看到古代的实物。这里大家看到的是在河北中山国遗址出土的一件人形铜灯（图4），上面这个人穿的就是当时的深衣。也是长袍，下摆比较特殊，裙裾是撇开的。

图4　河北中山王墓出土铜人灯座

后来在湖南长沙的马王堆汉墓里发现了西汉人穿的深衣，这里比较完整地保存了很多当时的衣物。它的特点是有一个尖尖的大襟。这个服装跟我们平时在电视上看到的古装还是有一定区别。大家印象中的古代服装都是宽袍大袖。而这时候的深衣是比较节约布料的，窄袖、紧身，紧紧地缠绕在身上，袖子也不是大家想象的那样长宽。那是以后才兴起的。就是这种紧身长袍，往身上一裹，系一条带子。为什么说这种服装表现了古代的礼制呢？它的特点是把身体遮掩得非常严实。古人受到儒家思想的影响，或者本来就有这种传统观念，认为裸体是不合礼仪、不礼貌的。尤其是妇女。深衣就起到这种作用，除了脑袋，全都裹起来。可见深衣是表现了中国儒家礼教思想的一种服装。

深衣在汉代是比较流行的，汉代的画像石、壁画里面的人物穿的都是这样的服装。例如全国重点文物保护单位山东嘉祥武氏石室的汉代画像石。其中一幅画的是荆轲刺秦皇。我们看他们穿的服装，就是深衣，画上秦皇的服装，也是包裹得很严密的。这是汉代服装典型的特点。汉代以黑色作为最高的颜色，所以帝王、官员的服装是黑色的。都穿同样颜色的服装，那官员怎么分别呢？当时主要是通过冠，还有身上佩戴的绶带来区别。汉代的官员，往往在身上要配一个绶带，不同的官职，绶带的长度宽度，上面的颜色、花纹都不一样。同时汉代的冠也有很多种，有法冠、武冠、进贤冠、高冠、长冠等。不同的官员戴不同的冠帽。武官带鹖冠，在帽子上插几根羽毛或者戴一条貂尾，表示勇猛善战。法官的帽子中间有一根凸出的铁柱子，象征獬豸的角。因为传说有一种神物獬豸，有纠纷时，哪一方不合理，它就用角触哪一方。这是用冠帽和绶带来区别官员的身份等级。大家在电视经常能够看到的古代官员穿着不同花纹颜色的官服这种情况，基本在隋唐时期才开始出现。

早期的纺织品文物中有一件在湖北江陵马山的楚墓中出土的丝衣。这个服装质地非常轻薄，纺织得非常均匀。说明当时的纺织业非常发达。中国是丝绸的故乡，中国的丝绸被长途贩运，流通世界，形成了著名的古代丝绸之路，极大地促进了中西文化的交流。丝绸在古代是经济生产中非常重要的一个方面。很多时候，丝绸可以直接当作货币进行交换。这件衣服和深衣有点不同，它没有三角形的斜的衣襟。它的前襟领口不是对襟的。我们现在穿的很多服装都是中间开襟的，而古代基本都是掩襟的。尤其是主要的上衣。这样把身体前面挡住不至于敞开，否则一条带子就系不住了。掩襟的方向是从左向右的。这是中国古代汉民族服装的特征。大家知道，古代齐国有一个著名的政治家叫管仲，孔子曾经说过，如果没有管仲的话，我们都成了头发披散、衣襟左掩的异族人了。披发左衽，这是一个重要的民族区别。如果向左掩，那是其他民族，或者华夏以外的民族。华夏民族服装始终是右衽的，而且历朝历代都把这个当作华夏民族与其他民族的区别。大家现在穿的衣服没有这个区别，向左或向右开襟，大家也没有觉得有文化上的区别。但古代，这是非同小可的。这就表明你是汉族还是非汉族。这也是古代礼制的一个主要方面。

还可以看看在马山楚墓出土的另一件服装。它反映了那时的服装也很完备。说明服装文化发展得非常快，在战国时期就已经十分繁荣了。江陵马山出土的服装有好几十种，除去各种各样的深衣、袍服，还有像这种的服装，类似织绒，比较厚的。可以看到，这是睡觉用的衣服，类似我们的睡衣。可以想象当时贵族的服装分类比较明确，有出门穿的，家里穿的，有长的有短的，有浴衣睡衣，各种各样的服装，是非常完备的服装体系了。

接着看看汉族与异族的服饰区别，这是河南金村东周墓出土的造型精致的青

图5　洛阳金村战国墓出土铜人

铜人（图5）。这个人物形象很可能是当时俘虏过来的其他民族的奴隶。首先看他的发式，梳有两条辫子，类似以前六十年代女孩子梳的那种辫子。而且他上身穿的是套短袍，下面穿的是靴子。古代汉族与外族的区别之一在于，汉族人脚上穿的是履，就是布做的鞋，而北方的少数民族穿靴，那时候汉族人不穿靴。汉族文化礼仪与少数民族之间的重要区别，特别在头部，在头发的处理上表现得更明显。我们可能听过古代有句话，身体发肤，受之父母，不敢毁伤。古代汉族的传统观念是，头发从生下来，至少是从行冠礼后到死都不能够剪，要一直留着。剪了是因为犯了罪，成了犯人了。中国古代刑法里有一种刑，叫髡刑，就是把头发剪掉去做苦役。这是一种历史悠久的观念。“文化大革命”的时候，抓牛鬼蛇神，首先就是剪头发。说明这种思想在中国人心目中是根深蒂固的。汉族人头发是不剪的，但也不是梳辫子，而是盘在头顶上挽成发髻的。所以成人梳辫子和不梳辫子，也是汉族和其他民族的区别。直到后来，满清入关，为了梳辫子，不知死了多少人。满族人进关以后，为了改变汉族文化，泯灭民族意识，首先要剃头，梳辫子。所以那时候剃头匠的旁边站着刽子手，不剃头就把脑袋砍下来，就是留头不留发，留发不留头。鲁迅写过一篇文章，说中国人吃头发的亏太多了。就因为我们把头发当成汉族文化的一个标志。由于头发要挽成髻，也就出现了各种各样的冠帽。

就拿大家很熟悉的秦始皇兵马俑来说，大家有没有注意过他们的头发。发髻的形状很多。有人统计过，兵马俑梳头的方法有30多种，非常丰富。有的编成小辫盘在头上，有的直接梳成发髻的，有的梳下来挽一圈再盘到头上，形式非常多，但绝没有梳成辫子拖下来的。

下面这幅图片中的服装就比较接近大家平时在电视剧中所看到的古代服装，宽袍大袖。这是在河北满城出土的汉长信宫灯（图6），一个宫女托灯的形象，做得非常精致，是艺术水平非常高的国宝级文物。我们主要看服装。从领子看，还是刚才那种深衣的形式。但袖子已经宽大起来。说明宫女开始在服饰上逐渐讲究起来，不再像以前那种紧约的服装样式。汉代有歌谣“城中好大袖，四方广匹帛”。由于当时宫廷奢侈的风气兴起，服装制作精美。这种风气很快传到了各地，袖子也做得越来越长，越来越宽了。

图6　河北满城汉墓出土铜灯

到了魏晋南北朝时期，这个时候中国的服装有一个突出的变化，就是日益宽松起来。魏晋南北朝是一个礼崩乐坏、思想放旷的时期。当时流行的魏晋名士风度，其实就是一种在政治高压下极其不负责任的态度。比如著名的竹林七贤中有一位叫刘伶。有一次，刘伶在屋里把衣服全脱了，有人来看他，大惊失色，说你怎么能这样，什么都不穿，也太不讲礼貌了。刘伶说，我以天地为屋舍，以房屋为衣服，谁让你钻进我的裤子里了？表现出当时的贵族与文人是极度放诞。在这种社会风气影响下，衣服变得宽大轻薄，褒衣博带。褒衣就是宽大的长袍，博带就是宽宽的长带子。现在有一件属于这个时期的文物，据说是东晋著名画家顾恺之画的《洛神赋图》，原图收藏在英国大英博物馆。上面画的是曹植和宓妃的化身洛河女神。大家知道，洛神赋记载的是曹植和宓妃的爱情故事。我们看看当时他们的穿着，后面这些随从官员的服装，和前面看到的汉代服装就有明显的区别。首先服装非常宽大，很松散，显得很开放。这种服装基本上是南北朝时期的汉族服装主流。北魏孝文帝有过一次改穿汉服的运动，旨在把北方少数民族汉化。北魏是鲜卑族建立的国家，是北方的游牧民族，他们原来的民族服装跟汉族是完全不一样的。这是在宁夏出土的陶俑，反映了鲜卑族的服装（图7）。他们穿的是对襟长袍，很厚的，皮革制的，头顶戴帽子，梳辫，穿皮靴。这是北方游牧人穿的典型服装。为什么他们穿这种服装呢？首先他们以放牛羊、打猎为生，获取皮毛比较容易。再有一个是因为骑马，在草原上奔驰，穿丝绸不经磨也不经剐。汉朝时，汉族和匈奴经常打仗，有时候提出来，给你一点丝绸，停止战争。但匈奴首领说，我们经常在马背上，穿你们的丝绸没用。可以看出他们生存的方式决定了他们的服装式样。北魏虽然统治了整个中国的北部，但淮河以北，大部分还是汉族居住的地方。所以孝文帝为了统治汉人，要使用汉族的文化礼制，就要让鲜卑人向汉族人学习，改穿汉族的服装。

图7　北朝陶俑

通过河南巩县北魏石窟壁上《帝后礼佛图》等雕刻反映的北魏晚期宫廷贵族穿的服装。可以看出这些北魏鲜卑统治者的服装和汉族没有什么区别，都是褒衣博带，高大的冠帽，宽大的长袖。这里，汉族服装礼仪作为先进文化征服了当时相对落后的游牧文化。

到了隋唐时期，是中国封建社会的鼎盛时期，唐代的前半段尤为强盛。当时中央集权的官僚制度非常完善，就形成了非常严格的成套的官员服装礼仪制度。我们现在看到的唐代文献里有比较明确的关于帝王官员礼服的记载。隋代的服装制度还有些不足。到了唐代初年，还是沿用隋朝的礼仪。衮冕是最高规格的礼服。隋代帝王和官员穿的基本都是这样的礼服，区别不太大。到了唐代，唐太宗时进行了很严格的礼仪制度的整理和规范，目的就是更明确地区分尊卑等级。到了唐高宗显庆元年时，太尉长孙无忌等官员向唐高宗上奏，觉得臣子服装和皇帝是相似的，这样就会贵贱不分。皇帝应该穿最高等级的衮冕。除了衮冕，皇帝和官员礼服还有其他的组合，如鷩冕、毳冕、绣冕、玄冕等，这些组合可以让官员穿用。衮冕的组成，有衮，即上面穿的袍子，袍子上要绣八种花纹，如日月，星辰，山，火等，表示皇帝至高无上的权力。下面穿着裙，绣四种花纹。一共十二种花纹，叫作十二章。历朝历代皇帝礼服上都要绣的。长孙无忌请求只有皇帝才能穿衮冕，其他大臣就不能穿了，只能穿其他的礼服，以示区别。只有帝王戴的冠上面才能有綖和横板，前面垂挂玉串。大臣戴其他的冠。这样就把大臣和帝王区别开来。

图8　章怀太子墓壁画

唐代官员的日常服装还有朝服与公服等。在一幅陕西章怀太子墓出土的壁画上（图8），表现的是当时来访的外国使节，有来自日本、吐蕃、新罗等地的，由唐朝的礼仪官员引领。他们穿的是官员的朝服，注意一下左边那个官员的背后，系着一条绶带，是官员身份地位的标志。唐代官员除去这种朝服外，日常穿的服装叫公服。另一幅壁画上是当时聚集在太子身边的官员。他们穿着官员的常服，就是公服，一种圆领窄袖长袍，也叫襕衫，腰间系皮带，穿起来比较简便。隋唐时期，官员服装的颜色有了区别。有紫袍、红袍，青袍等。三品以上穿紫袍，五品以上穿红袍，五品以下，穿蓝绿色的袍子。这是明显的等级标志。现在看到的电视剧里给官员穿的服装颜色常是很混乱的，这就失去了官服的礼仪意义了。

以上讨论的都是男人。要说妇女的服装，唐代妇女的服装也是非常丰富的。在唐代画家张萱画的《虢国夫人游春图》上有高级贵族妇女骑着马，出去游玩的情景。她们的服装是很雍容华贵的。上身穿的短衫，下身系着长裙。根据唐代的一些文献记载，当时的纺织品是很丰富的，有金银线夹织的、毛羽织成的、起绒的、透明的……式样非常多。这些图上的侍女，更多的是穿着男装。这也是唐代的特点，就是女子穿男装。表现了唐代文化相对较开放的特点。当时妇女穿男装也是一种流行趋势。尤其是低等的侍女，在唐代的文物图像中，她们穿男装的形象比较多，就跟男官员穿的圆领袍相似，或者穿胡服式样的长袍。

图9　唐簪花仕女图

唐代画家周昉画的簪花仕女图（图9），表现的是中晚唐雍容华贵的贵族妇女形象，可以看到当时妇女的开放程度。前面说过汉代服装，那时无论男女都是从头裹到脚，非常严实的。但是到了唐代，这时候妇女服装非常时髦。上半身几乎都裸露，披着很薄的轻纱。画家表现的艺术水平也是非常高的。其实画上的贵妇就是齐胸系了一条绣花长裙，上身就披一条薄纱衣。这应该在唐代贵族里是非常多见的，表现当时开放的文化气氛，特别是来自西方与西域的文化影响，对中原的传统礼教有一定的冲击。

到了宋代，是以儒教治国，比较保守的时代，儒学比较发达。服装又开始恢复到汉代比较保守的状态。五代画家周文矩的《文苑图》表现了当时文官的衣着情形，这时的官服和唐代相似，但官帽是比较有特色的幞头。它原来是一种包头巾，逐渐固定成型发展为硬质的固定形态幞头。还有一个特点，这幅画图上没有表现出来，宋代官员穿朝服时，必定在脖子上套一个叫方心圆领的饰物。幞头后面的帽翅也变得越来越长，有时候长到了将近一丈。官员的常服大致延续了唐代的风格，各等级的官服颜色和饰物与唐代基本一样。

图 10　宋清明上河图

这是宋代画家张择端的著名作品《清明上河图》（图 10），从中可以看到宋代社会各阶层人物的服装风貌。画里面画了上千个人物，有官员、皂隶、商人、妇女、劳动者……可以看到他们已经形成了明显的服装上的区别。就像鲁迅在《孔乙己》中写的，来酒店喝酒的分为两类人，一种是穿长衫，一类是穿短袄。穿短衣服的是劳动阶层，而上层社会，如官员、富绅、文士等阶层穿的是长袍。从《清明上河图》上就能看到这种区别。挑担的这个人上面穿着短袍，下面是裤子，是短衣帮。还有担水的劳动者，都是这样的着装，短上衣，光着腿，穿着草鞋。右边这些是有身份有钱的，员外一类的人物，穿着长袍，带着冠，旁边站的是衙门的差役，就穿着短袍，裤子。仅从服装上就可以看出人们的社会等级身份有着明显的区别。这就是服装的社会作用。宋代服装沿用唐代晚期的风格，基本上奠定了汉服的传统式样。

明朝有着更严格的封建等级制度，对人们服饰在礼仪身份上的作用更加看重，限制也更多。明朝官员的常服保持了圆领长袍。这时，补服制度已经定型，就是在官员的胸前绣一块方形的或圆形的图案，根据官职等级的不同绣上不同的图案，形成了严格明确的官服体系。清代也延续了这个补服制度。这是封建礼仪制度的突出表现。

除了传统的汉族服装以外，中国历史上还有过大量少数民族的服装式样，如北方的匈奴、鲜卑、突厥、契丹、女真、蒙古、西夏等等民族服装。这些游牧民族的服装和发式都有明显的区别。后来有些民族习俗在和汉族融合后改变、消失掉了。在辽代画家胡瓌画的《卓歇图》中，有契丹人出外打猎、休息的场景。我们看他们的发式上有着明显的区别，左下角的两个人，头顶都剃光了，两边留着辫子。这种发式后来不存在了。辽被金灭后，金又被蒙古所灭，他们的文化就融合到一起去了。在西安出土的元代陶俑，刻画的是当时北方游牧民族文化影响下的人们衣着，他的服装有很明显的特点，左衽的长袍，脚上穿着皮靴。这一类的北方服装在满族建立清朝后有些改变，如在袍子外边穿的宽大对襟的马褂，有些还是保留了游牧民族的服装特点，如马蹄袖，本名箭袖，大家看到影视中清朝官员行礼时啪啪的甩袖子，那就是箭袖。它原来是射箭时保护手腕用的。还有满清官员戴的帽子，和汉族是很不一样的，因为他们梳辫子，不梳发髻。类似的变化很多，这里就不一一列举了。

总之，我们服装的演变始终是密切跟随着社会文化的变迁不断地改变，用它特有的礼仪特点来约束和纠正着人们的行为。中国古代的服装尤其是这样。我今天就谈这么多，谢谢大家！

原载《在北大听讲座》第18辑，新世界出版社

厚积薄发，开风气之先

——读张政烺先生的石刻论著

《张政烺文史论集》一书终于出版了。令我们这些多年承蒙师泽的学生们悲喜交集。大概只有参与过这一工作的人才会知道这本书中包含了苑峰师多么深重的心愿与学界多么殷切的期望，而它又经历了多少人为的艰难。近两年来，苑峰师多次病危，又多次靠着顽强的精神与对出书的期盼挺了过来。我们前去探望

张政烺先生（前排中）与作者（后排右二）合影

时，看到一代哲人辗转病榻，往往悲不自胜。所幸这册凝聚了老师终生心血的论文集终能付梓。可令重病中的老师一展笑颜，也给后辈学子们留下了最可珍贵的

道德文章典范。

苑峰先生是我最尊敬、最崇拜的当代学者。每当倾听他的谈话，拜读他的著作时，心中都会浮起“仰之弥高，钻之弥坚，瞻之在前，忽焉在后”的感慨。这不仅是由于先生博闻强记，知识渊博当世罕匹，具有丰厚的学术底蕴；也不仅是由于先生思想敏锐，目光独到，永远保持学术的前瞻性；更是由于先生具有中国优秀知识分子典型的道德情操，人品高尚，胸怀博大，堪称一代师表。曾子赞颂孔子的名言：“江汉以濯之，秋阳以暴之，皜皜乎不可尚已。”正说出了我们心中对先生由衷的感受。

张永山师要求我为《书品》介绍一下先生关于石刻的研究。后学小子，实无此资格妄加雌黄。但反复思考，庶几有助于弘扬先生的治学精神，勉力为之。不当之处，尚请先生见谅。

苑峰师博学广闻，上自商周甲骨金文，下至明清小说戏曲，都有过广泛的涉猎与研究。但是他用力最勤的还是古文字学与先秦历史的研究。正如他在《我与古文字学》一文中所叙述的“几十年间，我致力于以古文字学的理论和方法考释甲骨文、金文、陶文（包括砖瓦文）、简帛、石刻与玺印文字，辅之以各类古代字书，追求中国文字的形、音、义发展演变的真迹，为的是解决一些历史上的问题”。

学界尽知，先生从不轻易发表论著。他对一个要研究的问题，往往要反复思考、研究、广泛寻找有关资料证据，甚至长达十馀年不下结论，直至确乎无疑才付诸学界，多成发聋震聩之响。比起一些夸夸其谈的名人，先生发表的文章并不太多，然而这些论著中研究之深邃，论据之广博，思虑之严密，观点之新颖，均无人可望其项背，远远超越了各篇论文所论述的具体问题，对学术界具有指导性的重要意义。

因此，虽然先生自幼就精研石刻，所见拓本不下万数，但是在他发表的著作中，涉及石刻的文章数量不太多，只能反映先生学术研究的一个侧面。论文集中所收集的论著有：《猎碣考释初稿》、《汉孟孝琚碑跋》、《汉故郎中赵菿残碑跋》、《跋唐蕃会盟碑》、《岳飞还我河山拓本辨伪》、《关于泰山刻石的谈话》等，另外，《中国考古学史讲义》中也有大量关于古代石刻研究的介绍与评价。这些文章分散发表于近六十年间，从中可以看出先生学术研究思想的发展，看到治学的根本方法，给我们以重要的启迪。其宝贵价值要远在这些文章讨论的具体问题之上。

《猎碣考释初稿》是先生大学时期的作品，论述重点仍在古文字铭文的考释上面，所采用的方法属于传统的乾嘉考据学与《说文》学，这也正是当时中国古文字学界主要采用的学术方法。《石鼓文》的研究，在当时颇为风行，有过多种释文与考证，也涉及古文字学研究中的诸多问题。当时著名学者罗振玉、唐兰、马叙伦、马衡等对此都有过研究。发表的论著有《石鼓文考释》、《石鼓文疏记》、《石鼓文为秦刻石考》、《石鼓文刻于秦灵公三年考》等，后来又有郭沫若的《石鼓文研究》等专著。而先生以一青年学子的多年钻研，在石鼓文的研究中能独树一帜，在《猎碣考释初稿》中对《说文解字》中存在的问题与前人考证的不足之处多所匡正，提出了很多独到的见解。这篇考释中，先生熟练地运用了古文字学的传统考释方法，显示出他在古文字学的三个组成部分——形体、音韵、训诂各学科中都打下了深厚坚实的功底，已经具有广博的学术造诣。所以，先生以后撰写的一系列金石题跋考释文章都能在这种深厚的学术功底上做到举重若轻，游刃有余。

结合上一世纪三十年代的学术界研究状况，可以看出，在《猎碣考释初稿》中，不仅仅是一般研究者常作的考释文字，通读铭文等工作。更值得我们学习的是它既有传统的考释方法，又表现出作者着意探寻古文字变化规律，并运用这些规律为考释文字服务的深层思维，闪现出新思想、新学术的光芒。例如：先生在考释“吾”字时，提出“古者形声字形与声无固定位置”的见解。在分析“吾”字的形成时，“常疑‘吾’即‘语’之古文，而‘吾’、‘语’、‘吾心’古殆一字。盖心为思想源泉一观念初民未知也。心之所喻惟知口说而已，故殷墟卜辞无‘心’及从‘心’之字。后世从‘心’之字古多从‘言’，更早更多从‘口’”。这里将人类思想认识逐步发展的辨证观点引入古文字的考释之中，极具启发意义。

运用辨证观点全面剖析研究对象，考虑问题细致入微，从不人云亦云，是先生学术研究中的一大特点。如对“麀”的考证中，先生将石鼓文中的字形与甲骨文、金文的字形材料联系起来，针对学界均将其直接释作“牝”的意见，指出：“其于兽类，凡等字（皆见卜辞），皆表其兽之牝若牡者，为实字而非虚字。谓之合书也可，谓之会意也可，谓为形声，概为牝、牡之异文，则不可也。”为此，先生细致地分析出人们最早对各种动物的称名均为专名，牝、牡只是公牛、母牛的专名。古文字中给各种动物均可加上“且”、“匕”的形符来表示性别。语言文字进化后，牝、牡才成为表示动物性别的泛称。先生针对文字语言与社会实际状况的关系，指出：“人类进化，与兽不相接，所以济语言文字之穷，而求易言易晓，其去语言文字之朔远矣。”针对文字的分化与孳乳，他提出：“文化日进，新义日多，习于通假，遂为数字。于是各有其义而本义不可寻矣。”在当时，这些从文字进化来研究古文字变化规律的新观点，已经远超于传统考据学者之上，推动了古文字理论与研究方法的发展。

二十世纪初，西方现代考古学等新的学术思想传入中国，影响了中国社会科学的研究与发展。王国维的“二重证据法”便是研究方法上一个明显的发展变化。先生的论著中也明显地反映了这一学术演进。从最初的学术研究开始，先生就注重实证，不仅广泛运用以往所有的各方面古代铭刻资料与文献资料，还能注意利用考古资料，结合考古实践。在石鼓文的考证中，他不仅熟练地引用了大量文献例证（有些还是前人从未使用过的），而且使用了甲骨文、金文、汉碑等大量古文字资料，甚至使用了敦煌写本中的文字资料。运用之巧，看似信手拈来。但学界中人应该知道，这种运用，需要有多么广泛深入的阅读与多么惊人的记忆力。张守常先生说：“我听张先生说过：他不写卡片，那是因为他看过的，都记得，所谓过目不忘。”[1]但是先生的博学，还源于他对新知识孜孜不倦的探求。我记得二十多年前，先生参加我的研究生论文答辩，看到我引用了一种新出版的日本著录《唐钞本》，马上就极感兴趣地向我询问有关内容，并且要立即找来看一看。以先生的博学，仍保持那种如饥似渴的求知精神，真令我们感动。《猎碣考释初稿》还是先生将实物考察与学术研究相结合的一个首例，这种务实的学风贯彻先生学术研究的始终。对王国维将“逨”释作“速”，并引师寰簋为例的看法，先生考察原器，提出：“且师寰簋“徕”乃“逨”之讹，出剔者之手，其迹甚明。”他还跟随马衡、王霖之先生去观察石鼓原物，确定石质，“乃锥击碣底，石火闪烁，因知昌黎诗‘牧童敲火’者，虽想象之辞，亦庶几近之。按赵明诚《金石录跋尾》谓‘粗石坚顽难坏，如今世为碓臼者。’是其所鉴未误，而欧阳修疑‘文细而刻浅，理岂得存’者，可勿庸置辩也。”这种细致的观察考证，是很多学者的研究中所欠缺的。

在《汉孟孝琚碑跋》中，先生注意到前人忽视的碑石图像，并且对有关的汉碑纹饰情况作了汇集与考证，着重于四灵的比较，指出：“盖一时风气如此”；“汉人刻龙、虎形修短丰杀恒相称，式样皆同，其别惟在首部”。现在学术界对汉代石刻纹饰与宗教思想的研究，应该是沿循着先生开创的这一思路发展而来。

先生晚年曾经结合马王堆帛书的整理，精心研究《周易》，并且释读出甲骨文、金文中的筮卦，解决了千古之谜，震惊了海内外汉学界。而在20世纪40年代所作的《汉孟孝琚碑跋》中，已经反映了他对古代天文历法、卜筮数术的精深了解。为了考证有关历日，他“暇尝集汉永元六年、后唐同光四年、宋雍熙三年、嘉定十一年、宝祐四年诸具注历，与今日流俗所用通书校之。其吉凶宜忌之道，自汉已然，法式全合”。他在此文中提出的“汉人以卯金刀之故，颇重卯日”。“古今人风俗性情不同，术家常有用有不用，不能以定法绳之”等见解，至今仍对有关研究具有指导意义。近来学术界日益重视古代数术思想的研究。而先生在几十年前就已经注意到这一研究方向，充分体现出他在学术研究上的前瞻性。

《跋唐蕃会盟碑》是反映先生研究特点的又一个例子。对这件记载古代汉藏关系的重要石刻材料，通常的石刻题跋一般要介绍石刻的时代、形制、地点、字数、行数、文字内容与拓本著录情况等，并作一些有关史实、文字的考证。《跋唐蕃会盟碑》一文中自然也详细记述了这些内容，并且更正了以往考释中的一些错误，如“玉府”误作“王府”等。但是最能体现先生学术见地的，是他对“蕃”这一名称的深入考证，在文字音韵的比较与古史研究的基础上，提出《隋书》有“附国”，《后汉书》也有“发羌”。发字、附字和蕃字声音相近，从地望考证上可以肯定他们就是藏族。再往上追寻，在商周春秋时期的“濮”，可能就是Bod（蕃）的译音。这一见解与独到的考证方法，在当时都是具有开创性的，至今读来仍令人耳目一新。而且先生在这时的论文中改变了以往作题跋常用的文言体，把复杂的学术问题叙述得清晰直白，给学术论文的撰写做出了很好的榜样。

在论文集中首次发表的《中国考古学史讲义》，更给学子们以极大的启发。

先生在讲课中纵谈几千年来考古学及其前身金石学的发展过程。既显示出他广博的知识积累，又表现了他高超的史识，独到的学术见地。

讲义中兼及考古发掘、古器物、铭文等各大方面，石刻仅为其中的一部分，然而其讲述之细密完全，则在其他有关论著，如《金石学》等之上。最令人折服的就是先生将金石学的产生、发展与古代思想学术的变迁历史联系起来，深入分析有关的时代背景。从经学、史学、艺术谱录之学等方面的新趋向分析出宋代金石学的开创是“一代学术上的风气，决不是一件偶然的事情”。近代以来，曾有过很多学者讨论宋代金石学的产生原因，但就我所见，还没有一个人能从这么广阔的学术背景上来予以分析。

先生对传统金石学的批评也直刺腠理。他认为以往的金石家“所注意仅在人名、地名之考证，无关宏旨，但到清的金石学家也未能超出这个范围”，“收获微细”。由此反映出先生注重用金石材料来解决历史研究中深层问题的高超见解。正如吴荣曾先生所言：“先生对宏观史学也很重视。”[2] 他利用刑徒砖等古代铭刻资料对秦汉刑徒、汉代的铁官徒所做的研究就是他这种主张的具体实践。通过有关刑徒的铭刻资料，先生深入考察了古代的奴隶社会，得出“汉光武是大地主出身，看见了王莽失败的原因，意识到封建主义在适合生产力上的必要，即位之后就接二连三的释放奴隶。从此奴隶制度开始衰落，封建主义逐渐抬头，到魏晋时中国便步入了封建社会”[3] 的结论。从而为先生主张的魏晋封建论增加论据，在曾经是中国历史学界最重要的研究课题——古代社会分期上坚持了自己的学说。

遗憾的是，尽管先生早就为我们做出了示范，但在文物考古界对古代石刻的研究中，至今还往往局限于这种“无关宏旨”的具体考证中，满足于具体解释一些零星琐碎的资料。缺乏通过具体材料去驾驭、解决重大历史问题的能力。我在总结二十世纪有关石刻的研究时，回顾大量有关论文，也深深感到这一问题的严重。像先生这样由微知著、化腐朽为神奇的论文真是太少太少了。先生的榜样，正可对照出当前学术水平的欠缺，启发我们努力去掌握更多的史料，更多地去思考与解决关系到历史研究理论的重大课题。不能又回到清儒“为考证而考证”的死路上去。

〔1〕张守常：《记业师张苑峰先生》，《揖芳集——张政烺先生九十华诞纪念文集编委会》，社会科学文献出版社，2002 年。

〔2〕吴荣曾：《张政烺先生与古史研究》，《揖芳集——张政烺先生九十华诞纪念文集编委会》，社会科学文献出版社，2002 年。

〔3〕张政烺：《汉代的铁官徒》、《秦汉刑徒的考古资料》，《张政烺文史论集》，中华书局，2004 年。

原载《书品》2005 年第 1 期

周绍良先生与唐代墓志的整理研究

2005 年 8 月初，我去河北参加一个关于石窟与佛教刻经的学术会议。会后，正巧与几个日本学者一起返回北京。路上聊天时，他们问起周绍良先生的近况。我告诉他们，周先生已经过了“米寿”（日本人将八十八岁叫作米寿），但是近来身体不太好，我临出来前，他老人家还住了一次医院。于是，几位日本学者都请我带话，祝他老人家健康。可是没有想到，一回到北京就接到白化文先生的电话，告诉我周先生刚刚去世的消息。惊闻噩耗，一时如雷轰顶，竟不知道对白先生说什么好。次日，刘绍刚兄、刘世雄兄找我商量，一起为周先生送了一副挽联：“哲人其萎，杏坛前痛失夫子；幻相斯息，佛国中重归维摩。”在遗体告别时安放在灵前，聊以表达我们的哀思。我们想，用饱学宽厚的孔子与通达智慧的维摩诘来比喻先生应该是丝毫不为过的。

周绍良先生与作者合影

痛定之后，在《中国文物报》上看到白化文先生纪念周先生的文章。白先生并且专门点名要我写一下关于周先生整理研究唐代墓志的情况。这是我亲身经历的事情，何况先生自为小子座师以来，时时教诲，承泽良多。自应遵照白先生指示。但是一想起往事，悲伤顿起，下笔杂乱，只能简单记述一些有关的经过。

周先生与金石收藏研究有着深厚的渊源，家族与家庭的深厚文化传统自然是重要的因素。众所周知，周家是著名的金石文物收藏大家。周先生的伯父周叔弢先生在新中国成立后多次将珍贵的收藏捐献给国家，其事迹闻名中外。周先生的收藏，除了古墨外，偏重于古籍与碑帖，特别是古代墓志拓片。这也就形成了周先生的一部分研究内容。

周先生是国学、佛学大师，其父周叔伽先生是著名的佛教学者。周先生早年从事敦煌写本与敦煌文学、唐代文学的研究，可能与周叔伽先生的家传不无关系。而周先生由于这些研究兼及唐史研究，收藏唐代墓志，就不是简单的喜好，而是具有学术目的的资料搜集了。

从清代末年到20世纪30年代，在洛阳地区以及陕西、河北等地，墓志的出土达到了一个高潮。这时墓志的大量出土，与外国收藏者大肆购买中国古代艺术品，从而刺激了盗掘古墓的不良风气有密切关系。洛阳、关中等地民间大量盗掘古墓，大批南北朝隋唐时期的墓志随之出土。这些石刻由于具有丰富的历史资料，马上受到了国内学者与文人收藏家的重视。这时，国内的著名收藏家如罗振玉、缪荃孙、关葆益、董康、李盛铎、于右任、徐森玉、李根源、张钫等人，均从事收集墓志，从而为祖国保存下了数量巨大的历代石刻文物。而墓志的拓片也开始大量流入坊间。当时无法收集到墓志原石的收藏家与文人，就以收藏到精美的出土墓志初拓本为一快事。当时北京的收藏者如缪荃孙、陆和九、章钰、邵章、李盛铎等人，就收藏了大量清代末期至民国初年的出土墓志拓本。

周先生的墓志拓片大多购买于20世纪四五十年代，上述著名收藏家这时多已过世，他们的收藏，多由其后人转手出来。周先生主要购买其中的唐代墓志，从而形成了自己的收藏特色。周先生学识丰富，鉴定文物有独到的眼光，所以他收藏的墓志拓片也件件是精品。每件墓志都单独存放在一个信封中，上面写上墓志名称、年代，整齐有序。虽然经过“文革”抄家的损失，但是在我们参与整理时，仍旧达到近2000件的规模。在当时国内的私人收藏中可以说是首屈一指的。这些拓本基本上保存完好，拓工精致，很多进行了装裱，附有罗振玉、陆和

九、章钰、邵章等收藏家的印鉴、题跋，具有一定的文物价值。关于这些墓志，徐自强先生有专门的文章介绍，见于《周绍良先生欣开八秩纪念文集》，这里就不赘述了。

周先生收藏这些唐代墓志，很早就有一个计划，就是将它们编辑成录文汇编，给治唐史者提供可靠的原始资料，同时进行有关研究。所以，他早就对收藏的墓志作了录文，即使是在“文革”期间，也还在进行这一工作，除了自己抄录外，还请刘正成先生等人帮助抄录。这些录文，周先生亲手把它装订成厚厚的十余本文稿。1982 年起，我们参与整理编辑的《唐代墓志汇编》就是在这一基础上完成的。

那时，我刚从社科院研究生院毕业，来到国家文物局古文献研究室协助周先生编写整理《唐代墓志汇编》，当时已经有王敏老、刘绍刚兄、李方在作补充抄录的工作，将周先生尚未收集的唐代墓志搜集、抄录出来。我则从头开始，将所有已经抄录好的录文进行校勘、订正、标点与排序等工作。所可宝贵的，就是周先生无私地将自己收藏的全部墓志拓片搬到古文献研究室来，给我们校勘提供了最便利的条件。(附带说一句，我记得周先生当时说过，要把这些拓片捐献给古文献研究室。我调回考古所后，听周先生说，他又把拓片收了回去。周先生对于收藏的文物，历来认为是国家学术之公器，毫不吝惜。他原来收藏的大量古籍，“文革”中被抄走，后来发还时，周先生就叫运书来的卡车直接把书送给了佛教图书馆。所以这些墓志的事情，个中自有原因，或与个别人有关，不甚了了。)

周先生那时还要负责佛教图书馆以及佛教协会的工作，所以每周只在二、四下午来古文献研究室，除了了解一下工作的进程外，就是和我一起校对录文。其间切磋琢磨，多有教诲。尤其是谈及墓志中历史材料的运用，对我启发最大。因此，我在校勘墓志的同时，给经手的每件墓志都做了卡片，将里面的主要资料摘录出来。我后来在整理墓志材料的基础上作了一些研究，特别是编写了《新唐书宰相世系表集校》一书，都是和周先生的启发与鼓励分不开的。

陈垣先生有句话，我的感受最深。就是“抄碑难，校碑更难”。不用说满纸模糊，文字残缺的，就是文字保存比较好的墓志，也常常是异体字连篇，掉字、衍字的情况经常出现。要将这样的材料完整无误地抄录出来，没有相当的古文字、古文献功底是根本办不到的。而要再次进行校对，更正各种可能出现的错误，并且正确地加以标点，就更是困难，非极端注意，高度集中不可。由于抄录的材料来自多方，错误的地方也是五花八门，有的录文甚至有近一半抄错，给我们的工作增加了很大压力。有时紧张地工作一天，只能校对一、两件墓志。面对数千件墓志录文，不禁使我产生这件工作不知何时才能完成的感叹。周先生感觉到我这种情绪，和我谈起他做这件事的初衷，就是想为学术界做一件扎扎实实的事。他说：这种事情确实辛苦，甚至会费力不落好，但是学术界需要这样的基础工作，需要有人来做这样的基础工作。它可能不如写些时兴的文章见效快，但是能造福学术，流传后世。我们不图名利，就是希望做点有用的事情。

周先生“为学术界做点有用的事情”这句话，影响了我的整个学术生涯。在他的鼓励下，我那几年把全部精力都放在了这件工作上，从早到晚，每天十几个小时都在校勘文稿，周先生看我已经能担当起这件工作，由于佛协的工作和社会活动日益加重，大约一年以后，就把这件工作完全交付给我。但他仍没有放松对这件工作的关注，隔一段时间，我们就在一起审核一下完成的工作，解决一些疑难问题。不知不觉，五年时间过去，我们终于完成了这件工作。当周先生和我们把审校编排完毕的全部文稿集中一起，准备交给出版社时，我不禁长长地出了一口气，而周先生的脸上也露出了欣慰的笑容。

这部《唐代墓志汇编》共收入了唐代墓志约4000件，全部录文300余万字。称得上是一件大工程了。今天，学术界实行搞项目，这样的大项目恐怕得要几十人参加，数百万的投入。而我们当时主要只有以周先生为首的5个人，基本没有什么专项经费。这恐怕是现在难以想象的了。当时学术界的风气还是很好的。我们在编辑中得到过北京图书馆金石拓本部、武汉大学历史系魏晋南北朝隋唐史研究室、开封博物馆、济南博物馆以及启功先生、傅熹年先生、李希泌先生等前辈学者的无私帮助。从未有一处向我们提出过什么要求或什么条件。而该书中收集的墓志里，周先生的私人收藏占了将近一半，他以前所做的录文占了百分之八十以上，可见这部书的诞生主要依靠周先生的努力，其中凝聚了周先生多年的心血。

《唐代墓志汇编》一书历经周折，终于在1992年出版。出版后受到了国内外学术界的欢迎与重视，也确实为唐史研究起到了周先生所希望起到的作用。现在我在国内外大学和图书馆里看到厚厚的《唐代墓志汇编》摆在书架上时，仍会思念起这一段辛劳但很有意义的时光。

《唐代墓志汇编》出版时，我已经离开了古文献研究室。这时，由于学术界日益重视石刻资料，新的墓志资料陆续大量发表出来。周先生又在考虑编辑《唐代墓志汇编》的补编。由于情况变化，他不想再与古文献研究室合作，只是把我找去，提出要我帮助他一起来完成这个心愿。实际上，由于我工作单位改变，我已经不可能像以前那样，把全部时间都用来做这件工作了。但是出于对周先生的尊敬，出于与周先生多年的友情，（我本不该这样说，本来是师生之情，但是周先生却一直说："咱们是朋友。"始终像平等的老朋友一样待我。这里就冒犯一次吧。）我还是答应尽力帮助先生一起来做这件事。于是，我们商议了分工，周先生以当时出版的《隋唐五代墓志汇编》图录和其他资料集为基础，查找未曾录文的材料。我搜集各种考古文物刊物和报告上发表的唐代墓志资料，同时与各地的学术界朋友联系，寻找新的资料。仍请周先生的老合作伙伴刘正成先生帮助抄录。我们两人负责查证、校对、标点。与以前不同的是，这次的工作几乎都是在晚间与零散时间业余进行的。周先生同样是在繁重的社会工作之外抽时间做这项工作。现在想想，周先生当时已经是近八十岁的高龄，还孜孜不倦地俯首文稿之中，该有多么辛苦。个中滋味，恐怕只有我们自己心知了。这也正是周先生一生求学不倦的缩影。记得他当时笑呵呵地说："我身体还好，每天晚上还要写一千字。"这样，几年辛劳下来，到 1997 年截止时，竟也能够将 1986 年以后新公布的材料基本收集完全，汇集目录时一统计，有 1700 件之多，连我们自己都不敢想象。这次编集，还是在完全没有经费、没有人力的情况下，凭周先生的信念和我们的持续努力，才顺利完成的。支持我们的还是那句话"为学术界做点有用的事"。如果是为了那点微薄的稿费（可叹的是这点稿费还大都用作了周先生的医疗费），恐怕没有人肯去做这么繁重的工作的。

在整理编辑《唐代墓志汇编》的同时，周先生还提出要把全国新出土的墓志加以收集汇编，他和古文献研究室当时的领导王东明、韩冬民等一起把这件工作拟定为古文献研究室的重点任务，让我起草了给文物局的报告，一起拟定了编集体例，并且亲自呼吁，使这件事情得到文物局的批准，下达文件通知全国。尔后，我又和其他同志多次到全国各地联系，协助工作，使《新中国出土墓志》的编辑工作进行起来，很快就取得了大量成果。周先生对于开展这项工作，功不可没。然而，后来我们都离开了古文献研究室。该书出版时，对周先生的作用只字不提。多年来，周先生并没有提过此事，但有时在言谈中也会感觉到些许不满。现在，周先生已经仙逝，这件事情再不说，恐怕以后也没有人知道了。所以顺便说出来，立此存照吧。

周先生是把唐代墓志的收集整理与研究紧密相连在一起的。他撰写了多篇唐代墓志的考证文章，内容涉及唐代历史、人物、地理、社会风俗等等，颇为精到。周先生对唐代文献的涉猎既广且深，所以对唐代墓志钻研得也很透彻。我在整理唐代墓志的基础上，想就其中主要记录的谱系情况对《新唐书宰相世系表》做一个系统的订正与补充。这一想法得到了周先生的大力支持。他还把自己多年前编写的《新唐书宰相世系表补正》草稿全部交给我，让我参考使用。我研究了众多有关材料后，决定选择前人几种主要的考证著作，摘录其观点，并列在我的《集校》中。周先生的著作着重于唐代文献中的材料，可以与其他几家的著作互补，我希望把它作为一家收入我的书中。我把这个想法告诉周先生，征求他的同意。周先生很高兴，毫不犹豫地满口答应。由于出版艰难，这部书在交稿十二年后才得以问世。我自己都有些淡然了。但当我给周先生送去样书时，周先生非常高兴，大笑着连声说："出了就好，出了就好。我一直惦记着这件事。总算了了一件心事。对学术界是有用的。"看着白发苍苍的先生如此兴奋，我的眼眶润湿了。

现在想想，我和周先生相识、相交二十四年，除了学问与工作，很少涉至其他事情，无及乎名利，更没有听到过周先生臧否、评论他人。可以说是地地道道的君子之交。但周先生宽厚、朴直的品格一直是我尊敬与崇拜的典范。多年以来，他的周围聚集着一大批承受教诲恩泽的学人。凡我所接触过的，无一不对先生的道德文章心悦诚服。在先生生前念念不忘的中国传统学术研究上，由他引导而形成的众多学科研究，如敦煌文学研究、吐鲁番学研究、佛学研究、唐史研究与唐代墓志研究等也正在发扬光大。先生可以含笑以对释迦矣。

回想起来，二十四年前参加我研究生答辩的四位座师，苏秉琦、张政烺、周祖谟、周绍良诸先生都是当代著名大儒，小子何其有幸；然而近年来，先生们却都不幸相继辞世，小子又何其伤悲。这些在当代中国学术史上影响重大的大师们纷纷仙去，似乎昭示着大师时代的结束，这是最令人难过的。写这几行字的时候，我已经坐在日本仙台的古城址上怅望着海天了。刚刚瞻仰过的鲁迅纪念碑更增加了我的伤感。忽然脑海中涌起几句元人的词：“石头城上，望天低吴楚，眼空无物，指点六朝形胜地，唯有青山如壁。”斗转星移，沧海桑田，而我尊敬的座师们，会像青山一样，永远屹立在中国学术的史册中。我想。

原载《周绍良先生纪念文集》，北京图书馆出版社2006年版

我所认识的杜德桥

杜德桥（Glen Dudbridge），是一个在国际汉学界中十分响亮的名字。他以深厚的汉学功底与卓越的研究成果获得了欧美学术界与中国社会科学界的普遍尊重，他不仅在世界著名学府剑桥大学与牛津大学长期担任中文教授和中国研究所所长，而且还担任着英国学术院院士、中国社会科学院名誉高级研究员等诸多重要学术职务。没有见过面的人，或许会把他想象成一个威严睿智、不苟言笑、高不可攀的大师级学者。可是在我们十多年的交往中，他给我的感觉始终是一个慈祥和蔼、亲切热情的好老师、好朋友，或者更亲近地说，是一个好老头。如果让我用一句话来描述，那就是他不仅学贯中西，而且德贯中西，一身兼备了英国社会传统的绅士风度和中国儒家传统的谦谦君子之风。真像他这个美好的中文名字一样，是一座道德的桥梁。

杜德桥教授与作者合影

我是在1996年获得英国学术院王宽诚基金的访问学者资助到牛津大学中国研究所与杜德桥教授作合作研究时首次见到他的。虽然在此之前，我们已经就合作研究的工作有过多次信件往还。介绍我们进行这一合作的则是我的另一个英国朋友——当时刚出任牛津大学墨顿学院院长的著名学者杰西卡·罗森博士。她觉得杜德桥教授正想进行的一项中国古籍辑佚与研究工作与我的研究侧重有共同基础，可以互相交流，就向杜德桥教授提出来通过申请王宽诚基金让我到牛津去一起做这项工作。杜德桥教授很快就把他的研究设想来信告诉我，并且和我约好分工先期各自搜集一部分资料，等到牛津时再一起整理研究。尽管还没有见面，但在这些来信的字里行间中，已经可以感到他严谨认真的治学作风与平易近人的善良品格。不禁使我非常想能尽快见到他。

在一个英国常见的阴沉寒冷的冬日，天上飘着雨星，我从伦敦乘坐长途巴士来到了久已倾慕的著名学府牛津。在此之前，杜教授已经周到地安排好我的旅程，告诉我到牛津车站后打电话告诉他。那时，置身于首次来到的异域，不禁心中惴惴，既担心将要在这里度过半年人地两生的日子，又不断地猜想着将要见面的这位著名学者会是什么样子，好不好相处。

牛津大学中国研究所位于一条偏僻的小街——沃顿街上，是一座很显陈旧的三层小楼。我有些踟蹰地迈进大门，通报了自己的名字。“您已经到了。杜教授正在给您收拾办公室呢。”身材矮小的所长女秘书一边说，一边跑去找杜德桥教授。杜教授给我收拾办公室，有点离谱了吧。以后我得到确证，真是这样，杜教授亲自去给我搬的办公桌。在他们看来很平常，历来就是这样事事自己动手。而在我这儿，却受到了很大的震动，心里也顿时感到热乎乎的，似乎阴暗寒冷的天气也不令人生惧了。

随着一声亲热的问候，一位满面笑容的清癯老人快步来到我的面前，伸出了他的手，由此开始了我在牛津的半年合作研究，也开始了我们至今十多年的友谊。

我不想多讲杜德桥教授在生活上对我的细致照顾，使我很快就习惯了这里的日常工作起居。重要的是我们在共同研究工作中逐渐建立起来的理解和沟通，使我们的相处十分融洽，工作也进行得很顺利。

说实话，原来我对这项研究的选题并不太感兴趣，觉得辑佚这种工作也只是简单地查找一下各种古籍，做做考证确认而已。加上《三国典略》这种书能够找到的佚文并不太多。我想这个研究的结果也就是平平常常的一个佚文汇集罢了。在见面后不久，我们把所有的材料统计了一下，一共有410条，其中还有16条是三国时鱼豢的《典略》一书佚文。我们查找的古代类书、史书有近30种，搜罗得已经比较完全。所以面临的问题主要是如何把研究深入，将这项辑佚工作做成具有一定学术意义的新成果，以期与清代学者搜集佚书的做法有所不同。在这一点上，杜德桥教授等欧洲学者的研究方法给了我很大的启发。

我们首先去考虑了利用《三国典略》中史料的问题。杜教授提出了他感兴趣的一些问题，例如梁元帝焚古今图书十四万卷、北齐武成帝时期撰写《修文殿御览》等有关记载。这些记载都是其他史书中较少提及的。而杜教授注意的是这些记载中反映的更深层次的文化背景。他多次提到梁元帝焚书、折断珍贵的古代文物吴越宝剑这一场面，认为它表现出一个独裁者覆灭前的疯狂灵魂，并批评荷兰学者认为梁元帝焚书一事是虚构的看法，进一步通过这一记录去分析古代史官撰写史书时的立场与选材方法，并去考察古代书籍散佚的原因等重要问题；他又曾结合洪业对敦煌卷子中被误认为是《修文殿御览》残卷的论证文章，讨论古代类书形成与发展的具体过程。这种思路对于习惯于按照中国传统古籍校勘方法去思考问题的我们来讲，应该说是很有启发意义的。

后来我们讨论到辑佚得来的材料如何编排成书的问题，按理说，清代和民国时期兴起的古籍辑佚作法，一般就是把摘录来的材料汇集成篇。我们要做到这样并不困难。可是我们总想能有所创新，做深入一些。反复思考后，杜教授提出《资治通鉴考异》可以给我们一些启发，于是我们想到了先去考证《三国典略》一书的原本体例，通过分析中国古代史书的编写类型与各类史书的特点，确定了《三国典略》一书应该是一本编年体的史书，从而可以将辑佚的材料按照年代顺序排列起来，更好地反映出这本佚书的原来面貌。这样初步编排后，我们欣喜地看到，所搜集的佚文能够显现出一个比较清晰的脉络结构，甚至可以通过排列的文字了解《三国典略》一书的写作体例与文体风格等具体特点。杜教授和我一致感到这条路子走对了，以后的工作就做得更加愉快，不仅把《三国典略》的整理工作按时完成，杜教授还用这项研究成果做过专门的学术报告，去深入探讨中国古代史书的编写过程与古代类书的形成方式。

这项工作完成后，杜教授曾经如释重负地告诉我，由于他从来没有在学术研究上与别人合作过，更不要说和中国学者合作了，开始时他很担心，怕不好交流或者做不出成果来，没有想到我们合作得这么愉快，并且双方都有很大收获，真令他高兴。以后，杜教授还多次和别的学者们谈起我们的合作与友谊，说明这次合作给他留下了很好的印象。

英国大学的教授比起我们大学的教授来不知要忙多少。杜德桥教授身兼多职，更是忙得一天到晚团团转，除去教授众多课程与指导研究生外，还有研究所的管理，中文系的管理，学校教授委员会的工作以及其他学术活动等等。但就是在这样的忙碌中，他还是尽量抽时间和我讨论研究工作，带我去图书馆，去拜访其他汉学研究的教授，甚至专门开车带我去剑桥大学参观，领我看他在剑桥读书时住的宿舍，一路给我讲他与剑桥、牛津和中国文化的渊源，那种热情与坦诚，那种对于中国文化的热爱，让我感到一种心灵默契的感应，一种深深的情谊，好像和相知多年的老朋友在一起。中国有句古话叫“白首如新，倾盖如故”，我们大概都有这种相同的感觉。

英国人都有喝午茶的习惯，每天下午 5 点多钟，研究所里的教师、学生往往都要休息下来喝杯茶或咖啡。紧张忙碌一天的杜教授在这时才能放松一下，如果这时我也在研究所中工作，他就叫我一起在他的办公室中喝茶，同时天南地北地聊聊天，因为这以后他一般没有课了，可以不担心时间。至今闭上眼睛，还可以回忆起那时的情景，四周满壁书架，一杯普通的红茶，几块饼干，窗外逐渐昏暗下来的暮色，伴着杜教授富有韵律的话语，造成一种温暖舒适的文人环境，令紧张工作一天的身心都得到了放松与休息。通过这些轻松愉快的闲谈，我对杜教授的学术生涯和学术造诣也有了越来越清晰的了解。

杜德桥教授出生在一个普通工人的家庭中，幼年过的应该是不怎么富裕的普通平民生活，他出生在布里斯托，而在英格兰西南海滨的一个小镇克雷文顿度过了少年时代。在中学时期，他就表现出对语言、文学的爱好与突出的语言天赋，学习了法语、德语、拉丁语等多种语言，并对英国文学有着深入的研究。因此，他在 1956 年获得奖学金，同时被剑桥大学马德林学院录取。但是按照当时的规定，在入学前要先服两年兵役。所以，杜德桥在入伍时选择了在军队中接受俄语训练，拿他自己的话说，自己的体格不适合拿枪。我想，这也正表现了他善良和平的学者心性吧。

当了两年不拿枪的兵后，杜德桥又到德国佛莱堡大学短期学习了德国文学。1959 年 10 月正式进入剑桥大学学习中文，主要研究小说和戏剧。1962 年毕业后，师从张心沧教授读博士学位。他选择了《西游记》作为自己的博士论文研究内容，为此，还到香港新亚研究所（今香港大学新亚学院）留学访问。这第一次来到东方的短短一年多时间，可以说奠定了他的一生，不仅通过与众多中国学者的交往坚定了他专门研究中国文化的决心，而且还找到了他终生的伴侣——当时在香港大学学习的罗凤阳女士。

1964 年，杜德桥回到剑桥大学马德林学院继续撰写博士论文，同时申请到牛津大学讲师的工作。1966 年，杜德桥开始在牛津大学任教，1967 年获得剑桥大学博士学位。1984 年，杜德桥当选为英国学术院院士，又被聘为剑桥大学中文教授。自 1985 年起在剑桥大学工作 4 年。1989 年以后，杜德桥回到牛津大学做中文教授（邵逸夫讲座教授）和中国研究所所长。他的主要研究方面始终围绕着中国的古典文学与古代宗教思想等内容。他的主要著作有：

西游记：十六世纪中国小说来源的研究（The Hsi－yu chi：A study of antecedents to the sixteenth－century Chinese novel. Cambridge University Press，1970）

妙善传说（The legend of Miao－shan. The legend of Miaoshan was first published by Ithaca Press in 1978；the revised edition by Oxford University Press came in 2004）

李娃传：九世纪一个中国故事的研究与校订（The tale of Li Wa：study and critical edition of a Chinese story from the ninth century. London：Ithaca Press，or the Board of the Faculty of Oriental Studies，Oxford University Press，1983）

唐代中国的宗教体验与世俗社会：戴孚《广异记》研读（Religious experience and lay society in T'ang China：a reading of Tai Fu's Kuang－I Chi. Cambridge University Press，1995）

1880 年的台湾南部土著居民（Aborigines of South Taiwan in the 1880s. Published jointly by the Institute of Taiwan History，Academia Sinica，and the Shungye Museum. Taipei，1999.）

中世纪中国的佚书（Lost books of medieval China，The Panizzi Lectures 1999，London：The British Library，2000.）

以及十多篇关于中国古典文学研究的论文。

《西游记》一书是杜德桥教授研究中国古代文化的起点，他的博士论文就是《西游记：1592 年的一百回本及其源流版本的研究》。在这篇论文以及其他有关《西游记》版本的研究中，他利用中国传统的版本目录学、校勘学以及传记研究等方法对《西游记》的各个早期版本加以分析比较，试图去搞清楚它们之间错综复杂的关系，并且追溯了唐僧师徒西天取经故事的原型，考察这一传说从口头文学到戏剧、小说的演变经过，由此深入到讨论中国古代文学的发展历程。在这些早期的研究中，杜德桥教授已经表现出对中国传统学术研究方法的熟练掌握程度与对中国文化的钟爱。在这以后，他又通过对唐代传奇《李娃传》的翻译与研究，将自己的中国古典文学研究推向更高的水平。同时，他也越来越多地注意到中国古代文学作品对古代历史研究与古代宗教思想研究的重要价值，把自己的研究重点逐渐转向中国古代历史与民间宗教等方面。对《妙善传说》以及有关民间宝卷的研究，对《广异记》的研究等都是在这方面具有重要影响的成果。

关于妙善传说的研究涉及中国古代社会中观音信仰的流行，是一个内容广泛的课题。杜教授从一件碑刻——北宋翰林蒋之奇所作《香山大悲菩萨传》入手，讨论了有关的各种古代文献、民间宝卷、宗教经籍乃至戏曲、传说等资料，“依据新发现的证据来叙述妙善故事的背景和它从11世纪到14世纪之间的演变过程；讨论以后产生的没有被详细研究过的重要版本；指出其中的关系和一些重要的模式；探索故事的原始资料，故事的发展模式，故事所涉及的社会和文学环境”。使这部著作不仅在古代民间文学研究中具有重要价值，也成为一部民间宗教信仰与民俗研究的经典之作。

国内有学者曾总结出杜德桥的中国民间宗教研究主要特色有：灵活运用各种不同材料，将各个学科的理论都加以融合，为己所用。善于采用新角度来对待传统材料，不仅局限于经卷或是民俗学的口头传说，更多地依靠传统意义上的传奇、志怪等文学作品来开展研究，发掘了文学作品在历史以及宗教上的新内涵等。从杜德桥的研究成果来看，他很善于发掘传统文学史中较边缘的作品，他的研究对象一般都是些不怎么著名的在文学史上常常为人们所忽视的作品。故而他的研究成果也大多能够填补有关方面的空白，同时显示出独特的研究视角和深厚的功力。而他自己却很谦虚地对我说过，中国文化毕竟不是他们的母文化，他们欧洲的汉学研究者由于语言和了解中国文化方面的限制，不能像中国学者那样对中国传统文化中的大课题做全面的论证，只能就一些具体问题进行专门研究。我觉得这正反映出杜教授实事求是的学风与谦逊朴实的学者本色。我也见过有些海外学者，总想对中国学者指手画脚，表现出自己的研究方法高人一头。杜教授的为人正与他们形成鲜明的对比。实际上，他那种由小见大、由微观到宏观的专题研究是很高超的，所得成果与表现出来的研究方法比很多空洞浮泛的所谓大课题有用得多。

海外学者对于研究资料的重视程度极高，这一点在我与各国学者的交往中感受颇深。他们可以用多年时间到处去搜集与自己研究有关的资料，念念在兹，一旦有所收获，往往欣喜若狂。自然，他们的经济条件和研究条件比我们要好很多，有条件去各地寻找资料，但是，这种对于学术钻研十分专注的精神，也是很值得学习的。杜德桥想要去寻找的香山大悲菩萨传碑就让他一直念念不忘。在牛津时，他曾经详详细细地把他去河南宝丰寻碑的经过讲给我听。也难为他，在还没有全面开放的八十年代初就一个人跑到偏远的宝丰县城去。当地的官员没有让他去看香山寺，只答应提供他一份拓本（实际上并没有提供，但是当地一直在介绍当地名胜时说这件碑的拓本去牛津大学展览过）也是在意料之中的了。在我们聊天时，杜教授对宝丰的香山寺充满了向往，也为没有能亲眼见到那座石碑而遗憾。为了弥补他的遗憾，我回到国内后，曾和河南文物研究所的朋友们专门去了一次香山寺，拍了一些寺院和宝塔的照片送给他看。他非常高兴，并且把香山寺的照片用到了再版的《妙善传说》一书中。近年宝丰县当地的领导找我们介绍了他们重修香山寺和建设香山文化园的规划，并表示将邀请杜教授来参观，看来杜教授的心愿很快就会实现了。

英国人大多从小就受到很好的音乐教育，都会演奏乐器。杜教授就弹得一手好钢琴，可以演奏不少名曲。有时他和中文系的其他老师来个钢琴、小提琴合奏，能够让大家都陶醉在美妙的音乐中。可惜工作太忙，这样的机会不多。但是我们已经可以领略到他对生活，对生命，对美好事物深深的热爱，也就更能体会到他善良美好的内心世界。

我离开牛津的时候，为了要赶班机，早上 7 点就得去乘巴士，所以前一天就向杜教授告别了。但是没有想到，在我踏上巴士的时候，竟看到杜教授气喘吁吁地骑着自行车赶到了车站。他还是坚持从老远的家里提早赶来给我送行。我的行囊顿时变得无比沉重，那里增添了杜教授太多太多的深厚情谊。巴士驶出时，我从车窗望去，杜教授还在那里微笑着挥手，寒风卷起了他稀疏的白发。这一感人的情境，至今还清晰地映在我的眼前。

以后，杜教授几次来北京访问，讲学，都要找我见面，聊聊各自的工作与生活。2005 年，他从牛津大学中国研究所所长职位上退休，当时来信告诉我，他新买了一架很好的钢琴，每天弹弹琴，做点研究，在家里过着幸福愉快的晚年。我 2009 年应邀到牛津大学作客座教授时，杜教授又接我到他家里作客，看到他们老两口在整洁的客厅内愉快地弹琴，听他告诉我儿孙们来时的热闹景象，说起近来的研究课题，真有说不完的话。十多年了，我眼前的杜德桥仍然是那个专注于学术，充满活力，热爱生活，善良可爱的好老头。我的耳边不禁又响起他发自内心的感慨："我们的一生最幸福，因为我们一直从事着自己喜爱的事业。"

原载《国际汉学研究通讯》第二集

访英随感

一、百感交集的绿

我是在十一月到达英国的。离开北京时，飞机舷窗外已是一片苍茫。掉光了叶子的树木裸露出黑褐色的躯干。空旷的原野上，北风扬撒着黄色的沙尘。这幅几十年来看惯了的景象当时并没有在我的心中引起什么异样。秋之为气也肃杀，从老祖宗起就是这样的。

一到英国，一到牛津，嘿！满眼都是绿色。实在想不起怎么形容好了。冒出一句北京早已不太时髦而又曾经时髦得一塌糊涂的话（得用过去完成时）：“向毛主席保证，绿得没治了。”想想也好笑，老人家管他英国绿不绿呢。可是那个绿呀，真是让人惊奇得不得了。

我有“幸”生值经风雨、见世面的火红时代。从串联、插队到工作，东奔西走，到过伟大祖国五湖四海不少地方。但在记忆中，却很少能找出这样不露泥土，无边无际的绿色原野来。中原夏天的农田绿，但是总罩着一层薄薄的灰，里面还夹着一条条土路和村边的土场，给绿野划出了一道道界限。南京紫金山麓的草地绿，却脱不尽游人带来的杂色，又掺入了大大小小的房屋建筑。而这里，公路两边，城镇四周，都是大片大片的绿色草地，开阔得望不见边。间或点缀上一株蓬蓬松松、冠帽大得能遮住几十个人的老树，有时托出一丛密密的灌木林。那绿色，随着不高的丘陵流散开去，让你的眼里装满了一层一层深深浅浅的绿，浓得发黑的绿，淡得似雾的绿，揉进黄的绿，点着红的绿……无数的色彩都融汇在这一个绿的大基调中，清清亮亮，让你舍不得挪开眼去。

原野上是这般的绿，似乎理所应当，总归不是农田就是牧场，顶多是天气温和湿润，植物生长得好罢了。但是接近城市，洁净的绿色依然不减。除去几条排满楼房的商业街以外，学院和住宅区的路边都是丛丛绿树，不远就夹着一小块草地。一栋栋高低错落、红墙尖顶的古老建筑，都犹抱琵琶半遮面似地隐藏在各色各样的绿树中。尤其有意思的是这里的私人住宅，每家的小楼前都有一个小小的庭园。庭园中或铺撒着细石，或筑成水泥或沥青的地坪，但更多的是种满绿草，栽上一棵苍郁的大树。有的庭园中还点缀上一座小小的石雕，显得典雅宁静。看惯了国内深墙大院的人，对这里的院墙会有更强烈的兴趣。这里的院墙大多只是一尺来高，实际上只是一个花坛的边，上面种了一排整整齐齐的花树或灌木。有的连花坛也不要，就用一排灌木隔开院子与街道。这些花树千姿百态，大多也叫不出名字来。有的像茶树，叶子肥肥大大，油绿可爱；有的像松树，叶子尖细，簇集在一起；有的叶子边缘是黄色，长出尖尖的刺；还有的结满了一嘟噜一嘟噜的红豆子，娇娇艳艳，好看得不得了。

牛津的四周，有许多块大片的草地，是各个学院的财产。这些草地不做任何用途，似乎专门用来调剂环境。有的草地上建有足球门，橄榄球门等体育设施，供大家使用。更多的草地上只是平坦的绿茵，一览无遗。一次，牛津大学莫顿学院院长 J. Rawson 女士约我去她学院的草地上漫步。我随口问起这些草地的用途。她说很多草地就是为了保持这里的环境。她们学院有一块地曾转让给大学本部，但合同上还规定不得在上边盖任何建筑。大学现在想用这块地建一座教学楼，但限于合同，也无可奈何。让这么多的土地闲着长草，我们会觉得不可思议。多少年来，我们忙着把一片片的山林草场变成农田和建筑，却毫不注意我们身边的绿色已经褪成了泥土的枯黄。直到漫步在这清新的绿色之中，我们才突然感到一种强烈的对比，感到绿色对人类的重要。

除去草地，牛津还有好几个大学公园。看惯了中国的园林，再来看英国的公园，绝对是另一番感觉。洋人不知是头脑简单还是喜欢秩序化，对于自然，只是给它剃剃头刮刮脸，让它整齐干净得如同一队刚剃了头穿上制服的新兵，而决不会像中国人那样去平地造山，山顶开河。他们的公园是纯粹自然。大片的草坪，大棵的树木，无遮无掩，一望之下，袒露无遗。唯一人工的迹象就是把一些树木修剪成方方正正，活像根绿柱子。这大概也是欧洲人的思想，直来直去，源于自然，让你能简单的尽力简单，能看到的全可以看到。不像咱们的园林，高墙深掩，曲径通幽，方寸之地也要变出八景十景，气象万千。文言叫“胸中自有丘壑”，土话叫“内里一肚子花花肠子”。现在时兴搞中西文化比较，也许这该算一条中西文化的不同吧。

环境保护得好，一年四季地面植被不断，自然就空气清新，四周洁净。我在牛津的时候，正好中华书局的张忱石先生也去英国公干。他一到伦敦，别的不讲，先说了几遍：“伦敦空气真好。”等到他来牛津，又一连声地讲：“牛津的空气更好。”可见这种清新空气给人留下的印象之深。即使这样，一些英国朋友还在抱怨汽车太多，污染了空气。我听到这样的话时，总想对他们说一句：“知点足吧。”

有一次，牛津大学的 G. Dudbridge 教授亲自开车，带我去剑桥参观。一路上，窗外的景色随着曲曲弯弯的道路不时变幻，一会儿是忽高忽低的山地画出了柔柔的曲线，一会儿是坦荡无际的田野挥出的平直。而那浓浓淡淡的绿色却始终渲染着路两边的土地，间或点缀上一群群悠闲地漫步在绿野中的牛羊。横看竖看，都是一幅幅绝好的画面。在世界美术史上，英国十八、十九世纪的水彩画最负盛名，尤其是描绘田园风光的作品，如透纳的写生，给人一种安宁、舒适的感觉。到了这里，不用任何解说，你就能理解英国水彩画诞生的原因。那一幅幅动人的画面就像是从大地里搬上去的。甚至都不用选景，随意画一处，就是一张好画。

看狄更斯的小说，总给我留下一个浓雾弥漫、烟灰飘散、阴郁灰暗的伦敦印象。回国以后，也有人这么问过我：“伦敦雾多吗?”可见雾伦敦的名声在我们心中多么根深蒂固了。实际上，那是十八、十九世纪工业化的恶果。日益恶化的环境，引起了人们对环境保护的重视。随着科学和工业设备的发展，雾伦敦已经是遥远的历史了。从破坏环境去换取金钱到再被迫投入金钱去恢复自然环境。工业国已经走过了这么一个大弯子。我们是不是也要再走这么一个弯子才能明白过来呢?

以前读诗词古文，觉得“一枝红杏出墙来”也美，“草色入帘青”也美。看了让人这么百感交集的绿，忽然觉得，那草色入帘的绿，才是具有生命真谛的颜色。而被漫漫大墙遮住了的春天，即使露出一点嫣红，几星绿色，也令人掩不住几多遗憾。如果大地上盖满了院墙，只剩下“一枝红杏”，那恐怕就只能使人悲哀了。

二、英国的乞丐

话说人类社会最早的职业有两类，一种是妓女，另一种就是乞丐。乞丐遍天下。这大英帝国也不例外。在伦敦，一些临街建筑的门廊下，隐蔽的凹角中，常有裹着睡袋躺在那里的人。老人居多。地下通道中也有。有的摆上俨然是一个小居室的一堆卧具，旁边堆几个塑料袋子，有吃的，有用的。这就是所谓无家可归者，让人看了就从心里发冷。可是从他们神态木然的脸上，看不出什么来，好像这样生活已经成了习惯。匆匆走过他们身边的人们也视若无物。谁知道呢，也许像有的中国报纸上讲的，乞丐里也有万元户呢。

但是英国乞丐的收获不像是太好。牛津的街巷里，我见过几种乞丐，却各具风貌，说来与中国的乞丐确实不同，不知是否也显出了这个文化圣地的文化特色。

Banbury Road 的南口，坐落着一座古朴的小教堂。墙还是乱石块砌起的。说不清建筑的时间，恐怕也有几百年了。教堂外面有一块小小的绿地，上面零零散散地点缀着几座古老的墓碑。绿地中间有一条通道，两边有两三棵粗壮的橡树，把它那蓬松的枝条伸到通道上行人的头顶，遮得这条小路影影绰绰，忽明忽暗，是个闹中取静的去处。

一天晚上，我从研究所回来，穿过这条小道，忽见一团黑影堆在小道的半中央，顿时毛发一立，心想不知是罗宾汉还是李逵，会不会抽出个家伙来问我要吃馄饨还是吃板刀面。正犹豫之间，却有一阵悠悠的口琴声断断续续地传过来。走近一看，原来是一个满面胡须的老人，坐在那里，低了头，双手捧了一个口琴，用力地吹。吹的不知是什么曲子，也听不出是欢快还是悲哀，只是一股慢悠悠的音韵，像是在漫无目的地随意回想着什么。他面前地上铺了一个布袋，几枚大大小小的便士散扔在上面，冷冷地映着树缝中透进来的路灯光。四顾幽幽，前后无人，想来这位老兄不会在我过去时打我一闷棍，于是加快脚步走过去。那老人一无反应，仍然是低了头全心全意地吹。走过去以后，回头一望，不免有些怅然，油然泛起一股说不清是什么的情绪。穿出树影，走上大道，那琴声，还在不紧不慢地响着。

第二天早上，又从这里经过，那老人还在，仍然低着头吹他的口琴。我扔下一个硬币。老人视若不见地自吹不止。看来他是直入老庄境界，无我无物，完全沉浸到自己的思绪中去了。

第三天，这老人不见了。从此再也没有见到他。看他的衣着并不破旧，也许是偶尔路过，缺了盘缠，也许是去了社会救济所，也许……

卖唱是乞丐最爱采用的手段。牛津几条热闹大街的人行道上，时而也有边唱边奏的乞丐。这种人多是年轻人。男子大多衣着粗放，有的披着南美式的披毡，有的穿着牛仔式的坎肩，破牛仔裤，怀抱吉他，连弹带吼，一唱个把小时不停，也真是一门绝活。这种歌曲大都节奏鲜明，速度很快，颇有点流行歌曲的味道。加上他们往往年青气壮，声音隔着半条街就能听见。我对这种人是敬而远之。匆匆走过，偶尔眼角一瞥，也能见到他们面前的琴盒中，寥寥几枚硬币。似乎收入也是不佳。

我也犹豫过，把这些人列入乞丐是否合适，是否称为街头艺人更恰当些。不过一是他们衣着太蹩脚，二是他们还达不到专业水平。在伦敦的 Subway（地下通道）中，我见过几位专业的艺人。一位女士，穿得整整齐齐，仪态优雅，手把提琴，演奏着巴赫的乐曲。一位男士，也是衣冠楚楚，面前摆着电子琴、架子鼓，演奏着流行音乐。那水平决非这些青年所能比拟。当然，面前少不了收钱的盒子。牛津的市场上，我还见过一个小乐队，几位少女，组成弦乐四重奏，技法纯熟，曲调动听。是否为了挣钱，我没有看到，不好乱说。

记得一位革命领袖在组织工人罢工时曾经提出过“哀以动人”的方针。我在这里见到一个女孩把它运用得最为成功。这个女孩总是穿一件褪了色的蓝外衣，裹一条旧毛毯。不管多冷，都往水泥地上盘腿一坐，仰起一张长满雀斑的圆脸，任寒风把一头干草色的头发吹得乱蓬蓬的。她手里举着一个罐头筒，摇晃着里面的硬币，嘴里不断地喃喃着：“Change Change（零钱，零钱）”。脸上一副哀婉动人的表情，加上那似乎略带哭腔的声音，由不得你不生恻隐之心。但住在牛津的人几乎天天能见到她，这恻隐之心也就会打了折扣。不过对于外来人口可能还有效。一次北京大学的李伯谦教授来牛津参观，我送他去汽车站时，路过这个女孩身边。李先生对我说：“这个女孩真可怜，刚才我来时就见到她了，给了她半磅钱。”我唯唯，心里却说：“我们天天见，也不知被套去几多 penny（辨士）了。”

英国朋友告诉过我，据说有人做过社会调查，说伦敦有的乞丐一天可以要到上百磅的钱。不知这是不是普遍现象？记得《福尔摩斯探案集》中就有过一个记述专业乞丐的例子。那位老兄平时衣冠楚楚，住着花园楼房，像个商人一样乘车上班，做的却是扮成残疾人去乞讨的工作。斗转星移，冉冉近百年，世态依旧。人类社会真是一个永远猜不透的谜。

有一次在路上走，一辆旧汽车突然停在我身边。车里大人小孩坐得满满的。开车的人堆着笑脸说，我们来牛津找人，汽油不够了，身上没钱，请你借我们一点，我们会寄还给您，并且煞有其事地把地址、电话写给我。看到小孩们又冷又饿的可怜相，我心一软，掏出一张 20 磅的钞票。车上的人一把抓过去，开车就跑。我心知上当，那个地址自然也是子虚乌有了。牛津地方小，后来，我又见过这些人的车在街上转，寻找猎物。但是，大概他们认出我了（像我这样的傻瓜大约不多见），忽地一拐弯，溜之大吉。

也许是受了只重衣冠不重人的影响吧，有一天晚上，一位穿着整洁的三件头西装，头发梳得溜光的老人在路边把我拦住时，颇让我小小地吃了一惊。这等人物也会伸手要钱吗？嘿，他还真是伸手要钱。老人很客气又很理直气壮地对我说：他出来后，发现没有带零钱，需要 80 便士坐公共汽车，问我能不能帮帮忙。我想这倒是又一种要钱的名目，不过只当做件好事，积个善缘，便随手掏出几个硬币给他。老人似乎很受感动，拍着我的肩，连声说：“好人，好人。”我暗自好笑，自以为又见识了一类乞丐。

没有想到，事过多日，一次去超级市场买食物，偏巧在商店门前又碰见这位老人了。他盯着我看了半天，终于上来问：“先生，我们是不是见过面？”我以为他又要故技重施，笑一笑，正要离开。他却叫起来：“是的，我向你要过车钱。”一面说，一面向裤袋中掏钱，要还给我。这可令我颇为惭愧，想不到是自己看错了人。这才是“假作真时真亦假”呢。

三、随地吐痰

在国内各大城市漫步，大概看到最多的字样就是种种禁止了。“禁止随地吐痰”“禁止随地大小便”“禁止乱扔垃圾”……甚至设有监察人员，见到违反规定的就罚款，可是还常常禁而不止。包括本人在内，有时嗓子一痒痒，那痰就自然而然地飞向红尘之中了。

有了这个毛病，初到英国，就真有点手足无措的感觉。像我住的牛津吧，城小人少，清清净净，满城干净得不行。每天早上外出跑步时，常碰上清洁工人开着清洁车在认真清扫城市。马路，人行道，甚至墙根都扫得干干净净。英国雨水又多，柏油路上常像刚洗过似的。路边隔不远就有一个垃圾桶，所以路上常是连纸屑也见不到。加上空气好，很少有人鼻涕痰唾一齐来的，地上自然是很难见到痰迹了。

在没来英国前就听说外边执法严格，对乱吐痰乱扔垃圾的罚款可凶了。可是我在牛津街上，几乎就没有见到过警察。当然也就没有人来检查和罚款，有时长长的街上一个人影也见不到。按说没有了罚款的威胁，该放胆吐了吧。可是还不行，周围那干干净净的天地，就像一座无形的大山在压着你。

偏偏咱中国人的嗓子又好犯毛病，走着走着就痒痒，这时那个难受真是莫名其妙。有心呸的一口吐出来，又被那种力量堵着嘴，上下不得，仿佛喘气都费点劲儿。偷偷往周围打量一下，咳的一声，一口痰到了嗓子眼。寻找一下吐的地方，柏油路上干干净净，草坪里绿得纯净，实在让人不忍心吐上去。找块土地吧，东看西看，死活没有。实在没辙，掏掏兜里，还有点纸。得，拿出来，轻轻吐在上面，紧走几步，扔到垃圾箱里吧。

唉，想想在家里时，嗓子痒痒了，挺挺胸，运运气，响亮地“咳”一声，挺有劲地张口“呸”他一下，一口痰飞得远远的。浊气尽消，上下通泰，多痛快啊。当然，你痛快，别人就不痛快了。

想来中国人吐痰也是由来已久了。当初尼克松访华，就曾经为会见厅上处处摆着痰盂而感到十分新奇。究其根本，还是环境污染太厉害，呼吸道负担太重。空气如果清新起来，吐痰的情况自然就会少了。当然，改改随地吐痰的坏毛病，养成文明生活的习惯，也是必要的，可那就是非一日之功了。

自然教育与天性并不能决定一切，说了这么半天无非是感到环境的作用。中国古代早就强调了这一点，故曰“橘生淮北则为枳”。创造一个清洁良好的环境，有助于形成文明和平的文化风尚。外国人吐痰的少吧。我在北京街头就见过洋人也大大方方地吐痰。可见改变环境，才能改变人。不然，您看大饭店里有没有随地乱吐痰的。

四、中英话吃

民以食为天，人类对于吃有说不完的话题。尤其是拥有丰富食文化的中华大国。自商周时期开始，就有从贵族老爷的“宾之初筵，左右秩秩。笾豆有楚，肴核维旅。酒既和旨，饮酒孔偕”（《诗经·小雅·宾之初筵》），到平民百姓的“六月食郁及薁，七月亨葵及菽”（《诗经·豳风·七月》），正所谓各有各的吃法。论讲究的，四大菜系，满汉全席，飞龙鹿胎，驼峰熊掌，吃一看二眼观三的席，乃至皇帝老子天天顿顿一百多个碟子的饭菜。论凄惨的，野菜，树皮，谷糠，观音土，小球藻。中国人什么没有吃过？

好不容易盼到了十一亿神州奔小康的时候，中国人在吃上没有太大的问题了。那天上飞的地上跑的水里游的草里钻的于是也加倍地感到改革开放的巨大成果，争着抢着为日益丰盛的餐桌做贡献，历史悠久的食文化自然就更加辉煌。于是乎惯得咱们的肚子也越来越娇气，到了国外，少不了受罪。

早就听说英国人不会做饭。有位研究语言的朋友说，英语中凡是有关美食的名词多是从法语中来的。我不懂法语，故妄鹦鹉学舌一回，但愿我的英国朋友不会因此生气。我发现英法两国的学者在维护自己国家的文化历史这一点上是谁也不让谁的。打住。回头来说英国人不会做饭一说。拿我们中国人的标准来说，一般英国人做饭的水平可能的确不算高。所以他们更喜欢上饭馆聚会。但是他们也很喜欢吃。他们的蛋糕、冰激凌、巧克力做的真是“味道好极了”。

实际上，虽然英国已经是发达的工业化国家，大部分食品也都是由工业生产的成品或半成品，但这只加快了他们的吃饭速度，并没有把他们的菜谱变得更丰富，更没有使他们的每顿饭变成十个八个、甚至几十个菜的盛宴。一般的英国人早餐只是烤面包、煎蛋或咸肉、咖啡和奶。现在半成品多了，也有用奶冲点麦片、玉米片之类的就算一餐。至于中饭，在外工作、学习的人大多啃个三明治，泡杯咖啡或茶，也就解决了民生问题。晚饭当然得讲究一点，在家里做饭的得做一两道菜，加上汤和甜点，这就很丰富了。像我们国内人家平常一顿饭也炒上四五个菜，那在英国人家得算宴席了。即使是在餐馆里吃饭，英国人也只是叫一两道菜而已，而且都吃得干干净净，很少见到有桌面上盘碗狼藉、剩菜成堆的现象。至于英国菜的味道，吃惯了中国饭的我们的确很难恭维，除了色还可观以外，香与味都相差甚远。

正因为如此，英国国内的饭馆大多是世界各国的风味，法国菜，印度菜，泰国菜……自然少不了名闻天下的中国菜。平时宴客，约会，家人小聚，多到饭馆解决。他们自己做饭的手艺就难得提高了。

在英国的饭馆中吃饭，令人满意的是那份气氛。桌椅干干净净，台面上摆放着娇艳的鲜花，明亮的烛台。吃客们温文有礼，友好融洽。像国内那种争摆排场，山珍海味堆起几层和频频劝酒，呼五喝六的场面是根本见不到的，大概是人家公费吃喝的机会不多吧。

话说回来，我在英国也出席了几次公费吃喝，一次是英国学术院举办的招待会，出席的多是英国学术界的名宿大儒，个个身价不菲，但那招待会印刷精致的菜单上也只不过四道冷菜而已。而且宾客每人自拿一个盘子，依次由守着大盘菜肴的服务员将菜分入盘中，决不至于剩菜成堆。宾客们随意组合，纵情交谈，同样尽欢而散。这里，吃是次要的，主要是情感与学术的交流。虽然没有国内宴会那种盛大排场，效果也不错。

又有一次，大英博物馆宴请来参加中国文物讨论会的各国学者，这次在伦敦唐人街的中国饭店里，于是重现了中国宴会上的热闹场景，各种好菜一道道端上来，直至“吃不了兜着走”。出门后，几个中国人相视而笑，都说：“到底是跟中国人打交道的，受了咱们的传染了”。

原载《南方文化》1998 年第 2 期

后 记

这里收集的是我在考古专业研究工作项目和专业文著之外零碎写就的一些杂文，其中有关于文史、文物考古的随笔杂谈，也有一些应邀做的专题讲座文稿，还有一些回忆文章和书评。总之，都是不能正式认作学术论文的。本来想这些文章也就随风飘散了。去年承孟繁之同志看重，提出来要帮我联系出版，要我收集一下。接着就得到三晋出版社张继红社长的支持，答应予以出版。这才抽空挑选了一下，归拢了33篇小文，凑成这本小书。

这些文章实际上基本也是所谓“遵命文章”，自己命题的不多，大多是交付有关期刊约稿的任务。最早写这类杂谈还源于我的大学同学王星。她在20世纪80年代曾为林业部办一个科普刊物《森林与人类》，于是找同学帮助写稿。我写过两篇考古文物与森林木材关系的小文给她，但是时间太久，现在找不到了，也就没有收入本书。而后我当时工作的国家文物局古文献研究室接办了《文物天地》一刊，负责的韩仲明、于采芑二同志要我们写稿支持，于是就接触到的文物，偶有所感，便写几千字，陆陆续续也有十几篇。直至《文物天地》改由《中国文物报》编辑后，才不再写了。接着又有高校古籍整理委员会开办的《中国典籍与文化》一刊来约稿，负责编辑部的杨忠、刘玉才两位先生颇赐青眼，寄去的稿件都给刊登，也就不好意思不努力，关于文史广角方面的稿子也写了八九篇。这些文章就是本书的主要部分。除此之外，我还零星给其他文史刊物、报纸写过一些杂谈，尤其是给台湾的《南海》杂志写得较多。因时间已久，寻找收集不易，大多没有收入本书。

以前学术界自视甚高，讲究钻象牙塔，在我所属的科研单位，这类杂谈文章不能算成果，考核评定之类更是无缘，也就没有注意留存。所幸有些刊物还可找到，刘玉才先生又专门寄来《中国典籍与文化》上发表文章的电子版，才使本书稍具规模。想想近年各种宣传传统文化的热浪，使自己觉得这些文章或许还有点用处，至少当初写作上还很认真，文字尚可一读吧。只是当初发表的刊物不一，要求各有侧重，这些文章也就杂得可以，考古、文物、历史、古籍、宗教……什么都有点，限于学力，也可能什么都没说透。只好请读者多多包涵，多多指正吧。

我最幸运的是能有机会向多位中国学术界最杰出的大师和国际汉学大师学习，并与之交往。最后几篇文章是这种交往的一点回忆，也是我对他们道德文章的由衷钦佩。这样的大师，已经随着那个产生大师的时代逐渐远去。但他们的高尚品质与卓越成就应该永远是我们精神家园中的不朽基石。

小书的出版，首先要感谢三晋出版社与张继红社长的大力帮助，尤其是在出版困难的当前，三晋出版社能不计成本，慨然承担。更让我十分感动，孟繁之学弟从中促成，亦深为感念。同时，也要借此感谢一切在学术道路上帮助过我的师友们，并将它献给我最爱的人。

苏子诗云：“人生到处知何似，应似飞鸿踏雪泥。泥上偶然留指爪，鸿飞那复计东西。”虽是对无奈宿命的感叹，但也道出千古人生的必然现象。小子命蹇，生逢史无前例的大时代，一生东奔西走为人民服务，却难得有自我，也就很少有机会表达自己的思想。现在年逾耳顺，想想也许只有这些雪泥鸿爪，会在偶然间留下真正属于自己的点滴感悟、只言片语，故以为小书题名。

2014 年 6 月

图书在版编目（CIP）数据

雪泥鸿爪：中国古代文化漫谈 / 赵超著 .--太原：三晋出版社，2015.8
ISBN 978-7-5457-1189-9

Ⅰ.①雪… Ⅱ.①赵… Ⅲ.①文化史-中国-古代-文集 Ⅳ.①K220.3-53

中国版本图书馆CIP数据核字（2015）第199815号

雪泥鸿爪：中国古代文化漫谈

著　　者：赵　超
责任编辑：张继红
责任印制：李佳音

出 版 者：山西出版传媒集团·三晋出版社（原山西古籍出版社）
地　　址：太原市建设南路21号
邮　　编：030012
电　　话：0351-4922268（发行中心）
　　　　　0351-4956036（综合办）
　　　　　0351-4922203（印制部）
E-mail：sj@sxpmg.com
网　　址：http://www.sjcbs.cn

经 销 者：新华书店
承 印 者：山西臣功印刷包装有限公司

开　　本：787mm×960mm　1/16
印　　张：16.5
字　　数：276千字
版　　次：2015年9月 第1版
印　　次：2015年9月 第1次印刷
书　　号：ISBN 978-7-5457-1189-9
定　　价：49.00元